曾国藩幕府

朱东安 著

辽宁人民出版社

© 朱东安　2017

图书在版编目（CIP）数据

曾国藩幕府 / 朱东安著. —沈阳：辽宁人民出版
社，2018.1
　　ISBN 978-7-205-09209-2

　　Ⅰ．①曾… Ⅱ．①朱… Ⅲ．①曾国藩（1811–1872）
—幕府—人物研究 Ⅳ．①K827=52

中国版本图书馆CIP数据核字（2017）第307784号

出版发行：辽宁人民出版社
　　　　　地址：沈阳市和平区十一纬路25号　　邮编：110003
　　　　　电话：024-23284321（邮　购）　024-23284324（发行部）
　　　　　传真：024-23284191（发行部）　024-23284304（办公室）
　　　　　http://www.lnpph.com.cn
印　　刷：鞍山新民进电脑印刷有限公司
幅面尺寸：170mm×240mm
印　　张：16.75
字　　数：241千字
出版时间：2018年1月第1版
印刷时间：2018年1月第1次印刷
责任编辑：艾明秋　娄　瓴
装帧设计：琥珀视觉
责任校对：赵卫红
书　　号：ISBN 978-7-205-09209-2
定　　价：49.80元

前　言

回顾一生的治学经历，感慨良多。

我生于1939年苦难之秋，长于鲁西北穷乡僻壤，家境贫寒，世代务农，很少有人识字。多亏家乡实行了土地改革，方有入学之机，并于1964年进入中国科学院哲学社会科学部（今中国社会科学院）近代史研究所。只是十余年间与史学研究无缘。迨及潜心向学，提笔习练，已近不惑之年。书海无涯，时不我待，若非龙盛运先生的耐心指导，很难迈出开头那艰难的一步。不意，借多方推助之力，发表一篇论文，积累一点写作经验，却行文议事未脱当时的流行模式，殊非史学正途。

我于马克思主义，马恩列斯著作所读不多，但于四卷《毛选》却颇下过一番功夫，通读默记，略知大意。故当世上纷传"信仰危机""诚信危机"之际，我对马克思主义坚信不疑，而于史学信誉不佳却深感警惧。遂于1977年转换研究课题之时，遍访马克思主义名家，以求其为学之道、格致之方。然千言万语终不外毛泽东所说的"实事求是"四字："'实事'就是客观存在着的一切事物，'是'就是客观事物的内部联系，即规律性，'求'就是我们去研究。"①

于是，反思史学研究的现状和自身经历，决心改弦更张，另起炉灶，遵循马克思主义的相关论述，参照司马迁"究天人之际，通古今之变，成一家之言"的治学格言，实事求是地研究历史，以探索社会发展的客观规律为第一要义，力戒史学无诚信之弊。

---

① 毛泽东：《改造我们的学习》，《毛泽东选集》第3卷，人民出版社，1991年第2版，第801页。

　　为此，在研究过程中，坚持科学性第一，坚持独立思考，坚持自主论断。凡属研究课题的基干部位，不接受现成答案，不遗留研究死角。一切现有成果均视为学术动态，即便有所吸纳，也是在经过自己的研究之后。只有那些一时无力研究而又不可或缺的相关内容，如《曾国藩传》中清代学术和幕府幕僚部分，另当别论。有关清代学术部分，《曾国藩传》初版时只能搬用现成说法，及至修订再版即以新的研究成果予以替换，并发表《清儒汉宋之争与曾国藩集团的思想基础》一文，以为诠释。而有关幕府幕僚部分，则因《曾国藩传》初版时其相关成果过于薄弱，不得不以为时十年的专门研究出版《曾国藩幕府研究》一书，并于《曾国藩传》修订再版时压缩为"知人慎用　幕府称盛"一章，既弥补了昔日的缺憾，也为其后的曾国藩集团研究打下基础。

　　新的课题研究从曾国藩入手，围绕晚清政治和传统文化步步推进。由曾国藩而曾国藩集团、太平天国、晚清政府，又进而推及义和团运动、庚子之战，并从晚清满汉关系的角度对清末新政和辛亥革命进行了粗浅的探讨。最后，一直延伸至周初政治、孔子思想、古史分期、史学理论。同时，还在文字上也下过一些功夫。要求自己的作品内容上符合客观真理，文字表述则准确、精练、流畅。其初衷是方便读者，也出于对史学先贤的景慕。

　　多年来，我深居简出，心无旁骛，主要时间和精力集中于晚清政治史领域，做一些基础性研究，成果结集为《曾国藩传》《曾国藩集团与晚清政局》《曾国藩幕府研究》三部学术专著，一批学术论文和几部集体著作。但于学术上一些平日未曾留意而突然汹汹袭来的问题，也往往形格势禁，不得不应。有关排外主义、神权政治、天津教案、庚子之战的几篇文章，就是对来自社会或学术界的几次挑战，被迫做出的回应。

　　自1977年以来，对自己当年的选择无怨无悔，坚持不懈。虽往往事倍功半而所获成果不多，然幸能经受时间的考验，未因风潮的变幻而引起社会价值的涨落。至于这些科研成果同先前那段社会实践的关系，则古有"史识"①之说。其与史学作品的质量干系甚大，但只能从社会实践中获得。假若我没有十年社会实践的历练，对史学问题的识别能力没有得到相应提高，就写不出现在这样的著作和论文。更重要的是，社会实践使我对社会、对人生有所感悟，深感人生艰辛、生命可贵。而作为一名史学研究人员，其人生价值和社会奉献主要体现于笔下。既有近代史所这样优越的客观条件②，若不写出点好书好文章，那就有负今生！

回望几十年治学历程，若非这口倔强之气积聚于心，我就不会以破釜沉舟的决心而选择实事求是的治学之路，也难以在科研事业上苦战几十年，攻坚克难，浴火重生。至于对这些科研成果乃至今生今世的自我估量，则如古人云"尽人事而知天命"。既已尽心竭力、无憾无悔，那就顺其自然吧。

几十年来，我所以能沿着实事求是的治学之路走过来，并在学术上取得些许成绩，还有一个更为重要的原因，那就是20世纪80年代以来科研环境的宽松和众多前辈、师友的鼓励帮助。曾在科研工作中给我很大帮助的老师，除前面提到的龙盛运先生步步扶掖、督促鼓励外，还有我做研究生时的导师钱宏先生，学术界前辈罗尔纲先生、刘大年先生、荣孟源先生，以及蔡美彪、何重仁、张振鹍、王其榘、贾熟村等诸位先生。至于一言之师，切磋之友，则更是不胜枚举。几十年来，凡我著述文稿，字字句句皆有他们的心血。值此书出版之际，再次向诸位前辈和师友致以深深的谢意。

---

① 刘知几《史通》认为，史家须兼有"史才""史学""史识"三长，尤重"史识"。
② 这里资料丰富、良师众多、治学严谨，更有崇尚无私奉献的"二冷"精神，可以大有作为。"二冷"即坐冷板凳、吃冷猪头肉，是范老的口头禅，喻生前受人冷落，死后配享孔庙。

目 录

·第一章·

绪论

　　中国幕府制度由来已久，源远流长，最早可追溯到周代战国时期。其时，七国争雄，养士成风，最为著名者如魏国的信陵君、赵国的平原君、齐国的孟尝君、楚国的春申君都竞相招贤纳士，号称"四公子"，他们的门下食客多至数千人。甚至一些官宦之家也有舍人之类。虽有鸡鸣狗盗之徒混迹其内，而出类拔萃的人才，如齐之冯谖、赵之毛遂等亦大有人在。蔺相如出仕之前亦曾是宦者令缪贤家中的舍人，后经主人荐之赵王，卒成一代名相。这些食客、舍人，或为主人出谋划策、排忧解难，或奉委承办事件，虽非国家官员却能在政治上发挥作用。"四公子"所以名噪一时，成为当时举足轻重的政治人物，实则多借食客之力。他们同主人之间只有私人情谊，并无法定的权利、义务关系，主对客随意进退，客对主来去自由。凡此种种，与后世之幕僚极为相似，可姑且视为中国幕府制度的萌发时期。其后经过长时期的发展，渐趋定型，大约在汉代已形成制度，而到了唐代则兴旺发达起来，出现空前未有的盛况。至于幕僚的名称，则又有从事、参军、记室及长史、司马、别驾等等，名称不一而职能相同，都是地方主管官员或奉命出征的统兵将帅自行招聘的辅佐人员。"古者州郡以上得自辟从事、参军、记室之属，故英隽之兴，半由幕职。唐汾阳王郭子仪精选幕僚，当时将相多出其门。"①

降及清代，幕僚制度仍是经久不衰，六部九卿以至州县，主管官员无不聘有幕僚协助处理钱粮、刑名、文案等务。大将军年羹尧"网罗英杰，凡瑰闳奇特之士，与博弈拽鞠，擅一长一技者，靡不收置幕下。"①湖广总督毕沅则广收幕僚编写书籍，其所著《续资治通鉴长编》一书，实多借幕僚之力。

这些人或精通政务，笔下流畅，或善理钱财，熟悉律令，正好弥补科甲出身的官员不习政务的短处。所以，他们凭借某一方面的专业知识和办事能力，包揽钱粮，代办词讼，掌握很大一部分实权，在封建政权体系中处于非常特殊的地位。主管官员必须对他们敬之以师，待之以宾，修资丰厚，礼仪周全，称之为幕宾、幕客、幕友、师爷之类，不得以属员视之。他们亦往往自恃其才，礼仪稍疏，即拂袖而去。而幕僚之间则师徒相承，自成体系，平日声息相通，有事死力相护，盘根错节，牢不可破。所以，有的人招聘幕僚，其主要目的不在治事，而是为了借以勾通上下左右之间，尤其同上司间的声息。也有的官员懒于政务，养尊处优，把经管钱粮、办理诉讼、草拟文稿、清理账目诸务一概交幕僚处理，从而使他们得以从中操纵把持，这就使本已腐败的吏治更加腐败。雍正帝即位之初，曾下令将六部的幕僚逐出京城，移往涿州一带，并相应作了一些限制性规定。经过这番整顿虽取得一定成效，但种种积弊并没有根本改变，直到曾国藩生活的时代依然如此。

不过，对于未入政坛的士人来说，充任幕僚可以收到历练政务、增长才干的效果，不少人曾在青年时期充任幕僚，而后成为名臣，显示出幕僚制度在培养人才方面的作用。所以，一些考场失意的士子多乐于充任幕僚，一则可借以维持生计，一则可获得历练政务的机会。不过要胜任这一工作，尤其做一个好的刑名师爷，"必求申、韩老手，北面师事，朝夕切磨，积数年之久，方可出而应世。"②这样，培养合格的幕僚也就成为一项重要工作。一些有名气的幕僚则不仅广收门徒，且往往著书立

---

① 俞蛟：《梦厂杂著》第72页，上海古籍出版社，1988年7月版。
② 俞蛟：《梦厂杂著》第87页。

说，为学幕者编写教材。于是，《佐治药言》《学治臆说》《幕学举要》《刑幕要略》等相继刊行于世，遂使佐幕之任成为一项专门学问，名之曰"幕学"。这也是中国幕府制度史上前所未有的现象。然而，这都是讲的清初至道光末年的情况，也是平时的一般情况。及至咸、同两朝，由于旷日持久的战争和督抚权力的膨胀，情况又为之一变，形成清代幕府制度史上前后两个明显不同的时期。

鉴于唐末藩镇割据的教训，自宋以来的历代统治者都采取种种办法，限制地方政府的权力，防止地方大吏拥兵自立，对抗中央政府。清王朝的最高统治者以少数民族入主中原，出于种种原因，对地方大吏尤为加意防范。他们把各省的兵、政、财、人及司法各权分开，地方官员各负专责，各有隶属，相互牵制，谁也不能大权独揽，自行其是，遂使各项大权实际上都控制在中央政府手中，从而将中央集权的君主专制制度推到顶峰。就兵权而论，清朝的主要武装是八旗与绿营，旗营无论驻扎京师抑或分驻各地，兵权实际上都掌握在皇帝手里。就财权而言，各省地丁等项收入都要上报户部，听候指拨，督抚不得擅动。就人事大权而言，三品及其以上官员的任命，由军机处根据考绩拟名呈进，由皇帝亲自用朱笔圈定。自四品及以下官员的任命，则一分为三，分别由皇帝、吏部、督抚掌握，各有定额，不得侵混。

太平天国革命爆发以来，清政府财政拮据，兵不堪战，不得不依靠各地督抚征厘募勇同太平军、捻军作战，一时形成犬牙交错、各自为战的局面。这样，清王朝的安危存亡就主要系于这些统兵大员身上。然而，他们所用的兵员主要是"兵为将有"的自募自练之勇，所用军饷主要系劝捐、厘金等自筹之银，而所行之事则多与国家定制相悖，倘若囿于文法，拘于旧章，必致寸步难行，束手待毙。正像曾国藩总结的那样，"细察今日局势，非位任巡抚，有察吏之权，决不能以治军；纵能治军，决不能兼及筹饷。"[1] 于是，他们为了扭转战局，适应独立作战的需要，包揽把持，独断专行，将昔日束缚他们手脚的各项规章制度一一破

---

[1]《曾文正公奏稿》第9卷，第76页。

坏，把过去与之比肩而立、三宪并称的布政使、按察使贬为自己的属员，遂使兵、政、财、人等各项大权集于一身，本属中央政府的权力落入地方督抚手中。清政府深知此弊而无可如何，只好听之任之。与此同时，各地督抚既要带兵打仗，又要兼理地方，所要承办的事务和对各种人才的需要也大大增加。若在平时，聘请几个幕僚，至多十个八个，也就足可应付。而此时的督抚勇要自募，饷要自筹，粮台要自办，劝捐、征厘、办理盐务，在在需要人手，原有属员不敷分配，实缺官员本有定额，只好多多招聘幕僚，将幕府作为自己的参谋和后勤机关，依靠幕僚解决战争中遇到的各种难题。于是，地方分权和幕府制度互为表里，相得益彰，在办理军务、赢得战争的旗号下迅速膨胀，一时形成地方拥兵、督抚专政的局面，幕府制度亦随之兴盛起来。其时，用兵各省普遍如此，尤以湘、淮各军，曾、胡、左、李各帅最为突出。他们虽非建立幕府、征厘筹饷的先行者，但异军突起，后来居上，战场充任主力，办理最著成效，其幕府亦成为典型。而规模之大，人员之众，成就之高，影响之深远，则又以曾国藩幕府最为称盛。

曾国藩（1811—1872）字伯涵，号涤生，湖南湘乡人。翰林出身。历事道光、咸丰、同治三朝，曾先后担任礼部侍郎、兵部侍郎、两江总督、直隶总督、钦差大臣、武英殿大学士等职。他在从军、从政的过程中，设置了大批办事机构，一则治事，一则育人，不仅于战争的胜利起了很大作用，且培养出大批人才，其中不少人成为近代史上的著名人物。据统计，出身曾国藩幕僚而后官至三品者达52人，官至督抚、堂官者达26人。此外还有一大批学者、文学家和科学家。这种现象在中国历史上可谓前无古人，后无来者。

曾国藩幕府的办事机构，大体可分为军政、粮饷两类。其军政办事机构有十余个，论其职能略分以下几种。

（一）秘书班子，包括曾国藩身边的谋士和各类文案人员。曾国藩称之为"幕府"，而笔者则名之为秘书处。它不仅在军政办事机构中居于首要地位，且是整个幕府乃至曾系湘军的神经中枢。曾国藩对上级的报告，对下级的指令，前后左右的联络协商，内部关系的调整，都通过这个机构进行。秘书处的具体工作主要是草拟咨、札、函、奏，管理文书档案，人员分工明确，各有专责。另外，有时还帮助曾国藩出谋划策和调查、处理重要事件。秘书处的任职条件除"忠实可靠"外，还必须通晓政务，文学优长，尤其是草拟奏章者必须为上上之选。由于他们工作性质重要，且与曾国藩最为接近，故在幕僚中地位最尊，待遇最好，得保最易，得缺最早，使其他人员望尘莫及。同曾国藩关系密切而后又地位显赫的人物，如左宗棠、李鸿章、钱应溥、刘蓉、郭嵩焘等都曾先后在秘书处任职。

（二）思想文化机构，包括采访忠义局和编书局。采访忠义局简称忠义局，又称采访忠义科，其主要任务是采访在战争中为清王朝"阵亡"、"殉难"的官绅，汇总事迹，由曾国藩奏请建立专祠、专坊，以扶持礼教，维护风化。实际上，这是曾国藩为封建地主阶级做的一件思想政治工作。该局工作人员主要有陈艾、汪士珍、方宗诚等。编书局简称书局，主要任务是刊刻名籍。其工作人员中有不少宿学名儒，如刘毓崧、刘寿曾、张文虎、李善兰等。

（三）军事和情报机构，包括营务处和采编所。营务处略似今日军中之参谋部，而职权稍有不同，其任职条件是文武兼备，沈葆桢、李榕、李元度等都曾任职其中。采编所的主要任务是通过降人、难民和侦察活动搜集和整理太平天国的战略情报，编纂《贼情汇纂》一书，其工作人员主要有张德坚、邹汉章、程奉璜等。

（四）司法机构，包括审案局、发审局和查圩委员。审案局大约于咸丰三年初设立，主要审理湖南地方案件，其承办人员有厉云官、刘建德等。曾国藩"东征"后审案局改名发审局，有时也称发审所，成为幕府中的常设机构，遇有案件，即交发审委员审理。这一时期大多审理军中犯案，如万瑞书抢劫粮台案，李金旸"通贼"案等。曾国藩担任直隶总督期间，为清理历年积讼和办理天津教案，都曾设立发审局以审理案件。在发审局任职的人员主要有张丞实、李沛苍、李兴锐、吴汝纶等。同治四至六年在皖、豫、苏、鲁剿捻期间，曾国藩还曾仿照湖南"清查土匪"的办法，派遣大批查圩委员赴捻军老家蒙、亳一带查圩，以整顿和重建地方基层政权，稳定社会秩序，割断当地绅民同捻军的联系。查圩委员握有生杀大权。他们按照曾国藩的命令，对一切靠拢湘、淮军的士绅，不管过去是否从苗从捻，一律加以提拔、重用、奖励；对一切不愿为其所用的士绅，即使从未从苗从捻，也要加以撤任和惩办；对一些回乡捻众或同捻军有联系的人，更是大加捕杀。曾国藩为了多捕多杀，对查圩委员以杀人多少定功过，多杀者大加鼓励，心慈手软者严厉斥责。不少人开始缩手缩脚，被斥后胆大妄为，滥捕滥杀，遂被视为"能员"。查圩委员主要有桂中行、朱名煤、薛元启、尹沛清等。

（五）善后机构，包括善后总局及团练、保甲、田产、工程、抚恤等局。湘军攻占安庆和江宁之后，曾国藩曾先后在两地设立善后总局，下设团练、保甲、田产、米粮、工程、子弹、火药、抚恤等局，以维持秩序，清查田产，催收钱粮，供应军需，救济灾民等。负责这一机构的人员主要是李榕、庞际云、洪汝奎等。

曾国藩的粮饷筹办机构分为供应和筹款两大系统。供应系统包括粮台、报销局和军工企业。粮台分为行营粮台、中转粮台和后路粮台，其总的任务是负责粮、饷及各种军需物资的供应，而不同的粮台则又有其不同的具体任务和工作特点。行营粮台又称支应粮台，主要负责对前线各军的供应。它一般随曾国藩湘军大营一起行动，有时根据战争形势的需要，也常于行营总粮台之外另设台、所，如祁门粮台、徐州粮台、安庆与金陵银钱支应所等，以就近解决前线某军或数军的供应问题。这些台、所实际上也属于行营粮台之列。行营粮台的经办人员主要有李瀚章、张韶南、隋藏珠、王延长、李兴锐、李鸿裔、李作士等。中转粮台又称转运粮台或转运局，主要有岳州转运粮台、汉口转运局、清河转运粮台和灵宝粮台。它的主要任务是负责粮饷及其他军用物资的居间转运，其经办人员主要有夏廷樾、胡大任、吴世熊、钱鼎铭、薛书常等。后路粮台主要有长沙粮台、南昌粮台以及驻扎江宁的北征粮台，其主要任务是准备钱物以应行营粮台之需，在物资匮乏的情况下也负责外出采购或组织监制。此外，设在长沙的后路粮台还负责向裁撤回籍的湘勇发还欠饷，向新募湘勇提供就地训练和路途行军的费用。后路粮台的经管人员主要有裕麟、厉云官、李桓、孙长绂、彭嘉玉等。

报销局主要有吴城—湖口报销局、安庆报销总局、金陵报销总局，分别负责办理几个不同时期的军费报销事宜，其经办人员与行营粮台的人员大致相同。

曾国藩兴办的军工科技机构主要有安庆内军械所、金陵军械所、江南制造总局、翻译馆、驻美中国留学生局。其中两所一总局的主要任务是制造新式枪、炮、弹、药及大小轮船以应军需。轮船分兵轮、商轮两种，兵轮用于作战，商轮用于军中运输。同时，江南制造（总）局还担负新轮操练和驾驶、管理人员的培训任务。翻译馆属于江南制造（总）局的一部分，兼有外语教学和翻译、出版三项任务。驻美中国留学生局的主要任务是办理中国留美学生的招生、遣送和在美学习等事务。首批留美学生分军政、船政、科学技术三项专业，都是与军事有关的。在上述机构中担任科技、管理、制造、训练、教育、翻译、出版等工作的中国人员主要有徐寿、华蘅芳、徐建寅、吴大廷、丁日昌、冯焌光、李兴锐、陈兰彬、容闳等，另外还有英国人傅兰雅、伟烈亚力，美国人林乐知、玛高温等外籍人员。

粮饷筹办机构的筹款系统，主要有各地劝捐局、饷盐局、厘金局、盐务局及其为数众多的下属分支机构。劝捐局包括衡阳劝捐总局、樟树镇劝捐总局、汉口劝捐局，以及设于各府、州、县的分局，主要分布在湖南、江西、湖北三省，其主要任务是劝谕富绅出钱助饷，按各例捐官章程折成实收，依资填发执照。饷盐局主要是樟树镇饷盐总局及下属局、卡，其主要任务是通过招商承运的办法，将浙盐运往江西销售，从中抽收税金，以应交户部之盐课抵该部应拨曾国藩一军之饷，故称此盐为饷盐。办理劝捐与饷盐的人员主要有黄赞汤、万青黎、万启琛、郭嵩焘、胡大任等。

厘金局包括湖南东征局、江西牙厘总局、赣州牙厘局、安徽牙厘总局、皖南厘金局、江北厘金局、韶关厘金总局及其下属分局、厘卡，广布于湖南、湖北、江西、安徽、江苏、广东六省，其主要任务是向行商、坐贾征收厘税，按期解送粮台以充军饷，各省皆有定额，不得贻误。对各厘金委员亦以收款多少计功过而定奖惩。厘金征收办法一般是按照货价值百抽一，而江西与湖南则有所不同。江西厘金自同治元年开始两起两验，实际税率已大大超过百分之一。湖南东征局则于湖南征收的厘金外再加抽五成，实际上与重征无异。厘金各局于咸丰十年五月起陆续设立，同治四年前后陆续移交各省办理，其间解款成数也屡有变更。设立之初所收款项全部解送曾国藩粮台，本省不得扣留。自同治二年起各省开始提留，三成、五成、七成先后不等，直到全部停解，交由本省征收。经办厘金的人员主要有黄冕、郭崑焘、恽世临、胡大任、李桓、李瀚章、孙长绂、万启琛、李宗羲等。

盐务局包括泰州招商总局、大通招商局、瓜洲盐务总栈、江西督销局、湖北督销局、淮北督销局、武穴督销分局、新堤督销分局及其下属分支机构，主要分布于湖南（其督销局由东征局兼任）、湖北、江西、安徽、江苏五省，其主要任务是组织和监督淮盐运销，征收与查验盐税，借以筹集军饷，而不同种类的盐务局其具体任务则又各有侧重。泰州招商总局负责整个淮盐的招商承运工作，瓜洲总栈负责长江过往盐船纳税单据的掣验事务，大通招商局兼理招商承运和过往盐船的厘金征收两项任务。其他各督销局则负责所在省、区的岸销事务：一是平抑盐价，防止暴涨暴跌；一是维持引岸秩序，监督盐船、贩夫，禁止跌价抢售或越序争购。此外，为了使淮盐畅销，增加税收，曾国藩还派人在各通商要道、水陆码头设立盐卡，加抽盐税，以减少邻省私盐入境。其中较为著名的盐卡有吴城、湖口、万安、新城等卡。办理盐务的人员主要有张富年、刘履祥、程桓生、李宗羲、杜文澜等。

曾国藩幕府能以超越胡、左、李诸人，成天下一时之最，则又有他个人方面的特殊原因。第一，他地位最尊，权力最大，辖地最广，统兵最众，实为他人所望尘莫及。就个人资历而言，李鸿章是曾国藩的门生，他中进士时，曾国藩已是二品大员。左宗棠中举之后三试礼部而不中，长期充任馆师和幕僚。胡林翼入仕早于曾国藩两年，但其官运不佳，直到咸丰四年投靠曾国藩时，方刚刚被任命为贵州的一个实缺道员。就当时的实际地位而言，左、李出自曾国藩的幕府，胡亦曾是曾国藩的部下，三人位至封疆皆有曾国藩的奏荐之力，其高下之分是不言而喻的。就个人拥有的权力而言，胡得任封疆最早，但从未担任过钦差大臣，左、李担任钦差大臣则都是同治五年的事。而曾国藩自咸丰十年担任钦差大臣、两江总督后，一再加任，殆至同治二年，已身兼五钦差大臣之职，过去由何桂清、和春、张芾、周天受、袁甲三、多隆阿六人分掌的权力，统统握在他一人手中。这在有清一代以至历朝历史上都是不多见的。就所管辖的地域而论，胡林翼限于湖北，左、李亦至多两省，而曾国藩则管辖江西、江苏、安徽三省之地，节制四省（外加浙江）军事。这也是其他三人所无法相比的。就统兵而言，曾国藩统兵最多时达12万人，仅由他供饷的军队即近于10万之众。而其他三人之兵一般只有四五万人，最多也不过六七万人，皆不能与他相匹敌。毫无疑问，兵多饷需亦多，地广方便于筹饷。战事最紧张时，曾国藩曾在江西、江苏、安徽、湖南、湖北、广东六省设局征厘，厘金停解前后又在三江两湖遍设局、卡征收盐课，先后敛银不下3000万两，所揽利权之广也是全国独一无二的。这样，他既有需要，又有条件，其幕府规模最大，人员最多，也就全在情理之中了。第二，曾国藩在士林中的声誉和地位也是其他三人所无法比拟的。胡、左、李三人皆有真才实学，亦堪称有清一代之大手笔，但若论治学根底和在士林中的名气，却远不如曾国藩。曾国藩学兼汉、宋，尤善词章，早在道光末年为官京师时，即已称誉士林，闻名全国，故能将刘毓崧、周学浚、李善兰等宿学名儒一一聘请入幕。这也是其他三人所不能及的。

曾国藩幕府在历史上存在了近20年，随着战争形势和曾国藩个人地位的变化，其发展过程亦呈现出形成、发展、鼎盛、萎缩四个不同阶段。

（一）形成期，大约为咸丰二年（1852）十二月出办团练至咸丰七年（1857）二月弃军奔丧。这是曾国藩历史上最为困难的时期。他事事草创，不断碰壁，客军虚悬，无权无位，兵微将寡，屡遭挫败，既无太多的事可做，也无太多的钱养士。而对当时一般知识分子来说，充任曾国藩幕僚，虽有风险承担，却无看得见的实际利益可言。所以，所设办事机构较少，办事人员也不多。这一时期的军政办事机构主要有秘书处、营务处、审案局、发审局（所）、情报采编所。粮饷筹办机构主要有行营粮台、岳州转运局、汉口转运局、长沙后路粮台、南昌粮台和衡州劝捐总局、樟树镇劝捐总局、樟树镇饷盐总局及其所属分支机构。这一时期的幕僚多为至亲好友、亲朋子弟、降革人员和地主阶级的血性书生，如郭嵩焘、刘蓉、李元度、李瀚章、李沛苍、程桓生等。

（二）发展期，大约为咸丰八年（1858）六月再出领军至咸丰十一年（1861）八月攻陷安庆。这一时期，由于曾国藩统兵渐众，饷需日增，且事机较顺，处处得到两湖及江西地方官员的支持，尤其是咸丰十年六月受命为钦差大臣、两江总督之后，政治地位有了很大改变，对士绅的吸引力越来越大，遂使机构益增，人员益众，设置渐趋齐备，幕府渐具规模。这一时期，除江西牙厘总局、赣州牙厘局、湖南东征局、安徽牙厘总局、皖南厘金局等筹饷机构相继成立外，还增设了山内（又称祁门）粮台、吴城—湖口报销局、江西总粮台、东流总粮台、安庆银钱支应所、江西支应局以及两江采访忠义局、江西递文所等。同时，办事人员大大增加，幕府中的一些重要人物，如李鸿章、李宗羲、李兴锐、李榕等，都是这一时期入幕的。由于对太平军的战争胜败未分，曾国藩大营迁徙不定，险象迭出，立足不牢，所以不少人仍望而却步，入而复出，幕僚时聚时散，人数仍不太多。

（三）鼎盛期，大约为咸丰十一年八月进驻安庆至同治七年（1868）六月最后将捻军镇压下去。这一时期，曾国藩有权、有位、有地盘、有官衔，对太平军的战争稳操胜券，在统治阶级中的声望越来越高；加以统兵骤增，需饷孔亟，用兵、筹饷、恢复地方政权和文化事业在在需人，征聘日广，荐举日众，充任曾国藩幕僚一时成为升官发财的捷径，即无做官之念者也以一与交往为荣；遂致机构设置日增，投效人员日众，"拼命做官"者去而复返，遁迹山林者出游幕中。军政办事机构中的编书局、安庆善后总局、金陵善后总局及其所属机构，供应机构中的金陵粮台（后改北征粮台）、徐州粮台、清河转运粮台、灵宝转运粮台、安庆内军械所、金陵军械所、江南制造总局，筹饷机构中的广东厘金局、江北厘金局、泰州盐务招商总局、瓜洲盐务总栈、大通招商局、江西盐务督销总局、湖北盐务督销总局、淮北盐务督销局以及长江沿岸和皖北各地的盐务厘卡，都是在这一时期设立或接管的。曾国藩幕中的一些重要或知名人物，如"文学四弟子"张裕钊、吴汝纶、薛福成、黎庶昌，汉学家刘毓崧、刘寿曾，数学家李善兰，科学家徐寿、华蘅芳，留美归国的容闳，以及后来官至军机大臣的钱应溥等，都是这一时期投入幕府的。此时的曾国藩幕府，机构最多，人员最众，声望最高，盛极一时，无论古往今来，抑或同时流辈，都无人能与之相比。

（四）萎缩期，大约为同治七年七月剿捻战争结束至同治十一年（1872）二月曾国藩去世。这时，战事基本结束，各项制度渐复旧制，战争期间设置的一些机构有的精简裁并，有的移交所在省份地方官员接管，遂使幕府萎缩，机构骤减，得以保留的只有秘书处、营务处、忠义局、编书局、报销局、军需总局（由北征粮台改名而来）、各种盐务机构、军工科技机构等，新设机构只有中国驻美留学生局（又称留美学生事务所）、补习学校。有的机构，如秘书处、营务处等，虽名称依旧，人员却大为减少。这样，整个幕府用人大减，而前来投效者却络绎不绝，遂使曾国藩大有人满为患之感，不得不将一些有用人才荐往他处，平平之辈赠金遣回，并四处写信劝人不要来营求差，不要再荐幕僚。这一时期的一个重要特点是江南制造总局不断发展，所用科技、翻译和管理人员较多，在幕僚中所占比例增加。不过，由于江南制造局是曾国藩和李鸿章二人合办的，幕僚究竟属于谁的门下不易辨明，只能根据情况作一大致区分。

总之，曾国藩幕府直接为战争服务，与地方政权相结合，实际上是他统兵作战的参谋部与后勤部，也是一种特殊的政权组成形式和培养人才的学校。同时，它又是中国幕府制度在特定的历史条件下，即清代咸、同年间督抚专政、地方分权的产物，对战争形势的发展和中国近代政治体制的演变，都产生了一定的影响和作用。所以，研究曾国藩幕府这一课题，对于进一步了解曾国藩集团和中国幕府制度，乃至中国近代史，都是有所助益的。

然而，长期以来，对于这一重要课题，总是泛言者多，深究者少，致使事过多年，直到新中国成立之时，研究这一问题的专门著述仍只有一书一文。薛福成《叙曾文正公幕府宾僚》一文，实际上只是一个83人的人名录，尚不及实有人数的四分之一。同时，由于他同治四年方始入幕，为时较晚，仅据眼见耳闻，所知多有局限，尤其对前期幕僚，知之甚少，多有遗漏。曾在曾国藩幕府担任要职而后又官至二品者，如沈葆桢、庞际云、勒方锜、厉云官、万启琛等均未提及，而一些过往游客，如吴敏树、王闿运、俞樾等却被拉入名单。李鼎芳《曾国藩及其幕府人物》一书，不过依照薛福成开列的名录略增数人[①]，摘录有关传记编排而成，全书仅6万字，且有不少错误。新中国成立后则尚无一部研究曾国藩幕府的专门著作，有关文章亦不多见。前不久见到台北新出版的《曾国藩的幕僚群》一书，但其有关幕府与幕僚部分，却基本上是李鼎芳一书的翻版，虽字数略有可观，仍没什么学术价值。

所以出现这种情况，究其原因则不外有二，一是档案缺乏，资料分散；一是概念不清，界限不明。前者使欲行是事者不免有事倍功半之虑，望而却步，不肯躬亲一试；后者则使人们囿于旧说，难以将这项研究深入一步。按照曾国藩自己和一般人的通常说法，所谓幕府与幕僚，专指那些在幕主身边出谋划策、草拟文件及办理书启、文案的人员。但若囿于此说，就很难揭示出曾国藩幕府的实际状况和时代特点。薛、李二人未能将这项研究深入展开，与此亦不无关系。他们所列八九十人，多属从事"文事"的文秘人员，但却又有一批办理粮台、厘金、营务、军工科技及忠义局、编书局的人员，如李瀚章、甘晋、李宗羲、李兴锐、李善兰、徐寿、华蘅芳等混杂其间，在体例上显得颇形混乱。这说明他们对于界定曾国藩幕僚的标准并不明确，基本上接受了上述说法而在实际上又不能严格遵照办理，加以他们采用以人系事的办法，以各人的特长分类，而对于这些人的在幕时间与所任职事却多不详，遂使幕僚之说成为无源之水、无本之木，其唯一根据就是曾为曾国藩幕僚的薛福

---

① 早在李书问世前六七年，罗尔纲先生就曾在《湘军新志》中续补曾国藩幕僚七人，但未被李书采纳，其所增五人皆与罗不同。

成的见闻与记忆。这就使后来而有心者很难着手，只可在此基础上小打小闹，修修补补，难以获得突破性进展。

笔者认为，曾国藩的幕府和幕僚不应限于身边文秘人员，实际上他所新设的各种机构①都属于他幕府的范围，其中的办事人员，即所谓"委员"，都是他的幕僚。按照曾国藩的说法，"向无额缺现有职事之员，皆归此类。"②据笔者考订，曾国藩在其从军从政的近二十年间，所设机构不下数十，幕僚总数超过四百③，实际上要比薛福成、李鼎芳开列的名单多出三倍以上。同时，在研究方法上，笔者摈弃了他们那种以人系事的做法，直接从曾国藩幕府的组织机构入手，先查它的机构设置、主要职能、实施方针、办理成效，再查其中的办事人员以及他们的在幕时间、所任职事、幕中活动、一生经历。然后进一步考察了曾国藩的人才思想、用人方针、培养方法、荐举手段，以及曾国藩幕府的发展过程与胀缩规律，幕中的主客关系和相互影响。最后又将曾国藩幕府置于历史发展的长河之中，从中国幕府史的角度考察了它的历史成因和地位，并对曾国藩及其幕府对晚清政局的影响进行了探讨。不过，由于资料与水平所限，这种研究仍属于初步的和基础性的，很多问题尚待进一步研究，且其舛误之处亦在所难免，望广大读者予以批评指正，以求改进。

---

① 这些机构初设时都是临时性的，均在清政府的正式编制之外。军务结束后有的即行裁撤，有的则保留下来，成为各省的常设机构，如各类厘金局、盐务局、制造局等。

②《曾文正公全集·杂著》（以下简称《曾文正公杂著》）第3卷第10页。

③ 东征局保案所列文职人员427名，金陵续保人员之264员未计在内。

第二章

军政办事机构

　　曾国藩幕府的办事机构，大体可分为军政、粮饷两大系统。其军政办事机构主要有秘书处、营务处、采编所、审案局、查圩委员、善后总局，属于思想文化性质的采访忠义局、编书局也归于其中。

第一节 ┃ 秘书处

　　曾国藩自出办团练直至去世，身边一直有一些秘书人员帮助他出谋划策、办理事务。这些人与曾国藩关系最为密切，随行有专门的车、船，驻扎有专门的宅院，在所有幕僚中地位最尊，情面最厚。曾国藩称这班人为"幕府"，实际上是他的"秘书处"。秘书人员的主要工作是帮助曾国藩草拟奏、咨、批札，办理书启、文案。各项工作都有专人负责，草奏的只管拟奏稿，办批札的只管拟批稿，甚至负责草拟奏稿的人也有分工，如赵烈文就只代拟涉外奏稿，陈方坦则只代拟与盐务有关的奏折、函札。办理书启的人员不仅负责对来函提出处理意见，还负责代拟复函。为明确责任，处理过的信函，都要盖上自己的名章。在一些曾国藩收函的原件上，至今保留着"要"、"复"、"应复"、"不复"、"已复"、"自复"等处理意见和收函时间、编号、办理时间以及"夷"、

"筱"等个人印章。

曾国藩前期身体较强，精力较好，对幕僚依赖也较少，"遇陈奏紧要之件，每好亲为草稿，或大加削改"。直到同治四、五年间，虽然"精力日减，目光逾退"，但仍"沿此旧习"①。到了晚年，尤其由直隶再回两江后，目疾加剧，"看文写字深以为苦"，不仅公文令人代拟，文章亦令人代作，有时甚至"除家书外，他处无一亲笔"②，对幕僚的依赖也就愈来愈大了，但"其最要者，犹不假人"③。收入文集的半截文章《刘忠壮公墓志铭》就是明证。咸丰五、六年间，由于"幕府乏好帮手，凡奏折、书信、批禀均须亲手为之"④，"拂乱之余，百务俱废，接人应事恒多怠慢，公牍私书或未酬答。坐是与时乖舛，动多龃龉。"⑤直到咸丰十一年春天，将大营移至安徽东流江边时，仍在感叹"此间现无幕友，奏咨信缄皆本店一手承造，颇以办保案为苦。"⑥要找到好的秘书人员，实际上并非易事，其中尤以好的草奏人员最为难得。因为要拟好奏、咨、函、札，不仅需要学识渊博，文学优长，还要有一定的政治经验，懂得公文程式。有些人，例如刘瀚清，虽然"学问淹博，文笔亦雅，特章奏笺牍不甚合式。"⑦这就很难得心应手。因此，曾国藩幕中虽然人才济济，高手如云，仍不时发出幕中乏才之叹，谓"空言泛论者求之较易，拟奏拟信拟批者求之较难，即善书者亦不易得。"⑧因为人员经常流动，而好的秘书人才又失之甚易（主要是调动工作和保举升迁），得之甚难，所以曾国藩有时不得不临时拉人为他草奏，并非秘书人员的左宗棠（时已出幕独领一军作战）、张树声都为他拟过奏稿。

---

① 曾国藩：《曾文正公全集·书札》（以下简称《曾文正公书札》，第24卷，第32页，传忠书局，光绪二年刊。

② 曾国藩：《曾国藩全集·家书》第1401页，同治十年三月十七日，岳麓书社1989年版。

③《曾国藩年谱》，岳麓书社版，第252页，同治十一年正月二十八日条。

④《曾国藩全集·家书》，咸丰六年十一月二十九日。

⑤《曾文正公书札》第8卷，第41页。

⑥《曾国藩全集·家书》，咸丰十一年四月二十三日。

⑦《曾文正公书札》第22卷，第18页。

⑧《曾文正公书札》第30卷，第32—33页。

　　曾在曾国藩身边工作过的秘书人员有一二百人，有名可稽者之百余人只是其中较有地位、名气的那部分，而那些仅任抄写、收发、保管等一般事务性工作的"小委员"则未留下姓名，无从稽考，只好略而不计。由于人数较多，现根据入幕时间将其秘书人员分为三组：咸丰二年底到咸丰七年二月入幕者为第一组；咸丰八年六月至咸丰十一年底入幕者为第二组；同治元年正月至同治十一年二月入幕者为第三组。

　　咸丰二年底至咸丰七年二月入幕的秘书人员主要有：刘蓉、郭嵩焘、黄冕、陈士杰、李元度、章寿麟、彭嘉玉、罗萱、左楷、赵烈文、胡心庠、丁铭章、施恩实、陈光亨、汪元慎、何源、陈斌、方翊元、程桓生、莫祥芝、许振祎、吴廷华、冯卓怀。兹将其在幕时间及所任职事分述如下。

　　刘蓉、郭嵩焘是曾国藩青年时代的朋友，也是他的早期幕僚。咸丰二年十二月曾国藩出办团练之始，刘、郭二人就跟随左右。此后，刘、郭二人时走时来，帮曾国藩出谋划策，做了不少事。咸丰三年夏，刘蓉回家葬母，郭嵩焘随同江忠源、罗泽南等赴援江西。后又随江忠源赴湖北，九月回湖南湘阴。这年八月，曾国藩已由长沙移驻衡州。十二月，郭嵩焘赴衡州，与曾国藩、罗泽南、曾国葆等商定湘军水陆营制。咸丰四年二月复奉委与夏廷樾主持湖南劝捐事宜。刘蓉自回家葬母，本不愿再出，后闻江忠源败死庐州，遂幡然改计，返回衡州，于咸丰四年二月再入曾国藩幕[1]。不久又随其弟刘蕃回家。刘蓉何时返回曾国藩湘军大营现尚不可考，而曾国藩兵败湖口，狼狈逃入罗泽南陆营时，刘蓉已在军中却是确凿无疑的。此后刘蓉几次要走，都被曾国藩留住，称只有等郭嵩焘到来才能放行。咸丰五年三月郭嵩焘自湖南原籍抵南昌曾国藩湘军大营，刘蓉即日求归。曾国藩欲留无词，提出以诗相挽。刘蓉"戏谓诗果佳即不行也"，并相约"但使我读之即笑"为佳诗。曾国藩"亟意作诡趣语"，成长诗一首，名曰《会合》。刘蓉"读之不觉失笑"[2]，遂留幕不

---

　　① 陆宝千：《刘蓉年谱》，咸丰四年二月条。
　　② 曾国藩：《曾文正公诗集》第4卷，第10—11页，刘蓉《养晦堂诗集》第2卷，第28页。

行，继续为曾国藩做事。四月，曾国藩迁湘军大营于南康，郭、刘随同迁往。八月，刘蓉随罗泽南回援湖北。十月，其弟刘蕃在湖北蒲圻战死，刘蓉运枢回里发丧。从此长期在家乡居，直至咸丰十年十一月应聘入骆秉章幕，并于次年正月随其入川。在此期间，曾国藩曾几次致函邀其入幕，刘蓉都没有应召。

是年十一月，曾国藩命郭嵩焘赴浙办盐务。咸丰六年正月，郭嵩焘偕周腾虎同赴杭州。五月初一日，郭嵩焘由浙返抵南昌，八月十二日别曾国藩返湘。自此郭嵩焘乡居一年又三个月，直到咸丰七年十一月离家北上返京供职。此间曾国藩也曾去信相约，但他却终未再返曾国藩幕中。郭嵩焘、刘蓉与曾相交最早，关系最亲，思想最为相近。他们在幕中的主要职能大约是出谋划策，在重大问题上帮助曾国藩拿主意。曾国藩在一封邀请刘蓉入幕的信中说："吾不愿听弟谈宿腐之义理，不愿听弟论肤泛之军政，但愿朝挹容晖，暮亲臭味，吾心自适，吾魂自安。筠老虽深藏洞中，亦当强之一行。"①《郭嵩焘年谱》中几次提到奏派郭嵩焘"办捐务"、"盐务"（详见下文），留刘蓉"赞军务"。②胡林翼在推荐刘蓉的奏疏中也说他在曾国藩幕中"参议军谋，竭诚赞助。"③这说明，郭嵩焘侧重于筹饷，刘蓉侧重于军务，帮助曾国藩草拟有关军事的函批之类。由于前期关于幕僚的分工不明，记载不详，只能做个大概的推测。

黄冕约于咸丰三年底应曾国藩专函邀请入幕，曾建议曾国藩多造三板炮船，以适应水师内河湖汉作战之需。曾国藩接受了这一建议，从而大大提高了湘军水师的战斗力。黄不久即离幕返回湖南原籍。咸丰十年六月，曾国藩以饷项匮乏，请黄冕会同郭嵩焘、恽世临等人筹办湖南东征局，为曾国荃等军筹集军饷。黄冕为此积极活动，奔走呼号。其后办有成效，多借其力。同治元年五月，曾国藩委派李瀚章等赴广东办厘，初拟派黄冕同去，后因黄事务缠身，未能同往。同治二年，黄冕补授云南迤东道道员，畏于路途遥远不欲赴任，曾国藩遂将其奏留江皖差遣，

① 《曾文正公书札》第3卷，第32页。
② 郭挺以：《郭嵩焘年谱》咸丰四年条，咸丰六年条。
③ 胡林翼：《胡文忠公遗集·奏疏》第5卷，第16页。

令其赴安庆行营协助自己制定淮盐行销章程。同治三年事竣销差，仍回湖南办理东征局局务，直到同治四年五月东征局撤销。

黄冕知识渊博，阅历甚深，兵事、吏事、厘务、盐务无不精通，对江南财政、吏治更是了如指掌。多年来，尤其在曾担任两江总督之后，遇有疑难之事，常常向他虚心请教。黄冕则感其知遇之恩，不仅于办理东征局事不遗余力，每当曾艰难竭蹶之时，为他排忧解难，积极出谋划策，助其拟定军政大计。如同治元、二年间三江地区天灾频仍，军粮短乏，而淮盐又在湖南滞销，黄冕即建盐米互市之议，动员湖南米商贩米至江、皖，然后贩运淮盐至湖南行销。其后曾国藩整顿两淮盐政，恢复淮盐引地，所定各项章程亦多处采纳黄冕的建议。曾国藩为报答黄冕的帮助，于东征局汇保一案之外，又专片奏保恽世临与黄冕二人。结果，恽世临超升湖南巡抚，而黄冕则因名声不佳（早年曾受过革职处分）而仅得云南迤东道实缺，加以年迈路遥，只好称病辞职，等于什么也没有得到。曾国藩深知黄冕好以财利动人，专用奸邪之徒，早成众矢之的，再加奏保，必然引起连章弹劾，只好温语抚慰，就此作罢。在众幕僚中，出力很大而又没有得到优缺者，黄冕是唯一的一个。

李元度、陈士杰、彭嘉玉、章寿麟、罗萱都是曾国藩的早期幕僚。李元度是咸丰四年三月曾国藩兵败岳州时入幕的，与曾国藩"同住一舟，司奏折、信缄等件"。[①] 当时形势危急，人人退避，连曾国藩的老朋友"刘郭"都"苍黄各顾家"。[②] 李元度却"闻岳州之败，星驰来赴"。[③] 所以，曾国藩终生感激李元度，认为他是自己患难与共的部下。其时，同在幕中的还有陈士杰、彭嘉玉、章寿麟。他们几人在幕中所司何事尚不清楚，大约属于出谋划策之类。据载，在是否进攻靖港的问题上，他们各持己见，互不相让。彭主张进攻靖港，陈、李主张坚守长沙，章寿麟则缄默无言。王闿运诗中所言"此时蛣筒求上计，李谋陈断相符契。

---

① 《曾文正公书札》第6卷，第17页。

② 徐一士：《靖港之役与感旧图》，《一士谈荟》，书目文献出版社1988年5月版，第287页。

③ 《曾文正公书札》第6卷，第17页。

彭公建策攻下游，捣坚禽王在肯綮。弱冠齐举我与君，君如李广默无言"①就是说的这次有关攻守大计的讨论。可见，他们都是曾国藩身边的亲近幕僚。章寿麟是彭嘉玉的外甥，当时年纪轻，地位也低，是所谓"小委员"。他所以出名是因为曾在靖港败后救过曾国藩的命。据李元度和章寿麟讲，湘军初立，精兵已去湘潭，曾国藩欲率留守长沙之十营湘军进攻靖港，李、陈坚决反对，曾国藩不听。他们请求随行，曾国藩不许，而以遗疏、遗嘱密授李元度，如遇不测，请其分别转交湖南巡抚和曾的家属。李、陈预料曾国藩进攻靖港必败，兵败必死，遂秘密谋定，令章寿麟潜伏曾国藩座船舱尾，不令其察觉。当曾国藩兵败自杀，身边人员齐来挽救时，曾国藩张目大骂，"众不敢违，将释手矣。价人自后舱突出，力援以上"，并谎称"湘潭大捷，某来走告"②，将曾国藩抱到一只小船上，救了出来。因其地名曰铜官峡，故章寿麟于曾国藩死后，绘成《铜官感旧图》一幅，并作《铜官感旧图自记》详述其事，广泛征题。左宗棠、李元度、王闿运、吴汝纶等都在上面作序或题诗。章寿麟死后家人以《铜官感旧图题咏》为名刊刻发行，使这段往事得以广为流传。

咸丰四年六月，曾国藩于长沙整军后再出作战，李元度和章寿麟继续随行，彭嘉玉离幕而去，陈士杰亦回籍省亲。不久，陈士杰复出佐粮运。咸丰五年湘南民众起事，陈士杰回籍专治团练，后经曾国藩多次邀请，皆不肯返回幕府。同治元年，曾国藩奏保陈士杰补授江苏按察使，并荐其领淮军赴援上海，陈亦没有应命。同治四年闰五月，曾国藩在江宁设北征粮台，专门负责剿捻各军的供应，札委彭嘉玉经理。十一月，曾国藩在安庆设报销总局，复令彭嘉玉帮同李兴锐、王延长办理军费报销事宜，直至同治七年十一月事竣撤局。咸丰八年曾国藩再出，章寿麟重返幕中，曾国藩派他监印。曾国藩驻祁门期间，章寿麟尚常在身边出现，而咸丰十一年八月湘军攻占安庆前已署江西新建县知县，其何时离

---

①《一士谈荟》第287页。
②《一士谈荟》第291页。

幕不详。

罗萱是咸丰四年七月在岳州入幕的，在幕中"掌书记"[1]，实际上是曾国藩的贴身秘书。曾国藩在为他写的墓志铭中说，咸丰四年自岳州"强挈君以俱东"，数年间由武昌、九江以至南康，"君展转相从，跬步必偕，余或口占书疏，君辄操笔写录。或危急之际君甘心同命，而外则美言相温。诸将或轻重不得，辄为之通怀，使各当其意以去。"[2]咸丰五年正月，曾国藩重建内湖水师，移扎南康，岸上无陆师维护，形孤势危，欲建陆师而乏带兵将领。李元度锐意带兵，一再申求，曾国藩犹豫再三批准他招平江勇一千，在身边护卫。罗萱是咸丰六年三月从曾国藩身边离去的，原因也是曾国藩兵力单薄，犹乏将才，令其改司营务，领江军六营自成一军，同李元度、邓辅纶等攻打抚州，罗从此结束了秘书生涯，直接带兵同太平军作战。曾国藩再出领军，复于咸丰八年八月调李元度入营，管理营务处。咸丰十年五月奉命回籍募勇，也离开曾国藩幕府。

左楷籍隶长沙，大约咸丰四年曾国藩驻扎长沙时"受知于侍郎曾国藩，辟入幕府"[3]，随军进攻湖北、江西的太平军。咸丰四年十二月曾国藩兵败湖口，湘军水师一部逃往湖北休整，一部被困于鄱阳湖内，遂令刘于浔建立江军水师，并派左楷协助，左从此离开曾国藩幕府。

赵烈文曾前后三次入曾国藩幕府。第一次在咸丰五年，由周腾虎推荐，曾国藩下聘金百两请其入幕。赵烈文欣然从命，于是年十二月至南康大营。咸丰六年正月，曾国藩命其参观驻扎樟树镇的湘军水陆各营，本想借以显示湘军军威，令其折服。不料赵烈文回到南康大营对曾国藩说："樟树陆军营制甚懈，军气已老，恐不足恃。"曾国藩闻之"怫然"，使赵"未便深说"，且自尊心受到损伤，深感曾国藩并非虚心纳谏之人，决心离去。恰在这时接到家信，言母有病，赵即向曾国藩"乞归"。[4]曾

---

① 朱孔璋：《中兴将帅别传》第25卷，第21页。
② 曾国藩：《罗伯宜墓志铭》，《曾文正公文集》第4卷，第60页。
③ 何应祺：《左楷传》，《守默斋杂著》卷上，第10页。
④ 赵烈文：《能静居日记》，咸丰六年二月十五日。

也未甚挽留。显然，曾对赵虽颇欣赏，亦未尝不以狂放书生视之。五天之后，正当赵烈文将行未行之际，传来周凤山部湘军在樟树败溃的消息，殆赵向曾辞行，曾坚问何见周军不可恃，赵不愿再说，但以不幸而中逊辞搪塞。显然，曾国藩已经改变了对赵的看法，而赵却去意甚坚。曾国藩不好意思将他强留于危城之内，只好嘱以家中无事，望其早来相会。赵烈文别后数年，本已无意再返幕中。不料咸丰十年太平军席卷苏、常，赵烈文无处安身，全家逃往上海。咸丰十年六月，赵烈文受好友金安清之托，为求曾国藩就盐政某事上一奏折，才不得不于七月来到东流大营，拜见曾国藩。曾国藩对赵的到来极为欢迎，多方劝其留在幕中，并特专折奏调籍隶常州的周腾虎、刘翰清、赵烈文、方骏谟、华蘅芳、徐寿六人赴安庆大营委用。其实，周、赵、华、徐四人这时已到了安庆，他这样做的目的除招揽其余二人速来幕府外，主要还是为了表示对此事的重视。赵烈文表示欲先赴湖北看望胡林翼，答应归来后就充任曾之幕僚。于是赵烈文同欧阳兆熊于九月二日前赴武昌，直到同治元年正月才回到安庆。其时胡林翼早于咸丰十一年八月去世，只因消息迟到，让他二人空跑一趟。赵烈文在幕府中的工作主要是为曾国藩草拟有关对外事务的奏折。同治二年二月曾国荃补授浙江巡抚，身边缺乏拟奏之人，曾国藩特派赵烈文于是年五月赴雨花台湘军大营，充任曾国荃的幕僚。赵烈文在这里干了一年多，直到同治三年九月，曾国藩将两江总督衙门迁至江宁，赵烈文才重新回到曾国藩身边。在这一年之中，赵烈文颇有曾国藩派出之"小钦差"的意思，曾国荃亦未敢以幕僚视之，故仍算曾国藩的幕僚。由于赵烈文忠于职守，给曾国荃提了不少好建议，全心全意地为曾氏兄弟着想，虽没有完全为曾国荃所接受，但却进一步取得曾国藩的信任。赵对曾国藩也愈益佩服。同治四年五月，曾国藩北上剿捻，考虑到赵烈文家境困难，特奏保他为直隶州知州，分发浙江候补。赵烈文则坚决不肯离开曾国藩，并正式拜曾为师，愿意等曾国藩剿捻回来，仍充任其幕僚。同治六年初，曾国藩返任两江总督，赵烈文闻讯从浙江赶赴江宁，第三次投入曾国藩幕中。从此，二人关系更为密切，说话更为投机，数年之间几乎天天见面，夜夜谈心，赵对曾佩服得五体投地，曾亦视赵为无话不谈的心腹幕僚。同治八年初，曾国藩刚抵直隶总督任，就立即将赵烈文等人调赴直隶。是年十月，赵烈文补授直隶磁州直隶州知州，至此才离开曾国藩幕府。

胡心庠于咸丰四至七年间曾在曾国藩幕中办理书启和粮饷支应。咸丰八年十月，曾国藩再出带兵驻扎江西建昌期间，接受左宗棠的建议，决定在江西"设一枢纽，以速文报"，打算"即以胡心庠蔚之管理此事"。①这时胡已是江西候补知县，受江西粮台派遣，与丁应南共同经管江西支应局，负责曾部湘军的供应。不久，该支应局撤销（递文局不知所终，大约亦于此时撤销。因曾国藩已离开江西），胡心庠又先后在湖口、吴城办理报销、厘金等务。咸丰九年七月，曾国藩路过南康，胡心庠前来迎接，已是星子县令。可见，在此之前胡心庠已离开曾国藩幕府，唯其离开的具体时间不详。

陈光亨、汪元慎、何源、方翊元出入幕时间不详。咸丰五年十二月赵烈文至南康大营，曾拜谒幕府陈光亨、汪元慎、何源、方翊元诸人②，可见他们均在曾国藩幕中任职。其后方翊元长期在幕中任事。曾国藩再出领兵，方翊元复于咸丰十年春应约返回幕府。现知同治二年五月方翊元已署安徽和州直隶州知州，其何时离幕不详。何源约在咸丰十一年夏间已赴承德行宫，亦不知其何时离幕。

莫祥芝原为湖南候补县丞，咸丰四年正月入幕，随军东下，曾国藩"尝令登山了望，绘图以定攻守之策"。③其工作与罗萱相似，当为曾国藩的身边秘书。曾国藩再出领军，莫祥芝复于咸丰八年七月入幕，奉委管理行营粮台军械所。咸丰十年，曾国藩、胡林翼率兵围攻安庆，委莫祥芝署理怀宁县县令（驻石牌），后因与曾国荃不和被劾革职，调回大营差遣。同治元年奉札赴祁门粮台银钱所任职。同治三年九月，经曾国藩奏准署江宁县令，离开曾国藩幕府，但仍为其办事。

① 《曾文正公书札》第6卷，第26—27页。

② 赵烈文：《落花春雨巢日记》，《太平天国史料丛编简辑》第52页，中华书局1962年版。

③ 黎庶昌：《莫善征墓志铭》，《拙尊园丛稿》第2卷，第40页。

许振祎咸丰三年入曾国藩幕，司书启、咨、奏。咸丰六年出幕，与邓辅纶等领军在进贤、东乡等地同太平军作战。曾国藩再出领军，许振祎复于咸丰八年七八月间入幕，办理书启，有时也草拟奏稿。曾国藩称其长于书启，公牍少逊。咸丰九年中江西乡试举人，仍留曾国藩幕中任职。同治二年中进士，选庶吉士，出幕。

吴廷华咸丰六年六月经其同乡洪汝奎推荐在南昌大营入幕。咸丰九年经洪汝奎推荐，再次入幕，不久外出领军，离开曾幕。

程桓生原为广西同知衔试用知县，因事革职，咸丰四年五六月间随广西候补道李孟群调赴湖南，充任曾国藩幕僚，负责草拟咨、奏、函、批等文件。曾国藩再出领军，程桓生复于咸丰九年十一月由安徽赶赴湖北黄梅曾国藩大营，重返幕府，仍任旧职。咸丰十一年五月，李金旸、张光照递解东流大营，曾国藩委程桓生、彭山屺审理，随即双双正法。同治二年八月曾国藩整顿两淮盐政，于江西省城南昌设江西督销总局，委程桓生主持。同治六年二月补授两淮盐运使，仍为曾国藩经办盐务兼理江北厘金局。其何时离开江北厘金局，时间不详。

冯卓怀是曾国藩的老朋友，早在道光二十年二人即开始交往。道光二十四年又做曾国藩的家庭教师，深言密意，关系非同一般。咸丰四年八月曾国藩移住衡州，冯卓怀前赴衡州入曾国藩幕府，九月离去。十一月领功牌100张，在宝庆为曾国藩劝捐筹饷。咸丰十年十一月，冯卓怀任四川万县令，应曾国藩奏调，再次入幕，为曾国藩巡察碉堡。咸丰十一年正月，因与曾国藩意见不合，拂袖而去。同治十年三月又赴江宁拜会曾国藩，只作游客，不再充任幕僚。

咸丰八年六月至十一年底入幕的秘书人员主要有李鸿章、左宗棠、杨象济、冯焌光、李榕、郭崑焘、郭笙陔、王敬恩、欧阳兆熊、陈鼐、穆其琛、李士棻、张裕钊、柯钺、何应祺、刘瑞芬、梅启照、程鸿诏、周成、王香倬、阎泰、陈鸣凤、刘崧、聂琪。

李鸿章于咸丰八年十二月入幕，初奉命编练马队未成，继随曾国荃进攻景德镇，后在秘书处任职，负责草拟咨、札、批、奏之类，甚受曾国藩器重，称"少荃天资于公牍最相近，所拟奏咨函批皆有大过人处，将来建树非凡，或竟青出于蓝亦未可知"。李鸿章也说："从前历佐诸帅，茫无指规，至此如识南针，获益非浅。"①可惜李鸿章聪明太过，不能与老师患难与共。咸丰十年曾国藩兵困祁门，李鸿章以祁门非用兵之地，建议撤走，遭曾国藩拒绝。不久，复为参奏李元度事与曾国藩发生意见分歧，李鸿章遂于同年九月借口溜掉，脱离险地。当时李鸿章已实授福建延建邵道道员。他打算赴任而又心中无数，便致函正在福建原籍的沈葆桢询问当地情况与赴任得失。沈劝其万不可赴任，他只好打消此念。李鸿章进退不得，在江西闲住了近一年。咸丰十一年四月，曾国藩湘军大营移于东流附近江面，安全得到保证，李鸿章便听从郭嵩焘的劝告，决心返回曾幕。恰这年五月，湘军攻克太平军赤冈岭坚垒，李鸿章驰书祝贺，借此试探曾国藩的态度。曾国藩接书速报，热情邀请，李鸿章遂于是年六月初再次入幕。曾国藩对之礼貌有加于前，军国要务皆与筹商。十月中旬，上海士绅公派钱鼎铭赴安庆向曾国藩求援，曾国藩无兵可派，决定令李鸿章在合肥一带招募新勇，按湘军营制编练淮军。于是，李鸿章成为新建淮军之统领，并于同治元年三月率湘、淮军7000人分批乘轮船赴援上海，从而结束了其幕僚生涯。

左宗棠咸丰十年闰三月在安徽宿松入曾国藩幕，四月即因事返湘。在此二十几天中，左宗棠为曾国藩出谋划策，"昕夕纵谈东南大局，谋所以补救之法"②，自与一般游客不同。故在曾国藩幕僚名单中留下了左宗棠的名字。

郭崑焘为郭嵩焘胞弟，曾长期在湖南巡抚幕中充任幕僚。咸丰八年六月，曾国藩二次出山，奉命援浙，所带部队全是由湖南巡抚拨来的，与他关系并不密切。曾国藩恐指挥不灵，临行特地把郭崑焘拉入幕中充任幕僚，一方面请郭崑焘代自己草拟咨奏，一方面让他帮助自己协调与各将领之间以及各将之间的关系。因郭崑焘是拟稿好手，又与湖南巡抚所属诸将熟悉，他们有些不愿与曾国藩讲的话都与他讲，从而使曾随时

---

① 薛福成：《庸庵笔记》，扫叶山房版，第1卷，第9页。
② 黎庶昌：《曾国藩年谱》，咸丰十年四月十三日条。

都能掌握各将领的思想情况，所以郭嵩焘确实帮了曾国藩的大忙。但是，郭嵩焘却不愿离家远行，也不愿离开湖南巡抚幕，被曾国藩央求不过，勉强答应，相约"送至玉山即归"①。所以虽经曾国藩一再挽留仍不愿多住，十一月底即随刘长佑一起由建昌返湘，在幕中前后只有四个多月。其后曾国藩曾多次函请，郭嵩焘都没有响应。咸丰十年，曾国藩在长沙设湖南东征局，郭嵩焘为主要成员之一。他白天在巡抚衙门上班，夜晚在东征局办事，两项事务一身承担，成为东征局与湖南巡抚的联络纽带，为曾国藩出了大力，为东征局出了大力。但后来生活奢侈，任用私人，弄得声名狼藉，曾国藩闻之极为反感，亦无可奈何。同治四年五月，东征局裁撤，郭嵩焘仍为湖南巡抚衙门幕僚如故，但与曾国藩再没什么关系。

与郭嵩焘同时进入曾国藩幕府的还有郭笙陔，他在幕中掌管书启。郭嵩焘在信中称他为"笙陔叔"，估计可能是郭嵩焘兄弟的远房叔叔。咸丰八年十一月底，郭嵩焘离开曾国藩幕时，郭笙陔仍留幕中。这年除夕，曾国藩还曾与他一起"吃年饭"，以后则不见记载，不知所终。

王敬恩，约于咸丰十年九月入幕，办理书启，咸丰十一年十一月十三日病死幕中，在幕尚不及一年。

欧阳兆熊系咸丰十一年二月入幕。当时曾国藩困守祁门，幕僚甚少，李鸿章又因李元度事辞别而去。曾国藩人手缺乏，就写信邀请自己的老朋友欧阳兆熊"至营"。据其后人讲是"商榷要政"②，大概是负责草拟咨、札、函奏之类，因这时幕中并无草拟文件的高手。四月初，曾国藩将大营迁往东流江边，欧阳兆熊随同迁往。这时胡林翼生病甚重，因欧阳兆熊颇懂医道，曾国藩就派他赴武昌为胡诊治。九月二日，欧阳兆熊同赵烈文一起由东流起行赴武昌。其时，胡林翼已于八月二十六日病死，迟至九月初三日，曾国藩方收到讣闻，使欧阳兆熊空跑一趟。欧阳兆熊即由武昌返回湖南故里。同治二年四月，欧阳兆熊重返曾国藩幕

---

① 《曾国藩全集·家书》，咸丰八年八月十四日。
② 曾士莪：《欧阳伯元先生谈曾文正公轶事》，《国闻周报》第12卷，第30期。

中，次年主持书局。 自同治四年五月起，曾国藩日记中未见记载，大约曾国藩北上剿捻、调赴直隶他都未随行。同治九年十二月，即曾国藩由直隶调回两江后不久，欧阳兆熊又回到曾国藩幕中，直到曾去世，二人经常在一起谈话、下棋。这一时期他所任职事不详（自同治八年起书局改由洪汝奎主持），大约只是闲住。

李榕是通过郭嵩焘的推荐方为曾国藩所知的。咸丰九年正月，曾国藩奏调郭、李二人，咸丰帝只批准李榕一人。六月李榕抵江西抚州曾国藩湘军大营，充任幕僚，在营务处任职。十二月，曾国藩与胡林翼领兵进攻太平军重点据守的太湖，恰遇曾国荃请假回籍，所部吉字营群龙无首，曾国藩遂札派朱品隆、李榕充作营务处，朱管战守，李管禀报。实际上是由朱、李二人共掌统领大权。故曾国藩有时称"委派朱、李管营务"，有时就迳称"札派朱品隆、李榕为统领"①。咸丰十年正月末，太平军弃太湖而走，湘军乘机进围安庆。闰三月，朱品隆、李榕率军进扎集贤关外。四月初，曾国荃返回军营，李榕亦回到曾国藩身边，大约仍在营务处任职。咸丰十一年八月，曾国藩设安庆善后总局，委李榕主持。十一月，经曾国藩奏保署理江宁盐巡道，任事如故。同治元年秋，奉命募督标兵钧字五营，援助江、皖各路。同治二年三月成军，先后转战于江西、安徽各地。是年十月，补授浙江盐运使，经曾国藩奏留督军防皖南。同治四年四月遣散全军，返回幕府，负责草拟文件。五月随曾国藩北上剿捻。同治五年七月补授湖北按察使，从此离开曾国藩幕府。

冯焌光是经人推荐于咸丰九年十一月曾国藩驻扎宿松时入幕的，负责办理书启。咸丰十一年底至同治元年初，曾奉派赴广东购买洋枪和望远镜等。同治元年九月惊闻其父死于新疆伊犁，其庶母亦在戍所，孤苦无依。冯焌光只得远赴伊犁，设法迎回其父的棺木和眷属。同治四年五月，曾国藩、李鸿章在上海创建江南制造总局，奉委管理厂务，直到同治十年为李兴锐所取代。

陈鼐于咸丰九年十二月曾国藩驻宿松时入幕，所任职事不详，但与

---

① 《曾文正公手书日记》，咸丰九年十二月二十三日。

曾国藩关系密切，甚得赏识。多年来，陈鼐出出入入，常在曾国藩身边。同治八年，曾国藩抵直隶总督任所，奏调一批人充任幕僚，陈鼐为其中之一，并于是年五月行抵保定。同治九年六月，曾国藩奉命赴天津查办教案，陈鼐随行办事。当年十月曾国藩调任两江总督，陈鼐留于直隶，从此离开曾国藩幕府。

柯钺咸丰十一年十月在安庆入曾国藩幕府，办理书启，有时亦草拟折稿。同治元年秋将全家迁驻安庆，从此常在幕中，不离曾国藩左右，成为少数亲近人员之一。同治三年七月一日，因哀伤劳累过度病死幕中。

穆其琛于咸丰十一年十月奉曾国藩札调入幕，办理文案。同治元年闰八月经曾国藩奏保署理无为州知州，离开幕府。

李士棻咸丰十一年七月在东流入幕，其后常在幕中出现，曾送珍本书给曾国藩，并求曾为其题字。其所任职事亦不详。以善作诗受到曾国藩赏识，赠诗有"时吟大句动乾坤"之语。同治三年十一月，曾国藩续办金陵汇保之案，李士棻列名其中，当时已是同知衔江西候补知县，奏请免补本班，以同知直隶州仍留江西补用。大约此时仍在幕中，唯其何时离幕不详。

张裕钊是从胡林翼幕府转入曾国藩幕中的。早在咸丰五年张裕钊即与曾国藩相识，在曾国藩日记中，常有为张裕钊改阅古文的记载。胡林翼死后，张裕钊于咸丰十一年十一月来到曾国藩幕中，曾国藩令其专修古文，不事他务。曾国藩认为，在其诸弟子中，古文方面最有前途的是张裕钊和吴汝纶。张裕钊亦谨遵师教，不负厚望，一面在书院讲学，培养人才，一面研究古文，从事写作。他刻苦钻研，虚心求教，在古文方面不断进步，成为曾国藩门下最有成就的学生。

何应祺咸丰八年十二月在江西建昌入曾国藩幕府，初在秘书处办理书启、批札之类，后转入营务处任职。约在咸丰十年入湖南东征局任职，直到同治四年东征局裁撤。其后时出时入，断断续续，直到同治十年仍在幕中活动，在他的集子中留下不少有关诗篇，只是所任职事未有明确记载，其离幕时间亦不详。

梅启照咸丰十一年十月在安庆入幕。不过，他一入幕就担负重要工作，地位非同一般。例如，当时因扣留逃税英船发生对外交涉，曾国藩即令梅启照前去查问。第二天英国海军官员带领军舰前往安庆面见曾国藩进行交涉，出于外交礼仪，曾国藩即派曾国荃、李鸿章、梅启照三人代表两江总督登舰回拜。同治八年五月迁江宁布政使，奉曾国藩委派接办江宁报销总局局务，会同江苏布政使办理剿捻各军军费报销事宜，直至事竣。

程鸿诏咸丰十一年十二月在安庆入幕，办理书启。在曾国藩来函原件中至今保留着不少带有"雟"字的印记。他在幕中时间甚长，直到同治五年初仍在曾国藩身边活动，其后不见记载，离幕时间则不得而知。

刘瑞芬、周成、王香倬的情况则更为简单。王香倬于咸丰十年二月在宿松入幕，负责管理文案。此后断断续续，他的名字时常出现于曾国藩的日记之中。周成是通过洪汝奎的推荐，于咸丰十年十一月在祁门入幕的，同治元年十二月去世，所任职事不详。刘瑞芬咸丰十一年在东流入幕，同治元年三月随李鸿章赴援上海，离开曾国藩幕府。其在幕中所任职事不详。

阎泰、陈鸣凤、刘崧咸丰八年七月入幕，负责管理行营文案。聂琪大约咸丰八年入幕，咸丰九年十月曾国藩汇保攻克景德镇有功人员曾列名其中。同治二年又奉札与袁西焘等一起绘制地图。其何时离幕不详。

同治年间入幕的秘书人员主要有郭柏荫、刘瀚清、方骏谟、袁西焘、李子真、杨万锦、张复翔、王瑞征、阎禹邻、唐翰题、周学浚、何璟、李鸿裔、孙衣言、陈方坦、凌焕、屠楷、钱应溥、向师棣、黎庶昌、吴汝纶、薛福成、王定安、倪文蔚、勒方锜、庞际云、任伊、萧世本、游智开、陈兰彬、唐焕章、曹耀湘、刘金范、赵景波、沈梦存、仇善培、贺麓樵、张锦瑞、欧阳侗、曾化南、蔡家馨、孙莘畬、张晖垣、陈济清、祝垲、俞晟、蔡贞斋、邓良甫、王鸿训、李传黻、黎竹林、王镇镛。

郭柏荫原为户部郎中，同治元年入京引见，奉命交曾国藩差委，被派赴安庆行营充任幕僚。同治二年授苏松粮道，离曾国藩幕。

刘瀚清、方骏谟是咸丰十一年冬曾国藩奏调的常州士绅中的两位。刘瀚清原为胡林翼幕僚，负责草拟奏稿，颇为胡看重，已保至候选同知。咸丰十年常州被太平军占领，刘瀚清闻讯辞归，同治元年十月应命再出，投入曾国藩幕府。方骏谟入幕稍晚，他是同治二年正月到达安庆大营的。同年底曾国藩接到总理衙门文书，令各省绘制地图，曾国藩遂命袁西焘负责此事，刘瀚清、方骏谟协同办理。同治三年六七月间，方、刘二人绘图工作完成，共绘长江图1幅，安徽省图1幅，安徽府县图13幅。经曾国藩验收合格，三人便一起到秘书处工作，刘瀚清负责草拟奏稿，方骏谟负责草拟函稿。同治四年五月，曾国藩北上剿捻，刘瀚清最初没有随行。不久即赶赴临淮关大营仍司旧职。曾国藩对刘瀚清不甚欣赏，称其"学问淹博，文笔亦雅，特章疏笺牍不甚合式"①。最使曾国藩反感的是他缺乏"急公好义"的精神。同治五年曾国藩驻扎周口剿捻，正当人手缺乏之际，刘瀚清闻家中有事，即不听劝告，执意请假回籍。曾国藩挽留不住，只好同意。同治六年曾国藩返任两江总督后，刘瀚清重新回到曾国藩幕中，但从此受到冷遇，曾国藩始终不肯为他奏保实缺，虽经其同乡赵烈文一再求情仍然无效。同治七年十一月曾国藩北上就直隶总督任，没有带刘瀚清同行，事后也没有奏调。方骏谟亦于此时离开幕府前赴徐州，投入徐州道吴世雄幕中继续充任幕僚。同治九年十月，曾国藩再返两江总督任，刘瀚清亦返回幕府。同治十年七月曾国藩为派遣留学生赴美学习，在上海设预备学校，委派刘瀚清为预备学校校长，令学生出国前入校学习中、西文字一年，以适应国外学习、生活需要。同治十一年容闳带第一批留学生赴美后，其后三批学生预备期满陆续派送，皆刘瀚清一人料理。不过此时曾国藩已死，他已自然转为李鸿章的幕僚。

参加绘图工作的人员还有袁西焘、唐翰题、聂琪。袁西焘、聂琪即如上述。唐翰题曾奉命绘制江宁府全境地图，并于完工后向曾国藩禀明交代。三人出入幕时间皆不详。

李子真，出入幕时间不详，同治二年九月前后在幕中，专为曾国藩誊写家信。

---

① 《曾文正公书札》第22卷，第18页。

杨万锦、张复翱入幕和出幕时间不详，同治元年初二人均在曾国藩幕中管理文案，赵烈文曾几次向他们借阅和归还文件。

此间在幕中担任文案工作的还有王瑞征、阎禹邻二人，他们与聂琪、杨万锦、张复翱皆列名金陵保案之中，唯其出入幕时间不详。

周学浚同治元年四月入幕，次年十月开始做曾国藩的家庭教师，教授曾国藩的次子曾纪鸿、外甥王兴韵、女婿罗兆升三人读书。同治三年九月随曾国藩迁往江宁，次年三月被曾国藩礼聘为尊经书院山长，并举行隆重仪式，曾国藩行四拜礼，以示尊敬。

李鸿裔是由胡林翼幕府转入曾国藩幕中的。他原为礼部主事，咸丰十年入胡林翼幕，胡死后，复于同治元年秋冬应调入曾国藩幕，负责草拟折奏，甚受曾国藩赏识，是少数亲近幕僚之一。但其治事缓慢，所分公事往往不能按时完成，若时间紧迫，则不得不将其未完成的工作再行分配一次，令幕中同事代劳。故常常遭人埋怨。大约同治三年秋冬或同治四年初转入金陵善后局，专办工程。同治四年五月曾国藩奉命北上剿捻，李鸿裔随同前往，经曾国藩奏保署江苏粮道。同治五年补授徐海道（驻徐州），总办营务，兼理徐州粮台。同治六年二月迁江苏按察使，仍常在曾国藩左右，直至次年七月因病免职。

孙衣言同治二年二月经曾国藩札调入幕，办理营务，同治元年转入秘书处。此后时出时入，断断续续。同治八、九年间以候补道署江宁布政使，奉委会同江苏藩司张兆栋主持江宁报销总局，办理剿捻期间湘、淮各军的军费报销。

陈方坦同治二年十月入幕，专管草拟与盐务有关的咨、札、函、奏。此后长期追随曾国藩，除曾国藩调任直隶总督期间分离两年外，一直充任曾国藩幕僚。

凌焕是曾国藩剿捻期间入幕的，同治六年二月已在幕中，唯其具体时间不详。同治七年曾国藩调任直督，凌焕没有随行。同治九年闰十月曾国藩再次回任江督，凌焕复入幕府，直到曾国藩去世，一直在秘书处任事。

屠楷是同治二年正月入幕的，负责草拟奏折。此后一直在曾国藩身边工作，直到曾国藩剿捻受挫，中途返回两江。同治七年曾国藩赴直督之任时屠楷没有随行，事后也没有奏调，大约是此时离幕的。

钱应溥原为军机章京、吏部主事，同治元年四月加入曾国藩幕府，负责草拟奏折。钱应溥出身书香门第，其父亲和伯父都是著名学者，本人亦学有根底，文笔流畅，甚受曾国藩赏识，在幕僚中很有名望。入幕之后，除几次请假短暂离营外，一直在幕中充任幕僚，直到曾国藩去世。

向师棣是通过曾国藩的一位老朋友严仙洲（向的姑父）的推荐于同治元年四月入幕的，先在行营粮台银钱所帮同洪汝奎办理支应事宜，后又襄办营务，大约在同治四年三月转入秘书处。是年五月随曾国藩北上剿捻，专治文书，十一月在军营病死。

蒋嘉棫同治元年二月入幕，专事草拟奏折。同治三年九月接办安徽牙厘总局，直到同治六年十月仍任是职。其后事迹不详。

黎庶昌同治元年奉旨分发安徽，交曾国藩差遣，同治二年三月入幕，委派善后局，专司稽查保甲。同治三年六月复委办金陵善后事宜。同治四年五月曾国藩北上剿捻，调黎庶昌随行，在秘书处负责草拟奏折、批札。同治五年九月回籍丁忧。同治六年九月重回幕府。同治七年九月经曾国藩奏准，以直隶州知州留于江苏补用，从此离开曾国藩幕府。

吴汝纶是通过方宗诚的推荐，于同治四年十月在徐州入幕的。同治七年曾国藩调任直督，吴汝纶随行。同治九年十月曾国藩返任江督，吴汝纶又随同返回江南，直到曾国藩去世，一直充任曾国藩的幕僚。

薛福成同治四年闰五月入幕，负责办理咨、奏、书启之类。此后一直在幕中充任幕僚，直到曾国藩去世。

王定安是分发江苏的候补知县，经人推荐，于同治四年九月入曾国藩幕府，在秘书处任事。同治七年五月出任江苏崑山知县，暂离幕府。同治九年十月曾国藩返任江督，王定安复返回幕中，仍事旧职。

倪文蔚同治四年四月曾国藩已决定聘其入幕，后因北上剿捻，倪文蔚祖母年高，须他服侍，不能远征而止。但从此之后，曾国藩每年致四百金以为薪资，实际上已把他列入幕僚之列。同治五年任凤池书院山长，留驻江宁。同治六年初曾国藩回任江督，倪文蔚仍任山长。

勒方锜同治三年三月入幕。五月受曾国藩委派，与安徽藩司马新贻等会讯江西知县石昌猷祖匿杀良一案。十月转入秘书处工作，十一月禀辞离去。同治四年五月曾国藩北上剿捻、同治七年十月调任直隶总督，勒方锜都没有随行。同治九年十月曾国藩再任两江总督，勒方锜重新回到幕中，直到曾国藩去世，一直充任曾国藩幕僚。

庞际云原为曾国藩的门生与家庭教师，同治三年三月投入曾国藩幕府，负责草拟奏折。七月委办江宁善后局，曾奉命与李鸿裔等会审李秀成案。八月经曾国藩奏准署江宁盐巡道，仍饬办善后局。

任伊同治七年十月前入幕，于曾国藩临赴直督任时转入新任江督马新贻幕府。同治九年十月曾国藩回任江督，复回到曾国藩幕府充任幕僚，直到同治十一年二月曾国藩去世。

萧世本原为刑部主事，后改捐知县分发江南候补，同治七年十一月随曾国藩赴直隶充任幕僚。同治九年六月署天津知县，离开幕府。

游智开原为安徽知州，历任和州、无为、泗州等属，曾国藩称其治行为江南第一。同治八年正月调赴直隶充任幕僚。后出署深州知州，离开幕府。

陈兰彬系经许振祎推荐和曾国藩的奏调，于同治八年二月在保定入幕的。曾先后参与清理积案、赈济灾民等事务。同治九年六月随曾国藩赴天津办理教案。据说，曾国藩对该案的处理，主要是采纳了陈兰彬的意见。同治九年十月曾国藩返两江总督任，又将陈兰彬调回江南。同治十年七月设驻美中国留学生局，受曾国藩委派任正监督，并于同治十一年三四月间率留学生赴美。

曹耀湘同治十年五月入幕，十月辞归，约定明春复来，以后未见在曾国藩身边出现，不知是否就此出幕。

刘金范、赵景坡、沈梦存皆于同治八年正月入幕。他们都是原直隶总督衙门的幕僚，刘金范系钱粮师爷，赵景坡、沈梦存系刑名师爷。曾国藩抵任，将他们留用，遂成为曾国藩的幕僚。沈梦存于当年十月辞去，赵、刘离幕时间则不详。

仇善培同治七年十月入幕。他原系江宁"院房"，曾国藩调任直督时将他带往保定，充任文案。

张锦瑞同治二年十月入幕，负责草拟奏折。同治四年五月曾国藩北上剿捻，张锦瑞以服阕在即，需回籍办理起复离幕。

贺麓樵同治八年初入幕，任家庭教师，直到同治十一年二月曾国藩去世。

欧阳侗入幕时间不详。同治三年三月曾为文案房职员，因与同事诸人具禀讦告内银钱所而被曾国藩斥革。

曾化南、蔡家馨出入幕时间不详。同治二年三月曾国藩奏保穆其琛时，还同时奏称前任四川梁山县知县曾化南、指分江西试用知县蔡家馨二人，"经臣先后留营办事，均属才堪造就"，请求"留于安徽，酌量补用"[1]。其为曾国藩幕僚无疑，只是不知所任何事。

孙莘畬、张晖垣二人出入幕时间均不详。同治十一年正月初二日曾国藩宴请幕友，孙、张为其中之二。

蔡贞斋同治六年六月入幕，大约在次年六月离去。一年之中曾国藩曾几次去"幕府"找蔡贞斋、钱子密谈话，其为曾国藩幕僚无疑，只是不知在幕中所任何事。

俞晟出入幕时间不详。同治三年四月曾国藩会见俞晟，称其"往年在余处当委员，现为湖北知府也"。[2]

唐焕章入幕时间不详，曾与薛福成、李鸿裔、萧世本同为幕僚，唐、李、萧皆为四川人，往来密切，直到曾国藩去世，唐焕章一直在曾国藩幕府充任幕僚。曾死后，唐还奉命护送棺柩回籍。

王鸿训同治三年六月入幕，此后长期在曾国藩幕中，除曾国藩北上剿捻与调任直隶总督期间分离外，一直在曾国藩身边充任幕僚，直到曾国藩去世。

陈济清同治八年初入幕。同治九年九月曾国藩返任两江总督前决定将他留于直隶，由此离开曾国藩幕府。

---

① 《曾文正公奏稿》第18卷，第42页。
② 曾国藩：《曾文正公手书日记》，同治三年四月二十二日。

邓良甫同治八年正月入幕，约在同治九年九月离幕，所任何事不详。

李传黻同治八年二月入幕，一直追随曾国藩左右，直到同治九年十月曾国藩调回江南，将他留于直隶，荐入李鸿章幕府，继续充任幕僚。

黎竹林约于同治八年十月入幕，同治九年十月随曾国藩返回江南，同治十年八月又在扬州与曾国藩相会。其为曾国藩幕僚无疑，唯所任职事与离幕时间不详。

王镇镛系曾国藩的外甥，国惠妹之子。同治九年四月携眷至保定，留于幕中办书启。同治十年八月离幕回籍。十月随刘锦棠回江宁，不久赴西北办营务。光绪十年十一月死于军营。官至三品衔候补道员。

第二节 ｜ 采访忠义局和编书局

采访忠义局又称采访忠义科，咸丰七年由胡林翼首创。曾国藩担任两江总督之后，也仿效胡林翼在湖北的做法，于咸丰十年六月在祁门设立，其主要任务是搜集和整理在清王朝同太平天国的战争过程中阵亡、被杀或自杀身死的官员士绅资料，由曾国藩汇总奏报请建总祠、总坊，或专折奏请建立专祠、专坊，以扶持名教，维护风化。曾国藩担任两江总督之后，曾发布文告，晓谕远近。其《出示晓谕江南北士民六条》之五"旌表忠义"条称："本部堂行辕设立忠义科，专查殉节之家，详核事实，兼考世系，或由司道具详，或由府厅州县汇报，或由该家属径禀本部堂，立即建总祠、总坊，其死节尤烈者建立专祠、专坊。凡作有家传、墓志、行述、事状者，准其抄送行辕，本部堂略删改咨送国史馆立传，以彰忠义而示激劝。"[①]实际上这是曾国藩为封建地主阶级做的一项思想政治工作。

---

① 《兵部尚书衔·署两江总督曾国藩告示》，见《楚湘营制》抄本，现藏中国社会科学院近代史研究所。《曾国藩年谱》咸丰十年六月十六日条载有类似内容，本意一致，词句略有不同。

除此之外，设立忠义局的另一原因是为了安置一部分闲散人员，解决他们的生活困难。战乱之中，曾国藩的一些老朋友或一般士人，往往流离失所，衣食无着，纷纷投奔到他的门下求救。而这些人中不少人并无一技之长，他处无法安置，于是就把这些人放到忠义局中，拿份薪水养家糊口。反正采访忠义之事不像草拟函奏、筹措粮饷那样往往急如星火，刻不容缓，工作或多或少，进程或快或慢，都不会直接影响战争的成败。所以，忠义局的人员在曾国藩幕府中地位不高，名声不显，除方宗诚仅至实缺县令外，其他人皆未得到实缺保奏。

两江忠义局成立之时，全国还很少这类机构，它虽比湖北晚了几年，但在全国各省中仍处于遥遥领先的地位。殆至咸丰十一年秋，清政府令各省设立褒忠局，采访忠义随时汇奏时，曾国藩已先后奏报五次了。

忠义局的任职条件是必须重视气节，热心于扶持名教、维护风化。所以，就学派而论，忠义局的委员多讲习宋学之人。

两江忠义局先后由陈艾、汪士珍主持，其主要工作人员除陈、汪二人外，还有方宗诚、汪翰、李葆斋、杨德亨、汪宗沂、李联琇。陈艾咸丰十年十月在祁门入幕。曾国藩称其"在营多年未尝任以繁剧之职，然与一二贤俊随时匡谏，获益良多"。①同治七年，陈艾以母老多病禀请辞差归养，曾国藩批准了他的要求，所有采访忠义局务令汪士珍接办。汪士珍出入幕时间均不详，唯知同治三年十一月曾国藩所办金陵续保之案，汪士珍已挂名其中，并在同治七年接替陈艾主持忠义局的工作。方宗诚同治二年春在安庆入幕，任职忠义局，奉曾国藩之命撰写《两江忠义录》一书。同治八年十月奉调直隶，继续充任曾国藩的幕僚，大约办理书启之类。同治九年十月曾国藩返两江总督任，方宗诚留在直隶，不久由李鸿章奏保直隶枣强县县令，结束了其幕僚生活。汪翰出入幕时间不详，初在忠义局，同治二年派赴皖南牙厘局。杨德亨同治元年入幕，同治七年禀请销差，得到曾国藩批准，离开幕府。李葆斋是曾国藩的同年，同治元年入幕，无法安置，乃令其为忠义局名义上的负责人，实际

上是冒领干薪，托局务以自存，暂解生活上的窘境。汪宗沂出幕时间不详，其入幕时间大约在同治三年秋冬。传称"东南乱定，以所作（指《礼乐一贯录》）谒曾国藩，国藩时督两江，延任忠义局编纂。因师临川李大理联琇"①。由此可知汪宗沂曾在采访忠义局任职，同时在忠义局任事者还有李联琇。

编书局又简称书局，是同治三年四月在安庆设立的，故称安庆书局。同年九月又随曾国藩移驻江宁，遂改名金陵书局。其后两江总督几度易人，书局一直存在。书局初立主要刊刻了王夫之的《王船山遗书》和全本《几何原本》。《王船山遗书》系明末清初著名学者王夫之倾毕生心血撰写的鸿篇巨制，具有较高的学术价值，多年来未能刊印发行于世。道光十九年，王夫之的孙子王世全始刊刻150卷，湖南著名学者邓显鹤实主持其事，欧阳兆熊赞成之。咸丰四年湘军进攻湘潭，书版毁于战火。这次编书局重刻《王船山遗书》凡322卷，较前增加172卷。

《几何原本》是公元前300年希腊数学家欧几里得所著，全书共15卷，明代传入我国。著名科学家徐光启和意大利学者利玛窦曾译出前面六卷刊行于世，而后半部则长期无人翻译。咸丰年间，近代著名数学家李善兰与英国人伟烈亚力续译其后九卷，并为其订正舛误，使之成为最佳版本。译成之初，亦有人刊刻印行，不久，书版毁于战火。同治元年李善兰入曾国藩幕，次年张文虎复来幕中，遂建议李善兰取后九卷重校付刊。为使初学者得一完本，并前六卷一起校刊发行。其后又合金陵、湖北及江、浙各书局之力合刻二十四史。曾国藩对编书局的工作极为重视。他不仅为编书局制定章程，聘请学识渊博、擅长校勘的幕僚和高手匠人专司其事，还对书版的书写、刊刻作了具体规定，力求版本精良，传之后世。对于书局的重要出版物，如《王船山遗书》，曾国藩还亲为校阅，亲自作序。

书局设立之初由欧阳兆熊主持。同治四年五月曾国藩北上剿捻，书局由署江督李鸿章主持，令书局刊刻四书五经，以为诸生读本。同治六

---

① 金鹤望：《汪宗沂传》，《皖志列传稿》，第5卷，第37页。

年初曾国藩回任江督，又令书局刊刻《史记》《汉书》《后汉书》。同治八年初曾国藩已抵直隶总督任，又与继任江督马新贻、湖广总督李鸿章等妥商，改由洪汝奎主持。此时战事告竣，战争期间建立的各路粮台陆续撤裁，唯专为镇压捻军而设于江宁的北征粮台得以保留，改为军需总局，专门供应西征陕甘的老湘营与江宁防军粮饷，仍由洪汝奎经理。编书局经费无着，须由军需局筹措，故令洪汝奎兼理是职。

编书局的任职条件是熟悉经史，兼通小学，擅长校勘工作。故编书局人才济济，尤多宿学名儒，就其学派而言，多为治汉学者。其主要成员除前面提到的欧阳兆熊、洪汝奎、李善兰、张文虎外，还有刘毓崧、刘寿曾、汪士铎、莫友芝、唐仁寿、倪文蔚、戴望、成蓉镜、刘恭冕等。

欧阳兆熊即如前述。洪汝奎早在道光年间即与曾国藩相识，咸丰十一年十月入曾国藩幕。同治元年五月奉曾国藩札委综理行营银钱所支应事宜。同治二年曾国藩在皖南设劝农局，向当地农户贷款买牛，三年还本，令洪汝奎经理其事。同治三年九月随曾国藩迁往江宁，先后经办江宁东南保甲局和西南保甲局局务。同治五年受署江督李鸿章委派办理北征粮台。同治八年正月奉命参与张汶祥案的审理。不久，又奉命兼理书局，直到曾国藩去世，一直充任幕僚。

李善兰同治元年入幕，同治三年四月入书局任职，编书局刊刻《几何原本》主要由他校勘，并为之作《续译〈几何原本〉原序》。同治七年七月经郭嵩焘推荐，李善兰奉旨调京师同文馆充任总教习、总理衙门章京，离开曾国藩幕府。

张文虎经李善兰推荐，同治二年五月在安庆入曾国藩幕。张文虎精于算法，兼通经学、小学，故建议李善兰刊行《几何原本》后九卷。张文虎在书局主要任校勘工作，直到曾国藩去世。

唐仁寿入幕时间不详，现仅知同治五年已在幕中，并参加了《史记》的校勘工作，以为重新刊刻付印做准备。同治九年十月曾国藩由直隶返任江督，曾去书局拜见张文虎、唐仁寿，同治十年七月唐仁寿又曾去会见曾国藩。大约直到曾国藩去世，唐仁寿仍在书局任事。

莫友芝是曾国藩的老友。咸丰十一年七月莫友芝探视其弟，在东流大营见到曾国藩，畅谈甚欢，遂留于幕中。同治三年四月曾国藩在安庆设编书局，聘莫友芝等分任校勘，直至同治十年十月莫友芝去世。

刘毓崧同治二年十一月入幕，同治三年四月书局初设即任校勘工作。同治六年九月刘毓崧去世，曾国藩复聘其子寿曾入幕，接任其职。刘寿曾离幕时间不详，大约至曾国藩去世前一直在书局任事。

汪士铎原为胡林翼幕僚。胡林翼死后，汪士铎于同治元年到曾国藩幕中。同治三年四月书局初设时汪士铎即任校勘工作，直到曾国藩去世。

戴望出入幕时间不详，仅知其同治六年八月至次年九月确在曾国藩幕中，并将自己所作《论语注》送呈曾国藩审阅。

倪文蔚出入幕时间及所任职事均不详，现据薛福成开列的名录知其为曾国藩幕僚。又据李鼎芳《曾国藩及其幕府人物》知其在书局任职。

刘恭冕、成蓉镜出入幕时间不详。据张裕钊《唐端甫墓志铭》①，知二人确为书局成员。

第三节 ┃ 营务处与采编所

营务处设立于咸丰六年初。咸丰四年湘军举行"东征"之时，曾国藩曾在军中设立过水、陆营务处，分别由褚汝航与朱孙诒主持。其时，军中仅有大帅与营官，尚无统领之职。曾国藩在给骆秉章的信中说："来示须派一统带大员等因，历来皆有此席，或称翼长，或称统领，或但称营务处。"②所以，这时的营务处，实际上是后来的统领、分统之类，虽名称相同，但与后来的营务处并不是一回事。曾国藩经过长沙整军，陆路只设塔齐布、罗泽南两统领，水路只设李孟群、杨载福、彭玉麟三统领，再不提营务处一事，直到咸丰六年初才重新设立营务处。不过，这

---

① 张裕钊：《唐端甫墓志铭》，《濂亭文集》第6卷，第2页。
② 《曾文正公书札》第5卷，第11页。

时的水师已分为外江水师与内湖水师两部分，分别由杨载福、彭玉麟统领。外江水师由湖北供饷、指挥，而内湖水师则困于鄱阳湖内，仍由曾国藩经营。所以，这时的营务处实际上只是陆军营务处，且职能亦发生变化，由独当一面的统摄大员变成为大帅处理具体事务的助手。殆军务基本结束之后，营务处管理防军，节制诸将，分别由两司兼领，布政使兼总督总营务处衔，按察使兼巡抚总营务处衔。其职能与人员组成则又一变。所以，这里讲的营务处系咸丰六年至同治七年的情况，与此前后时期均有所不同。另外，曾国藩的营务处又有内外之分，统带数营外出作战者称外营务处，在曾国藩湘军大营、不离其左右者称内营务处。外营务处与统领很相似，只有在军中尚无统领或统领暂时离位时才会出现这种情况，如咸丰六年统带数营进攻建昌、瑞州的彭山屺、罗萱，咸丰九年带兵进攻安徽太湖的朱品隆、李榕等。不过，这种情况不多，最主要、最常见的还是大营营务处，且其内、外两种不易区分，故这里不再作内外营务处的区别，只作为营务处的不同形式与功能看待。

营务处的职能类似今日军中之参谋部，是领兵大帅处理军中事务的办事机构，"如派何营出队，何路进兵，何起专攻何城，何起分剿何股，均由主帅定计，营务处发令。即杀一人、赏一人亦由主帅专之"[1]；由营务处办理。除作战外，军队平时的操点、训练也由营务处负责。在剿捻期间，曾国藩日记中就记有他与营务处委员一起对湘军各营分别点名的情形。另外，营务处还负有训练和培养人才的责任。李榕在营务处任事之初，曾国藩就同他专门谈论过营务处的此项任务。他说："营务处之道，一在树人，一在立法。""树人之道一曰知人善任，一曰陶镕造就。"[2] 所以，曾国藩欲令其幕僚领兵，必先在营务处历练，且往往先在身边充营务处，后以营务处外出领兵，其后有了实践经验，便令其独领一军作战。李榕是经过这个全过程的典型人物。其他则或先或后，形式亦略有区别。只是不知何因，湘军经由营务处而外出领兵者没有大将，

---

[1]《曾文正公书札》第5卷，第19页。
[2]《曾文正公手书日记》咸丰九年九月初六日。

只是一些二三流将领。

营务处的任职条件是兼资文武，既懂军事，又文笔流畅。不过由于难得其选，有时合二人之长而作一人之用，或扬长避短，有所偏重。如咸丰九年十二月曾国荃请假回籍，吉字营无人统领，曾国藩就委派朱品隆、李榕充任营务处，领军进扎太平军据守的太湖城外，明令规定朱品隆负责领兵作战，李榕负责军情禀报，二人分工非常明确。再如王鑫的哥哥王勋，充任营务处时主要是联络老湘营各路将领，而李元度充营务处时，则连军情奏折的草拟工作亦一并承担。

曾国藩幕僚中先后在营务处任职者主要有朱孙诒、褚汝航、彭山屺、罗萱、沈葆桢、王勋、李元度、杜光邦、李宗羲、李榕、朱品隆、何应祺、姚体备、何璟、刘建德、王家璧、向师棣、孙衣言、李鸿裔、甘晋、张锡嵘、罗麓森、李昭庆、祝垲、沈宏富、朱唐洲、李光久、杨钟琛、李兴锐。

朱孙诒原为湖南湘乡县知县，因与湘军营官熟悉，又同曾国藩关系密切，故咸丰四年二月湘军东征之初曾国藩委派他为陆路营务处总提调，自带一营，并兼理陆路十二营营务。以后因与曾国藩意见分歧，长沙整军后曾国藩身边就不再见到朱孙诒的影子，大约于此时离开曾国藩。

褚汝航原为广西候补同知，是曾国藩专门从广西奏调来的。咸丰三年十一月到衡州，曾国藩派他在湘潭设一分厂，监造战舰。因其熟悉水战，故曾国藩委他充水师营务处。据王闿运讲褚汝航对水上作战的规律并不熟悉，且湘军水师营官杨载福、彭玉麟等皆湖南人，对他充任营务处心中多有不服，远远尾随其后等着看他的笑话。结果褚汝航在城陵矶附近一战大败，所统前帮水师全军覆没，褚汝航等四名外省营官亦全部战死。此后湘军水师由杨载福、彭玉麟分统，再没听说曾国藩大营中设立过水师营务处。

沈葆桢、彭山屺、罗萱皆是咸丰六、七年间为曾国藩办理营务的人员。沈葆桢原为都察院监察御史，咸丰五年简放江西九江知府。而当时九江尚在太平军手中，无法赴任，便投到曾国藩麾下，先在吴城饷盐局为曾国藩抽厘筹饷，咸丰六年春又为其管理营务。约在是年夏署广信知府，离开曾国藩大营。咸丰八年八月曾国藩拟率军入闽，决定在广信府城与铅山县城设转运粮台，委沈葆桢、雷维翰经理其事。后曾国藩改变计划，在建昌另设行营粮台，沈葆桢又离开曾国藩幕。彭山屺原为湘军军官，罗萱原为曾国藩身边的秘书人员。咸丰六年四月曾国藩派彭山屺、罗萱等率湘军六营进攻太平军占领的建昌府城。是年七月刘腾鸿等湖北援军进抵瑞州城外，彭、罗复带兵4000人赴瑞州城外大营，曾国藩委彭山屺总理营务，又以罗萱兼理各营营务。咸丰八年六月，曾国藩再出领军，调彭山屺带兵护理粮台，罗萱则再没有返回曾国藩幕中。咸丰十一年五月，彭山屺曾奉曾国藩委派会同程桓生审理李金旸通敌案，其何时离幕不详。

王勋是湘军大将王鑫之胞兄，曾国藩再出领军时，所部多老湘营弁兵，以其便于与诸将联系，故于咸丰八年八月令王勋与李元度管理营务。九月初李元度因事回湖南，营务处主要由王勋负责。十二月中旬李元度回营，王勋即请假回籍，以后再没回来。咸丰十年五月李元度回籍募勇，准备带兵援浙。后因计划改变，留守徽州（任皖南道），从此离开曾国藩幕府。杜光邦咸丰八年七月入幕。曾国藩再出领兵重建营务处，以王勋、李元度、朱品隆为委员，以杜光邦为"小委员"。咸丰十年闰三月，景德镇保案列有其名，可见此时仍在幕中。

李榕事如前述。

朱品隆原为李续宾旧部。咸丰八年六月曾国藩再出领军，李续宾特派他与唐义训各带一营充任亲兵，曾国藩即令其与李元度、王勋管理营务。

李宗羲咸丰八年七月入幕，委办内军械所，旋调营务处。咸丰九年署安庆知府，后因病去职。同治元年奉湖北巡抚严树森疏调赴鄂，办理汉口转运局。同治二年正月奉委赴四川万县设局购米解运安庆以充军食。二月札调湖北，主持沙市米局。后又委办汉口转运局，兼办盐务督销。同治三年冬，受曾国藩委派主办江北厘金局，兼理盐务。整顿厘务，制订新章，挑河设栈，振兴盐务，皆由李宗羲一手经理。同治四年正月署两淮盐运使，三月迁安徽按察使，八月擢江宁布政使。经曾国藩奏请暂不赴新任，仍留两淮盐运使本任，经办江北厘务、盐务。是年十月，赴江宁藩司任，奉委办理北征粮台，直到同治八年军务告竣，北征粮台改为军需总局，由洪汝奎接办，李宗羲始离开曾国藩，前赴山西巡抚任。

在此期间，在曾国藩营务处任事者还有何应祺、姚体备、刘建德。何应祺曾在李榕手下工作，曾国藩还专此函嘱李榕"虚己以待之"①，唯其离开营务处时间不详。姚体备原为江西庐陵县令，咸丰八年六七月间为曾国藩所知，咸丰十年十月札调祁门大营充任营务处。咸丰十一年五月，曾国藩奏保其署理安徽皖南道，仍总理营务处。不久，曾国藩在屯溪设立厘卡，令姚体备与祁门粮台共同主持。同治元年八月姚体备病故。刘建德咸丰三年二月入幕，初在审案局任事，是曾国藩最早的幕僚之一。咸丰四年出署湘潭县，又以县城失守被议革职。咸丰四年八月曾国藩再次将他调赴行营，委督船工。曾国藩再出领军，刘建德又于咸丰十年二月在宿松入幕，充行营营务处。咸丰十一年九月后即不见其在曾国藩身边活动，其究竟何时离幕不详。

甘晋、向师棣、孙衣言、何璟是同治元年至四年五月北上剿捻前的营务处人员。孙衣言事如前述。甘晋早在咸丰五年四月即与李瀚章一同为曾国藩管理设于南昌的后路粮台。咸丰六年十二月粮台撤销，甘、李离幕。咸丰八年六月，曾国藩再出领军，甘晋再次入幕。咸丰九年正月曾国藩在江西吴城开办报销局，办理历年军费报销事件，甘晋为成员之一。咸丰十年五月报销局事竣撤销，甘晋因事暂离。咸丰十一年十二月复又返回幕中，任职营务处，同治元年闰八月病死。向师棣于同治元年四月经人推荐入曾国藩幕，先后在行营粮台和营务处任职。同治四年春转入秘书处，随曾国藩北上剿捻，十一月病死军营。何璟同治二年七月入幕，总办营务处。同治三年五月署安徽臬司期间，曾受曾国藩委派，与藩司马新贻等会审江西知县石昌猷祖匪杀良一案。同治四至六年署安

<hr>

① 《曾文正公书札》第9卷，第16页。当时正值朱、李率军进扎太湖途中，时间约为咸丰九年底或咸丰十年初。

徽布政使期间，复奉委会同江西藩司孙长绂主持安庆报销总局，办理咸丰七年七月至同治四年五月间军费报销事宜。

曾国藩剿捻期间的营务处人员，有王家璧、李鸿裔、李昭庆、张锡嵘、罗麓森、祝恺、沈宏富。李鸿裔事如前述。王家璧早在咸丰元年即与曾国藩相识，咸丰七至八年曾为胡林翼幕僚，咸丰九年回京供职，同治二年奉旨发往安徽曾国藩军营差遣，同治二年八月抵安庆大营，随曾国藩左右办理营务。同治三年二月丁外艰回籍，同治五年十一月复出，仍办营务，随曾国藩驻扎周口，至今其文稿中仍保留着一部分当时杂录的营中探报。是年底回京引见，离开曾国藩幕府。次年，以五品京堂候补发往左宗棠军营差遣。

李昭庆是李鸿章最小的弟弟。曾国藩剿捻多用淮军，故必以李家兄弟办理营务处，方便于同淮军诸将的联络。先邀李鹤章入幕，李鹤章因身体有病不能前往，遂转请李昭庆随同办理营务处。同治四年八月，李昭庆抵徐州曾国藩大营，奉命办理营务，并着手编练新军。同治五年正月，李昭庆新军马步9000人练成，赴周口追击捻军，成为一支游击之师。李昭庆亦离开曾国藩幕府。

张锡嵘在安庆大营与曾国藩相识，甚受器重，曾谓其诵法儒先，坚忍耐苦，足胜将帅之任。同治四年六月曾国藩将其奏调临淮关大营办理营务。不久又令其募灵璧勇1500人，立为敬字三营，练成后即随同湘军作战。同治五年十二月又调其随刘松山军赴援陕西，同治六年正月在西安附近之灞桥战死。

罗麓森同治三年七月入幕，办理金陵营务处，主要负责料理撤营等事。以其办理得力，诸事妥当，曾国藩北上剿捻时又委罗麓森办理营务处，并令其兼领亲兵两营。同治四年七月曾国藩大营驻扎临淮关时，曾令营务处罗麓森、张锡嵘同他一起集合刘松山部老湘营点名。直到当年九月曾国藩大营驻扎徐州时，罗麓森仍在曾国藩身边活动，其后则事迹不详。祝恺原为直隶盐运使衔候补道，约在同治四年底或五年初经曾国藩咨调抵徐州大营，办理营务处。同治六年二月被李鸿章留军营差遣，离开曾国藩幕府。沈宏富原为云南昭通镇总兵，经云贵总督劳崇光奏请，于同治四年二月奉旨发往曾国藩军营察看委用，到营后委办营务。同治六年二月转入李鸿章军营，离开曾国藩幕府。

杨钟琛、朱唐洲、李光久、李兴锐是曾国藩由直隶返任江督后办理营务处的人员。杨钟琛在幕与办理营务处时间不详。现仅知同治十年五月李昭寿与陈国瑞寻仇斗殴时，陈国瑞曾召集痞混殴辱李昭寿婢妾，为正好途遇的营务处委员杨钟琛所制止、释放。同年七月，曾国藩以江宁防军兵勇过少，缓急不足倚恃，决定在湖南招湘勇3000人，派委朱唐洲、李光久为营务处，梅煦庵为支应委员，负责新勇的募练事宜，并将其带赴江宁。

李兴锐咸丰八年七月入幕，初无职事，曾国藩将之归于"闲散"一类。咸丰十一年四月曾国藩由祁门移驻东流，其行营粮台一分为二，留于祁门者称山内粮台，由李兴锐负责，始终其事。同治四年十一月，李兴锐在安庆报销总局办理咸丰七年正月至同治三年六月军费报销事宜，同治六年二月事竣，奉委办理大通招商局。是年十月初二日赵烈文途经此处，曾专门拜访李兴锐，相会二日别去。同治八年初曾国藩抵直隶总督任，奏调李兴锐等赴保定。同治九年六月曾国藩奉旨赴天津查办教案，李兴锐随行，在发审局审讯天津府、县官员与反洋教民众。是年十月曾国藩返两江总督任，李兴锐随其返回江南，综理营务，曾会同彭玉麟规制水师营制。同治十年十月，以江南制造局虚费钱财、成效甚低，曾国藩委派李兴锐取代冯焌光主持局务，直到光绪九年丁母忧回籍，前后达十余年。

采编所大约设立于咸丰四年十月，最初设在湖北武穴，咸丰五年正月移至湖南长沙。采编所的主要任务是搜集整理太平军的战略情报，编辑《贼情汇纂》一书，大约书成后即撤去。采编所的总纂是张德坚，副总纂是邹汉章、方翊元、邵彦烺，另以李楙、程奉瑝任分纂，廖文凤、潘敬遏、谭光藻、谭光炳、黄炳烈任缮写、校对各务。咸丰五年正月太平军大举反攻，千军万马沿江而上，采编所人员四处逃散，迁至长沙后只余下张德坚、程奉瑝、邵彦烺三人，其余则不知去向。

张德坚初为湖北抚辕巡捕官，对来自太平天国的情报特别感兴趣，有闻必录。自咸丰三年正月太平军弃武昌东下以来，关于太平军的传闻越来越多，这些传闻多出自逃人、难民之口，张德坚四处采访，口问手记，刻意搜集。其后随湖广总督吴文镕驻扎湖北堵城，经常化装至太平军驻地侦察，有时也参与对逃人、难民的鞫讯，获得资料渐多，日积月累，居然成帙，编成《贼情集要》一书，到处向地方大吏投递，但均未引起重视。咸丰四年九月湘军攻占武昌，张德坚经刘蓉的介绍投书曾国藩。曾国藩对他的做法极为赞赏，遂将其调赴武穴行营，并把历次作战中获得的太平军文件统统交他收阅，专门设立采编所，委他为总纂，并配备助手，令其编辑《贼情汇纂》一书。该书编成后，张德坚曾寄给曾国藩审阅，其本人亦于咸丰五年夏秋之际赶赴南康大营，返回幕府。这年十二月，赵烈文曾在南康大营见到张德坚，并与之相识。其何时离幕不详。同治五年正月，曾国藩接受丁日昌的建议，再次邀张德坚入幕，以其熟谙盐务将他安排在盐务总局办理文案。同治七年四月赵烈文曾在盐务总局见到他，至少在此之前，他仍在幕中，其何时离幕不详。

邹汉章初为湘军水师营官，咸丰四年靖港败后辞官离营，打算赴庐州寻找其兄邹汉勋（咸丰三年十二月死于庐州）的骸骨，因庐州仍在太平军手中而无法前往，被曾国藩留于行营专司侦探。采编所成立，又委为副总纂。咸丰五年正月太平军大举反攻，采编所人员星散，邹汉章未赴长沙，而转投到胡林翼麾下，先司侦探，后领水军，再没有返回曾国藩幕中。方翊元亦未去长沙采编所，而前往江西曾国藩大营继续充任幕僚。咸丰五年十二月赵烈文在南康大营拜见曾国藩，方翊元已在幕中，唯其究竟哪个月到达尚乏记载。至于邵彦烺、程奉璜等人的情况即如前述，他事皆不详。

第四节 ┃ 审案局、发审局、发审所与查圩委员

审案局是咸丰三年二月曾国藩接受欧阳兆熊的建议在长沙设立的。

其时，曾国藩出办团练不久，事事草创，茫无头绪，欧阳兆熊劝他应该建立"文案"。他接受这个建议即在团练大臣公馆设立审案局，帮他审理案件。当时，曾国藩的公馆设在湖南巡抚的花园里。这年八月，因永顺兵事件曾国藩移驻衡州，审案局亦随之迁往。审案局的任务主要是审讯和捕杀在太平天国革命影响下起而反抗清朝统治的湖南民众。审案局办案废除一切法律程序，定罪不要证据，对案犯亦不必反复推问和长期关押，只根据团绅一言即可置人死地。只要有团绅将人捆送审案局，稍加审讯即定罪行刑，重则就地正法，轻则杖毙堂下。在长沙的4个月中先后杀人二百多，其残忍酷烈，古今罕见，曾国藩遂得"曾剃头"、"曾屠户"之名，受到舆论的谴责。他被迫离开长沙，与此事很有关系。然而，他的这套做法在当时却取得很大效果，将湖南农民起义成功地扼杀于初步发动之时。否则，湖南很可能变成第二个广西。曾国藩举行"东征"之后，审案局改名发审局继续保存下来，有时也称发审所，主要审理军中案件或与军队有关的地方案件，如万瑞书抢劫粮台案，地方民团截杀湘军弁勇案，湘军弁勇冲堂杀官案等。曾国藩调任直隶总督之后，为了清理历年积讼和镇压反洋教的天津民众，也先后成立了发审局，帮他审讯、定谳。

除发审局外，善后局、营务处、粮台有时也审理一些同自身业务有关的案件，对于一些涉及面较广的案子，如王茂元、陈自明互控案等，则往往由上述机构会同审理。而对于一些突发性的大案、要案，如忠王李秀成案、李旸通敌案等，则临时调集人员，组成专门班子审理。

在审案局、发审局、发审所任职及曾经随审案件的人员主要有刘建德、厉云官、严良畯、张丞实、何庆澂、黎福畴、李沛苍、刘兆彭、范泰亨、勒方锜、庞际云、孙尚绂、李鸿裔、赵烈文、马新贻、周悦修、史念祖、张树声、金吴澜、李兴锐、陈兰彬、吴汝纶、程桓生、彭山圮、钟文。

刘建德、厉云官、严良畯是初设审案局时的人员，咸丰三年二月曾国藩在团练大臣衙门初设审案局，即调刘建德与严良畯承审案件，不久又添派厉云官入局，与刘、严轮流审案。刘建德事如前述，严良畯后事不详。厉云官则于咸丰四年七月湘军第二次自长沙出发后，与裕麟同管长沙后路粮台，咸丰五年十月又被湖北督抚奏留湖北总理水路粮台。咸丰八年曾国藩再出领军，委派厉云官经理湖北转运局。咸丰十一年补授湖北荆宜施道，离曾国藩幕。

张丞实原为署湖南衡永道、永州府知府，咸丰四年二月入幕。初委办理衡州捐局，专济留驻湘南的罗泽南、李续宾一军军饷，同年六月随罗泽南军"东征"，十一月经曾国藩奏调行营带勇。咸丰四年十二月二十五日，湘军水师哨官万瑞书乘湘军水师在湖口附近江面受到太平军的突然袭击，弁勇、委员四散奔逃之际，登上粮台船只搬抢银两。事发后，曾国藩令张丞实前去搜查，在万瑞书船中搜出银1100余两，万瑞书畏罪逃回湖南。后经曾国藩奏准，由湖南巡抚派人将万瑞书解送曾国藩南康大营，于咸丰五年六月初五日正法。

何庆澂出入幕时间不详。现据《曾文正公批牍》中所存《发审局员何庆澂禀》[①]一目，可知此人曾为曾国藩幕僚，在发审局任职。从内容看，时间当在同治三年六月以后。

黎福畴原为直隶藁城县知县，丁忧在籍，经曾国藩调赴南康大营，襄办粮台事宜，时间约在咸丰五年。咸丰七年服阕，分发安徽候补，复于咸丰九、十年间在宿松大营入曾国藩幕，为曾国藩"承审要案"。咸丰十一年奉命捐资修复无为州堤，署无为州知州，因病返回安庆。同治元年七月"权守宁国，兼摄泾事"[②]，离开幕府。视事不久，即于是年九月染病死于泾县。

李沛苍原为安徽署贵池县知县，因失城革职，后投靠徽宁池太广道道员何桂珍，随营差遣。咸丰四年冬，曾国藩奏调何桂珍带同李沛苍来九江行营襄办军务，李沛苍奉札先到，委办发审案件。咸丰六年八月又经曾国藩专折奏准，准其免罪，仍留江西军营，交曾国藩差遣。咸丰八年曾国藩再出领军，李沛苍亦于是年七月返回幕府，委办发审所，曾承

---

① 《曾文正公批牍》第6卷，第1页。
② 《湖南褒忠录初稿》殉劳三，第1页。

审向导营在江西鹰潭被当地团练杀伤案。后因事告归，约于咸丰九、十年间死于原籍。其离幕时间不详。

范泰亨同治二年七月入幕。此前曾在四川万县原籍助曾国藩派赴当地的人员购米运回安徽以充军粮，故为曾国藩所知，咨调来营。其时有人控告统领水师驻防瓜洲的浙江黄岩镇总兵黄彬，劫杀行商，取财自肥，反以"剿贼"报功请赏，都兴阿奉旨逮送黄彬交曾国藩审理。曾国藩当即饬发善后局司道收审取供。因范泰亨曾任刑部员外郎，故令其参与此案的复审工作。此后范泰亨奉曾国藩委派赴江西调查厘务弊端，力求整顿。同治三年十一月受命总理江西牙厘总局兼理江西总粮台，十二月病死。

刘兆彭出入幕时间不详。现已知刘兆彭曾于同治元年闰八月参与刘青云一案的审理，并有"委员"名目，其为曾国藩幕僚无疑，且属司法人员。

勒方锜、孙尚绂、庞际云、李鸿裔、赵烈文是参加会审李秀成的人员。太平天国忠王李秀成被俘后，监押于湘军雨花台大营。同治三年六月下旬曾国藩带领亲近属僚由安庆起身赴江宁视察，调集曾在刑部秋审处任职的勒方锜、曾任刑部郎中的孙尚绂、主持江宁善后局的庞际云及身边亲信幕僚李鸿裔、赵烈文、周悦修组成临时班子，对李秀成进行审讯。勒、庞、李、赵即如前述。周悦修出入幕时间不详，时为候补同知。孙尚绂出入幕时间不详，同治三年五月曾与安徽藩司马新贻、臬司何璟、道员勒方锜会讯江西知县石昌猷祖匪杀良案。

史念祖、陈兰彬、张树声、金吴澜是直隶发审局人员。史念祖原为山西按察使，同治八年三月奉命与直隶按察使张树声对调。曾国藩以其缺乏司法知识和实践经验，令其综理发审局，与道府官员一起审理案件，借以讲求刑律，历练才干。史念祖出身衣冠旧族，不能放下架子实地体察，时历半年不肯赴局上班，曾国藩遂于是年十一月将其奏请解职，以按察使衔候补道员留于幕府。同治九年十月曾国藩调回江南，史念祖没有随行，留于直隶转入李鸿章幕府，同治十年左迁甘肃安肃道道员。张树声原为直隶按察使，曾国藩清理直隶历年积讼，委张树声主持其事。同治八年三月奉旨与山西按察使史念祖对调。曾国藩将他奏留直隶，继续办理历年积案，直到事竣始放其赴山西新任。金吴澜大约同治七年在江宁入幕，同治八年正月曾国藩将其奏调直隶，委派发审局帮同审理直隶历年积案。同治九年十月曾国藩返两江总督任，将金吴澜带回江南。其何时离幕时间不详。

李兴锐、吴汝纶、陈兰彬、陈济清是同治九年参加办理天津教案的人员，审讯过被捕的反洋教民众。其事迹即如前述。

程桓生、彭山屺是参与审理李金旸、张光照案的人员。李金旸原为湘军分统，在江西战败被俘，复被太平军放回。其部下营官张光照则在江西巡抚衙门控告他通敌，毓科遂将其解送东流大营，交曾国藩处理。咸丰十一年五月初三日曾国藩命程桓生、彭山屺稍加审问，即将他们二人先后正法。彭山屺、程桓生事如前述。

钟文原系山东候补道，经御史张观钧奏请，于同治四年闰五月发往曾国藩军营差遣委用，到营后委办行营发审事件。同治六年二月曾国藩回任两江总督，钟文奉旨仍回山东候补。

查圩委员陆续派出，分散于各州县，本无局、所名目，但其薪水由粮台开支，任务与事权皆由曾国藩亲授，颇有"小钦差"之意。故归于司法机构之类，属曾国藩幕府与幕僚的一部分。查圩委员的主要任务是从政治上和组织上割断当地绅民与捻军的联系，变捻军的根据地为湘军粮、物供应之源。这是曾国藩剿捻战争中直接配合军事行动的重要措施之一。

淮河以北，包括皖北、豫西在内的广大地区，布满了一个个圩寨，而每个圩寨都修有围墙、寨门，四周开挖着深而且宽的壕沟。寨中居民都有民团一类组织，由绅士充任圩长，白天黑夜都有人把守，外人不得随意出入。由于这一带绅民与地方官隔阂甚深，故这些圩寨通常处于半独立状况。他们根据本寨利益的需要，对一切外界势力，无论官府、苗练还是捻军，能抗则抗之，不能抗则送粮草钱物，以求保全。这里曾是捻军的发源地，后又长期处于苗沛霖团练势力的控制之下，故成为清朝统治势力较为薄弱的地区。曾国藩北上剿捻以来，所需粮饷皆由江南供应，不仅长途运输耗费人力物力，且难以得到保障。湘军欲从这些圩寨购买一些粮食、草料，却往往遭到拒绝。而捻军所到之处，则皆能得到圩寨的接济，供应源源不绝。这样，在行军作战之际，湘军辎重车辆行动迟缓，且时有供应断绝之虞。而捻军不带辎重，行踪飘忽，供应却有保障。曾国藩由此断定，这广大地区的圩寨基本上不在清政府的控制之下，而与捻军保持联系，此中必有通捻之人。为改变这种状况，曾国藩就派出一批查圩委员，前往捻军老家蒙、亳、宿、阜等州县进行清查。按曾国藩的布置，其主要办法是"分别良莠"，而工作的关键则是选任圩长。不论过去从苗从捻，只看今日能否为湘军所用，为湘军所用者为良，违令不从者为莠。对于不从湘军的圩长，轻则撤，重则杀，对于归家的捻众更是格杀勿论，旨在造成白色恐怖，使这一带圩寨在这场剿捻战争中站在湘军一边。为保证查圩的成功，曾国藩给予查圩委员以生杀予夺大权，是杀是捕不要任何法律条文和司法程序，全由委员一人决定，只要事后向曾国藩禀报一下就行了。为了打消查圩委员的顾虑，曾国藩极力鼓励查圩委员杀人立威，多多益善，杀人多者受奖，心慈手软的严加斥责，基本上是以杀人多少定功过。有的人开始缩手缩脚，数月之中仅杀了10人。而受到曾的斥责后胆大妄为，一次就杀了9人，因而受到赞赏，誉为能员。在曾国藩的鼓励下，仅同治五年八月至六年四月的9个月中即杀152人之多，计蒙城63人，亳州58人，宿州30人，阜阳1人。这样，无疑会造成大量冤假错案。而当有人提出为这些冤魂平反时，却遭到曾国藩坚决反对。理由是他自办理团练以来，办案甚多，多系奉有格杀勿论之谕，或准以军法从事之札，若事后纷纷翻案，则不仅有碍体制，且"翻之不胜其翻也"。故多年以来，凡有来辕翻控者，"概不准予申理"①。然而，曾国藩的查圩却未如在湖南办团时那样奏效。那些追随曾国藩的圩寨发现，他们在受到捻军的攻击时并不能得到湘、淮军的及时援助，甚至湘、淮军近在咫尺却不肯援手，眼看着他们的圩寨被捻军攻破而在旁嬉笑。因而，他们在上当之后，愤而从捻，使湘、淮

---

① 《曾文正公批牍》第3卷，第54页。

军无法在当地取得粮饷支援。与此同时，地方官员、士绅亦纷纷上控曾国藩，使他上上下下在政治上陷于孤立，成为他剿捻受挫、中途被撤的重要原因之一。

曾国藩派往各地的查圩委员主要有林士班、朱名璪、张虎文、薛元启、桂中行、李炳涛、尹沛清、计棠、毛印棠、窦钲、张云吉、翁开甲、吴峻基。其中林士班是委查怀远圩务的委员，朱名璪、桂中行、张虎文是委查蒙城圩务的委员，薛元启、李炳涛是委查亳州圩务的委员，翁开甲、尹沛清是委查阜阳圩务的委员，张云吉是委查宿州圩务的委员，计棠、毛印棠、窦钲是委查河南省开封、归德、陈州三府圩务的委员。他们的查圩时间最早不过同治四年五月，最迟不过同治六年四月。这些查圩人员，除吴峻基、翁开甲系该府县武职人员外，其余皆为文职，且不少人被安徽巡抚英翰委署州县，留在当地，如桂中行署阜阳县，朱名璪署蒙城县，薛元启署涡阳县，尹沛清署宿州。还有的如李炳涛，则直至同治六年四月圩务尚未结束，有的如张云吉，则随曾国藩回江宁办理后路粮台。还有一些人则去向不明，如林士班、张虎文、计棠、毛印棠、窦钲等。

第五节 ┃ 善后总局

善后总局又称善后局，主要任务是办理与战争有关的地方事务，如维护秩序、审理案件、清查田产、征收米粮、递送文报、救济灾民、制造弹药、采访忠义等。其制造弹药的子弹局、火药局拟划入军工类，采访忠义局已划入思想文化类，故此处省略。善后局主要在刚刚收复的地区设立，如咸丰十一年设立的安庆善后局，同治三年设立的金陵善后局。下面分别加以叙述。

安庆善后总局设立于安庆，时间大约在咸丰十一年八、九月间。安庆善后局下设谷米局、火药局、子弹局、保甲局、文报局、抚恤局、采访忠义局等。谷米局主要负责查核民田，分别荒熟，按亩征收钱文，办理"抵征"。保甲局主要清查和恢复地方保甲组织，维护地方秩序，包括盘查四门等。抚恤局又叫难民局，主要任务是施放钱米，救济饥民。文报局主要负责递送书信、文件。此外善后局还负责审理案件，例如前述黄彬一案曾国藩就令安庆善后局司道审理。

安庆善后总局由李榕负责，各局委员还有徐树钊、刘星炳、姚彤甫、杨文会、靳芝亭、涂宗瀛、刘献葵、禄廉、黎庶昌等。李榕、黎庶昌即如前述。徐树钊、刘星炳、姚彤甫出入幕时间不详，同治元年赵烈文曾在安庆见此三人，当时徐树钊为善后局委员，刘星炳为总查委员，姚彤甫为北城门盘查委员。同治三年十一月续保攻克金陵出力人员，徐树钊列名其中。说明他此时仍在幕中。杨文会同治元年入幕，在安庆善后总局谷米局任职。同治三年回籍葬父，同治四年重返幕中，就职金陵善后总局，任工程局委员，负责董造廨宇。同治六年六月赵烈文曾在工程局见到杨文会，可见直到此时，杨文会仍在工程局任职。唯其出幕时间不详。

靳芝亭出入幕时间不详。同治二年五月赵烈文曾与之相会，当时靳芝亭在子弹局任差。

涂宗瀛原为分发江苏候补知县，同治元年十一月道经安庆被曾国藩奏留幕中，委办谷米局。同治三年五月保升江苏候补直隶州知州，九月随曾国藩迁往江宁，十二月委署江宁知府，脱离曾国藩幕府，但仍隶属于曾国藩部下，为其办事。

刘献葵出入幕时间不详，同治元年正月曾与赵烈文相会，当时他任子弹局委员。

禄廉咸丰十一年八月入幕，并与赵烈文相识。同治元年五月他再次与赵相见，已在子弹局任职。其何时离幕不详。善后局职责繁杂，人员亦应众多，实际绝不止此数人。只是资料缺乏，尚难查清。

金陵善后局设于江宁，时间约在同治三年七月间，曾国藩由安庆赴江宁巡察之时。金陵善后局除设有前述各局外，又增加了清查田产局、清理街道局、营造工程局。清查田产局（简称田产局），主要任务是清查田亩、房产等财产关系。清理街道局主要修整被战争破坏的街道。营造工程局简称工程局，主要任务是尽快修缮江宁考院及各书院，以应补行江南乡试之期。

金陵善后局主要由庞际云负责，下属委员有洪汝奎、王荫福、杨文会、陆伯吹、黎庶昌、李鸿裔、谭鳌。同治三年八月经曾国藩奏准庞际云署江宁盐巡道，仍饬办善后局。

黎庶昌、李鸿裔即如前述。洪汝奎同治四年五月奉札办理东南保甲局务，不久复调办西南保甲局务。在此期间曾参与会审一地方命案，误以为在其管辖区内发现的一无名尸身为某甲之尸，且断定系其仇人某乙所杀，而立将某乙处决。光绪七年某甲自外归，洪汝奎遂以失察罪被削职，发军台赎罪，次年复奉旨释回。陆伯吹、王荫福出入幕时间不详。赵烈文曾于同治三年九月遇陆伯吹，同治四年三月在江宁遇王荫福，当时陆为文报局委员，王为工程局委员。谭鳌自同治三年九月起在江宁办理保甲局。同治四年五月离开江宁，随曾国藩北上剿捻。金陵善后总局的经办人员，情况略与安庆善后总局相似，亦属知者甚少，漏者甚多，资料缺乏，无法查清。

安庆善后局和金陵善后局大约一直保存下来，直到同治十年八月，曾国藩在家信中还曾提到拟派某人入保甲局事。其后则不见记载，机构、人员皆不知所终。

· 第三章 ·

粮饷筹办机构

在对太平军、捻军作战的过程中，为了解决粮饷、物资的供应问题，曾国藩先后建立了一系列粮饷筹办机构。这些机构大致可分为筹饷与供应两类。筹饷机构主要是各地厘金局、劝捐局和盐务局，供应机构则主要是粮台、报销局，制造船、炮、弹、药的新旧军事工厂，为引进外国科技而设立的各类局、馆也归于这一类。

第一节 ┃ 用兵与筹饷

当曾国藩造船、购炮编练湘军，准备与太平军一决雌雄的时候，太平军已是控制长江沿岸重镇的百万雄师，要战胜这个强大的敌人，曾国藩不仅需要千方百计地提高湘军的战斗力，更需要不断招兵买马，增加湘军的数量。曾国藩"东征"之始，湘军仅1.7万人左右，迨至同治二、三年间战争最为吃紧之时，各地湘军总数已达到30多万，仅曾国藩直接指挥的部队即有12万之多，其中约有10万须由曾国藩供饷。若以每万人月饷6万两计算，每月饷银就须60万两，即以半饷计，每月亦须30万两。曾国藩从咸丰三年创建湘军到同治七年战事基本结束，先后报销军费在3500万两左右，其中除少量各省协款与清政府指拨轮船退款外，绝大多数由自行筹措而来。正是这笔巨款保证了湘军的军需供应，使他打赢了对太平军、捻军的战争。

曾国藩筹饷主要有劝捐、征厘、盐课三种途径。咸丰三年九月至七年底主要靠劝捐和经销饷盐筹饷，咸丰八年六月再出领兵至同治四年五月北上剿捻主要靠征收厘金筹饷，同治四年五月后厘金大部分停解，则主要靠征收盐课敛财。曾国藩主要饷源及筹饷方式的改变，既反映了他的不同经历，也说明了他所处客观环境的变化，可谓包含了他一生的酸甜苦辣。

曾国藩初办团练之始，即决心借机编练一支军队，以取代清朝常备武装八旗、绿营，主动担负起镇压太平天国农民起义、维护封建制度的任务。但是，清政府财政拮据，自顾不暇，根本不可能为他提供这笔巨额军费。而依靠地方政府供饷则不仅数量有限，且处处受人摆布，不能自主，吃尽了寄人篱下的苦头。咸丰三年正月至八月驻扎长沙之时，湘军只有一二千人，粮饷物资由湖南藩库供应，使曾国藩和湘军弁勇忍受不少屈辱，以致在省城无法立足，不得不借口移驻衡阳，以离开这一是非之地。 自此之后，曾国藩开始自筹军饷。然而，曾国藩筹饷之始，并没有找到一种可靠的途径。当时各地团练筹饷，通常是采用向民间摊派的办法，这样做不仅得款不多，而且容易加深清政府与农民的矛盾，弄不好反而会火上浇油，激起农民更大规模的反抗。曾国藩鉴于明朝末年因加派"三饷"而导致迅速灭亡的教训，从一开始就坚决反对向农民派捐派款，自己不这样做，也严厉禁止各县团绅这样做。那么，军费从何而出呢？曾国藩起初采取劝捐的方法来筹集军饷。小户无钱，专向大户劝捐，劝而不动，就强行"勒派"，即采用强制手段向大户征银。结果，得钱不多，招怨不少，弄得全省舆论哗然，甚至连湖南巡抚骆秉章及其幕僚左宗棠，都因其向安化陶家勒捐之事与之不和。曾国藩在驻守江西那几年，劝捐、饷盐都所收不多，无法养军，不得不仰给于江西巡抚，这样不仅军饷无法保证，且受尽江西地方官的欺凌。这种环境，使曾国藩更加深切地体会到，身当乱世，带兵统帅"必须亲自筹饷，不可仰食他人"①。而带兵与筹饷两事比较起来，"筹饷更难于督兵"②。因而，曾国藩放下理学家的架子，一改"君子不言利"的书生习气，努力学习理财之法，把一切成败的关键归结于一个"财"字。"大抵军政吏治，非财用充足竟无下手之处"③，"利权所在即威权亦归之矣。"④那么，既然劝捐不甚可靠，还有什么更好的敛财办法呢？那就只有设局征收厘金了。

厘金制度是咸丰三年由在清军江北大营帮办军务的刑部侍郎雷以诚创立的，咸丰四年经向清政府奏准，取得合法地位。其后，安徽、湖南、湖北、江西等用兵各省纷纷仿行，并取得显著成效。对于这种新的筹饷方式，曾国藩极为赞赏，认为"病商之钱可取，病农之钱不可取"⑤，且此法自古有之，古时之军租即今日之厘金也。"钱武肃王征榷最重，而其兵甚强，其民亦不甚怨。可见征商胜于征农"⑥。然而，此法虽好，曾国藩在咸丰五、六年间却无法实行。因为征收厘金必须兼有地方政权。此时的曾国藩客军虚悬，有兵无地，地方官处处跟他作对，无法广为设局大量征收。虽在少数几个地方以办理饷盐为名设置厘卡，向邻省私盐商贩加抽税金，却杯水车薪，无济于事。所以，曾国藩总结几年来骆秉章、胡林翼的成功经验和自己失败的教训，把一切成败的关键又进一步归结为是否掌握地方政权。咸丰七年六月曾国藩在向清廷申诉自己不愿再以"客寄"身份继续带兵的情由时说："臣细察今日局势，非位任巡抚，有察吏之权，决不能以治军；纵能治军，决不能兼及筹饷。臣处客寄虚悬之位，又无圆通济变之才，恐终不免于贻误大局。"⑦曾国藩的这些话可以说基本反映了当时带兵、筹饷与地方政权三者之间的内在联系。由于曾国藩这一时期没有地方行

---

① 《曾文正公书札》第16卷，第2页。
② 《曾文正公奏稿》第2卷，第35页。
③ 江世荣编：《曾国藩未刊信稿》，第205页。
④ 《曾文正公书札》第29卷，第28页。
⑤ 《曾文正公杂著》第3卷，第78页。
⑥ 《曾文正公书札》第16卷，第2页。
⑦ 《曾文正公奏稿》第9卷，第76页。

政之权，故带兵不过万人上下，筹饷亦仅318万多两，其规模根本无法与后来相比。

曾国藩大设局、卡，广征厘金，是咸丰十年五月以后的事。自咸丰八年五月至同治三年六月，六年多来筹集军费银1854万多两，钱96万多串，其中绝大多数来自厘金，其他收入估计不会超过300万两。故曾国藩一再宣称："东南用兵十年全赖厘金一项支持"[1]。所以，不少人认为厘金是清王朝裕饷中兴的根本，转败为胜的关键。曾国藩为保障厘金收入常旺不衰，采取了一系列措施，如禁止兵勇在长江上掳船，以使商人往来无阻；派重兵保护江西腹地及河口等重要厘卡，以使征厘不受干扰等。

然而，无论隔省抽厘，还是在自己管辖的省份收厘，曾国藩都不可避免地与所在省份的巡抚发生矛盾，受到当地官绅的反对，且使自己背上"广揽利权"的名声，为清廷所疑忌。所以，自同治三年六月湘军攻陷天京之后，曾国藩即将广东、湖南、湖北、江西厘金先后停解，转交当地官员经收，以更为稳妥的饷源取而代之。

自同治二年五月长江水路开通之后，曾国藩即着手整顿两淮盐政，迨于同治四年五月各省厘金基本停解之时，淮盐引地已陆续恢复，盐课已成为曾国藩一笔数额巨大而又十分稳定可靠的收入，到同治十一年二月曾国藩去世之时，八年之中仅此一项即已获银2000多两，几等于曾国藩镇压太平军期间所报全部军费的总和。这时战争已基本结束，开支大为减少，而两淮盐政又属江督专权，再无他人争饷之虞，亦不会受到越省敛财的指责和各地绅商的反对。应该说这是曾国藩最好过的几年。

总之，在长期的战争中，曾国藩不断总结经验，改进方法，成功地建立起一整套完整的后勤供应机构，始终掌握着一个可靠的财源，故而保证了前线作战部队的各项军需，成为湘军攻取战胜的重要原因之一。

---

[1]《曾文正公书札》第28卷，第30页。

第二节 ｜ 粮台与报销局

设立粮台以解决军队的供应问题，并非曾国藩的发明创造，而系沿用以往的成法。所不同的是，过去命将出征，兵系经制之兵，饷系国库之银，粮台亦由皇帝钦派大臣掌管，发饷多少，何时发于何军，以及各军各部间的轻重缓急均由粮台官员裁定。粮台官员皆系朝廷命官，并不受统兵大帅管辖，他们各任其事，共同对朝廷负责，其关系是平行的。曾国藩兵非经制之兵，饷非国库之银，军队自募、自练、自带，粮饷自筹，粮台自设，无论带兵将领还是粮台委员都由曾国藩委任，只听他一人之命，只对他一人负责。无论实缺官员还是候补官员，所有奉札委办粮台的委员实际上都是他的属僚，无论其发放何款，发放多少，何时发放，以及各军各部间的轻重缓急皆由曾国藩一人决定，粮台委员不过奉命行事而已。所以，与绿营比较，湘军闹饷之风不盛。因为在这种体制下，士兵闹饷不只与粮台为难，也是把矛头指向统兵大帅，必然很快遭到严厉镇压，且粮台有银自会发放，无银闹也无用。这也正是曾国藩的自鸣得意之处。他在奏报咸丰三年九月至同治三年六月镇压太平军期间军费开支时说："臣查向来军营放款缓急、多少，粮台委员得以主持其事。臣则十余年来无论支发何款，无不亲自裁度。""同治二、三年间统军至十余万人，欠饷至十五、六个月，从未有兵勇向粮台索饷滋闹者。一由于粮台之银随到随发，从无存留；一由于发饷之际，概由微臣斟酌，不与委员相干。因是，差免于浮冒之弊而即以取信于将士之心。"[①]曾国藩的这些话大致符合实际，只是说"从未有兵勇索饷滋闹者"未免有些夸大其词。实际上，自同治三年春天以来，湘军中就不断发生兵勇闹饷之事，而同治四年则尤为严重，成为促使曾国藩下决心迅速裁军的

---

① 《曾文正公奏稿》第25卷，第51—52页。

重要原因。不过，由于军营体制的不同，湘军没有像绿营那样为粮饷供应之事动辄哄闹就是了。

曾国藩的粮台设置分为行营粮台、转运粮台和后路粮台，其总的任务是解决军队粮饷军械的供应，而不同的粮台则又有其不同的具体任务和工作特点。行营粮台又称支应粮台，主要负责前线各军的直接供应，一般随曾国藩湘军大营行动。有时根据战争形势的需要，常于行营总粮台之外另设粮台或支应所，以就近解决前线部队的供应问题。实际上这也属于行营粮台之类，不过由于战场的不断扩大和作战部队的分散，前线供应机构相应增加，不像湘军初起时那么单一而已。转运粮台又称转运局，其主要任务是负责粮饷及其他军用物资的居间转运。后路粮台的主要任务是准备钱物，以应行营粮台之需。在物资缺乏的情况下，也负责采办和监制工作。此外，设在长沙的后路粮台还负责为新募湘勇提供就近训练和道途行军的费用，向裁撤回籍的湘勇发还欠饷。

至于粮台的内部结构，后路粮台与转运粮台都不得其详，唯知行营"粮台设立八所，条综众务：曰文案所、内银钱所、外银钱所、军械所、火器所、侦探所、发审所、采编所。"[1] 似乎包揽一切，将曾国藩大营最初的办事机构都包括在内了。不过这是咸丰四年二月曾国藩"东征"开始前设计的。侯咸丰八年六月再出领军时，情况有了很大不同，粮台之中只有银钱所、军械所及护理人员，且规定行营粮台"去行营四十里外八十里内皆可"[2]，而管理营务发审及文案、书启的人员均与之分开，随自己一起行动。另外，曾国藩还在大营中设有银钱所与军械所，随自己一起行动，专门负责大营内各类人员的供应。为区别起见，通常称粮台银钱所、军械所为外银钱所、外军械所，大营银钱所、军械所为内银钱所、内军械所。因其性质、职能类同，而机构名称与经营管理人员很易混淆，故将其一并放在粮台一节中叙述。

曾国藩咸丰二年底初办团练之时，既无粮台亦无账目，所有需费物

---

① 《曾国藩年谱》，咸丰四年二月初二日。
② 《曾文正公手书日记》，咸丰八年七月十八日。

资均向湖南藩库领取。咸丰三年八月移驻衡州之后，曾国藩募勇稍多，军饷自筹，实际上已开始自设粮台，只是尚无粮台名目，"出入银钱多系自行经理"，仅委派陶寿玉一人"检点账目"①而已。直到咸丰四年正月东征之时，曾国藩才开始正式设立粮台。不过这时限于省内作战，种类单一，数量亦仅一个。其后出省作战，随着战争形势的发展，战线愈来愈长，战场愈来愈大，统兵愈来愈众，粮台也愈设愈多，其间曲折变化，头绪纷繁，综其发展过程，大体可分为三个阶段：咸丰四年正月至咸丰六年十二月为第一阶段，咸丰八年六月至同治四年五月为第二阶段，同治四年闰五月至同治七年六月为第三阶段。

咸丰四年正月曾国藩率兵"东征"，开始在长沙设立粮台，委李瀚章任粮台提调，经管收支事件。七月，曾国藩从岳州出发进攻湖北的太平军，李瀚章的粮台随大营行动，改称行营粮台，另于长沙设后路粮台，由裕麟和厉云官经理；于岳州设转运粮台，委夏廷樾专司其事。九月，曾国藩由武昌出发进攻九江，在汉口设汉口转运局，委派胡大任经理。咸丰五年四月曾国藩大营移驻南康，又于江西省城南昌设后路粮台，委李瀚章、甘晋司之。咸丰六年十二月曾国藩撤销粮台，军中一切饷需由江西藩库供应，省局司道管理，并委派胡心庠、丁应南二人专管曾国藩一军的支应事项。

咸丰八年六月曾国藩再出领兵，设行营粮台随军行动，由张韶南负责；在汉口设湖北转运局，由厉云官负责；在湖口设报销兼转运局，由李瀚章负责；在南昌设江西支应局，由胡心庠、丁应南负责。八月，行抵河口，准备率军入闽，为解决粮饷转运问题，决定在广信府城和铅山县城设立转运粮台，委沈葆桢、雷维翰经理。后情况发生变化，江西支应局以及广信、铅山转运粮台撤销，湖口报销兼转运局亦改名报销局，由湖口移至吴城，专司报销，不再兼理粮饷转运事项。咸丰十年六月曾国藩出任两江总督，并随之进兵皖南，遂于江西省城南昌设总粮台，作为他的后路粮台；原先设立的随军行动的行营粮台随大营移驻祁门，并

---

① 《曾文正公奏稿》第9卷，第83页。

添派隋藏珠、张韶南共同经营。同时，札委李作士在安庆城外设安庆银钱支应所，专门负责围攻安庆之吉字等营的粮饷供应。咸丰十一年四月曾国藩大营由祁门移驻东流，原行营粮台一分为二，一部分随大营迁往东流，一部分留在祁门。其随行部分改名江外粮台，又称东流粮台，由隋藏珠、王延长负责，作为行营总粮台；其留驻部分改名山内粮台，又称祁门粮台，由李兴锐负责，专司皖南各军的供应事项。八月，江外粮台随曾国藩大营由东流移驻安庆，改名安庆粮台，仍为行营总粮台。不久，曾国荃率兵沿长江向天京推进，李作士的银钱支应所即随军行动，曾先后驻扎大通、无为等地，专司曾国荃一军的粮饷供应。同治元年五月曾国荃一军进至天京城外的雨花台，开始对太平天国的首都天京展开围攻。李作士的银钱支应所也随之迁往，安置在停泊于大胜关附近江面的两条船上，专门负责围攻天京的吉字等营的粮饷供应。同治三年九月上述银钱支应所随曾国藩大营迁往江宁，改名金陵粮台，作为曾国藩的总粮台，由江宁布政使经管。

同治四年五月曾国藩奉命北上剿捻，设行营粮台随大营移动，并将金陵粮台改名北征粮台，仍驻江宁，作为剿捻各军的总粮台，札委候补知府彭嘉玉经管。另于江苏清江浦设清江转运局，由吴世熊负责；在徐州设徐州粮台，由李鸿裔负责。同治五年十二月，刘松山率老湘营随左宗棠入陕，为保障其军需供应，又专设灵宝粮台以司转运，仍派薛书常管理。这一时期，曾国藩所用勇兵淮军多于湘军。为统一供应标准与时间，以减少各军间的矛盾，曾国藩与李鸿章商定两军粮台合并，统一供应。同治六年一月前，由曾国藩带兵，李鸿章司饷运；此后则改由李鸿章带兵，曾国藩司饷运，其粮台的设置、职能、人员等则基本未变。只是双方人员混杂，且间有转换门庭之事，幕僚究竟属曾属李界限殊难划清。同治八年正月军务告竣，各路粮台亦随之陆续裁并。仍然保留的北征粮台则改名军需总局，由洪汝奎总理，负责远征西北的老湘营与江宁防军的供应。

此外，曾国藩还曾组织过大规模的购米活动。同治元、二年间，由于水旱灾害与战争的影响，江西、安徽、江苏等地米价大涨，饥民成群，太平军与湘军双方都大感粮食缺乏，供应不足。为了克服湘军大米供应上的困难，曾国藩在同治元年底至同治二年夏，曾派人四出购米运回安徽，以供军食。他派王子鉴在江西购米，厉云官、杜文澜在湖北购米，令东征局在湖南购米。同时接受黄冕的建议，委派李宗羲在四川夔州设局购米，江忠浚、徐堂赓、郭占彪在四川万县设局购米，潘敬在湖北宜昌设局购米。这些购米机构与人员直接、间接同粮台有关，故附于粮台之后一并叙述。

报销局是为粮台的军费收支账目办理报销的机构。一般是粮台人员工作一段时间之后，曾国藩就令其将自己经管的账目清理造册，办理报销。故报销局人员多由粮台转来。咸丰七年十二月曾国藩在向清政府奏报历年开支情况的报销办法时说，几年来先后为他管理粮台事务的人员除一人病故外，其余六人尚在，"俟江西军务将毕，即行设局饬该六员为臣办理报销事件，遵照定式，造册送部"，"惟是该六员者并非总理，本无专责"，"将来如有款目不符，著赔追缴之处，皆系臣一身承认，不与该六员相干"[①]。这表明报销局与粮台不仅是互为表里的关系，且本质上都属于曾国藩的私人机构，这里的人员无论候补人员或实缺官员，都是受曾国藩委派而为他个人办事的，都具有幕僚的性质，其身份与为曾国藩办理书启、文案的人员大致相同。

曾国藩自咸丰三年九月自筹粮饷到同治五年底退出剿捻战场，前后带兵达13年（咸丰七年二月至八年六月在籍丁忧一年有余应除去）之久，共向清政府奏报军费四次，先后设立三个报销局（其中两次奏报由一个报销局完成），现将其基本情况分别概述如下。

吴城—湖口报销局设立于咸丰九年正月，主要由李瀚章主持，另有胡大任、甘晋、张秉钧、陶寿玉、邓尔昌参与其事。曾国藩所建湘军虽兵饷自筹，粮台自办，而按照清政府的规定，仍须将每年军费收支造册详报，由户部核准方可报销。曾国藩第一次带兵作战，从未办理报销，故于咸丰七年十二月在籍守制时特向清廷声明，一俟江西军务将竣，即

---

　　①《曾文正公奏稿》第9卷，第83—84页。

令原粮台人员办理报销。咸丰八年六月再出领兵，他想到的第一件事就是如何报销的问题。是年八月，曾国藩上奏清廷，决定在江西湖口设立报销局，由李瀚章负责，办理咸丰三年九月至咸丰六年十二月军费报销事宜。咸丰九年正月正式开局办事，地点从湖口移至吴城。七月又从吴城移至湖口，咸丰十年五月事竣撤销。因其曾先后驻扎两地，吴城报销局与湖口报销局两个名字并存，而实际上又只一局，故以吴城—湖口报销局称之。

安庆报销总局设于同治四年十一月。当时曾国藩正在剿捻前线作战，故委令安徽、江西两省布政使主持，并派王延长、李兴锐、彭嘉玉参与其事。按照清政府的规定办法，将历年军费收支款目逐笔造册报销，实在是一件相当繁难的事。故李瀚章等人所办报销收支不过300万两内外，竟至忙碌一年半之久。曾国藩出任两江总督之后，统兵多至10万，军费收支超过千万两，如此细细核算，报销事项何年才能完成？不仅办理报销的人员历尽艰辛，即复核这些账目的户部司员亦不胜其苦。故曾国藩在奏过报销第一案之后，虽声明此前军费将续作两案报销，而实际上却迟迟不动，直到同治三年六月再没有报销过一次。户部亦深知此种报销办法脱离实际，即使发现收支不符之处，也无法向这些"功臣"追赔。因而在对太平军的战争基本结束之后上奏清廷，请求变通报销办法：同治三年六月后军费报销仍照例办理，同治三年六月前军费收支免其造册，只需汇集总数，分年分起开具简明清单，奏明存案即可。这就使曾国藩如释重负，除一再感谢皇恩外，于同治四年十一月在安徽省城安庆设立报销总局，将咸丰三年九月至同治四年五月共11年间自己经手的湘军军费收支共分五案报销，先后两次向清廷奏明。李兴锐等人为此忙碌3年之久，直到同治七年十一月始完成任务，报销局亦随即撤销。这时，曾国藩已在两个月前接到调任直隶总督的命令，上奏《湘军第五案报销折》的第二天，就由江宁启程北上赴任去了。

金陵报销总局设于同治七年十一月，由江宁、江苏两布政使主持，王延长、石楷参与其事，其主要任务是造册报销同治四年闰五月至同治五年底参加剿捻的湘、淮各军的军费收支。其办理报销的办法是曾国藩与李鸿章共同商量的，并在同治七年十一月初奏报湘军第五案报销时声明：此案造册报销，仍沿用以前的办法，但造银两数，不造勇丁花名册。该局所办军费报销总额近1000万两，同治九年二月即完成任务，花费时间仅有一年左右，与以往的速度相比，已高出数倍。当曾国藩出奏这一报销折时，尚在直隶总督任上，直到这年闰十月曾国藩才返回两江总督任。其报销年限截止于曾国藩退出剿捻战场之前，而实际上则直到同治七年六月剿捻战争才最后结束。故该报销局做完第一案报销之后，还应继续做报销工作，只是未见曾国藩续奏，何时撤销亦不得而知。

自咸丰三年九月曾国藩开始自筹粮饷至同治七年北征粮台改名军需总局，前后十四五年间为曾国藩办理粮台、报销等务的人员主要有：

陶寿玉、褚汝航、成名标、夏銮、李瀚章、郑德基、吴坤修、胡嘉垣、左菊农、裕麟、厉云官、夏廷樾、胡大任、甘晋、刘世墀、陈源豫、张秉钧、黎福畴、邓仁堃、刘于浔、胡心庠、丁应南、张韶南、张同生、何敦五、卜宗铨、丁蔼士、王澧、李兴锐、莫祥芝、胡云衢、魏栋、邓尔昌、凌荫庭、阎炜、曹禹门、邹寿璋、郭国屏、程仲庠、沈葆桢、雷维翰、隋藏珠、王延长、王必达、李作士、刘曾撰、李桓、范泰亨、孙长绂、洪汝奎、潘兆奎、向师棣、姚镶、徐长怡、高列三、潘文质、王积懋、杨文会、陈鼐、李鸿裔、吴世熊、钱鼎铭、李宗羲、万启琛、潘鸿焘、陈长吉、梅启照、潘敬、江忠浚、徐堂赓、郭占彪、彭嘉玉、孙衣言、张兆栋、何璟、石楷、秦豫基、廖献廷、叶宝树、曹炯、曾广骥、李清华、林长春、马丕庆、林源恩、梅煦庵、彭山屺、普承尧、喻吉三、黄鸣珂、魏瀛、周继芬、吴廷球、易光济、余鋆、李宗涑、王浩、杨恩植、林周培、贺宗澜。

厉云官、褚汝航、甘晋、黎福畴、胡心庠、沈葆桢、向师棣、莫祥芝、李兴锐、范泰亨、洪汝奎、李鸿裔、陈鼐、梅启照、何璟、孙衣言、彭山屺、彭嘉玉事如前述。

陶寿玉咸丰三年入幕。这年八月曾国藩移驻衡州，募勇、造船、劝捐筹饷，实际上开始自设粮台，不过有实无名，未设提调，收支款物由曾国藩自行管理，委陶寿玉为其管理账目。咸丰九年正月，曾国藩在吴城设立报销局，办理咸丰三年至六年的军费报销，委李瀚章主持其事，陶寿玉为成员之一。同治三年十一月曾国藩续保攻占金陵出力人员，陶寿玉列名其中，说明直到此时，他仍在幕中。其离幕时间及出幕后的活动事迹不详。

褚汝航、成名标、夏銮是曾国藩最初制造战船的顾问与经办人员。褚汝航事如前述。成名标原为湖南岳州营水师守备，咸丰三年十一月入幕，因懂水师船只式样与制造技术，令其在衡州设立船厂，负责监督制造。咸丰四年初在长沙设立船厂，仍令其监造船工。同年九月因其浮开款项被曾国藩奏参革职，直到咸丰十年六月才奏请开复原官。在此期间大约一直在幕中为曾国藩办事。夏銮咸丰三年十一月入幕，原为广西候补知县，以其懂水战及战船制造，曾为曾国藩最初造船出谋划策。咸丰四年船成，夏銮任水师营官，同年七月在岳州附近的城陵矶战死。

李瀚章原为湖南善化县知县，咸丰四年二月入幕。咸丰四年正月曾国藩东征之始在长沙正式设立粮台，札调李瀚章任提调，主持粮台。是年七月曾国藩由岳州出发进攻湖北，上述粮台改为行营粮台，随军出征，仍由李瀚章主持。咸丰五年曾国藩大营驻扎南康，另于南昌设立后路粮台，由甘晋、李瀚章主持。咸丰六年十二月后路粮台撤销，李瀚章回安徽庐州原籍守制，复经安徽巡抚福济奏留办理团防、捐务。咸丰八年八月曾国藩决定在湖口设报销兼转运局，奏调李瀚章经理其事。咸丰九年正月报销局在吴城正式开局，李瀚章即着手为曾国藩办理咸丰三年九月至咸丰六年底军费报销事项。七月，曾国藩奉命入川，报销局移驻湖口，仍由李瀚章主持。咸丰十年五月报销局事竣撤销，李瀚章又奉曾国藩委派与江西粮道李桓经理江西全省厘务。是年十二月李瀚章补授吉赣南道，曾国藩遂将江西牙厘总局一分为二，另于赣州设赣州牙厘局，由李瀚章主持。同治元年五月奉曾国藩奏派赴广东开办厘金。同时调补广东粮道以便于工作。七月广东厘金局正式开征，钦差大臣晏端书总持大纲，实际工作由李瀚章主管。同治二年六月李瀚章迁广东按察使，同治三年四月又迁广东布政使，仍主持广东厘务，为曾国藩征厘筹饷，直到同治三年八月广东厘金停解，始与曾国藩脱离隶属关系。

郑德基约于咸丰四年七月入幕，奉委协助李瀚章经管水陆各营收支事项。咸丰七年十二月曾国藩奏称郑德基业已病故，唯其具体时间不详。

吴坤修约于咸丰三年入幕。是年秋曾国藩在衡州创建湘军水师，委派吴坤修司军械。咸丰五年驻防江西瑞州、丰城一带，以丁忧归里，离开曾国藩幕府。同治六年署安徽布政使，又会同江西布政使孙长绂，主持安庆报销总局，办理咸丰七年正月至同治四年五月军费报销事件。

胡嘉垣、左菊农咸丰四年二月入幕，曹禹门咸丰八年七月入幕。曾国藩东征之始，恐出省后军需物资采购困难，遂准备足用一年的煤、米、油、盐等物，装载上船，随于粮台之后，特聘"诚实可靠"的两位商人胡嘉垣、左菊农总管这些辎重船只。咸丰八年六月曾国藩再出领军，复札调胡嘉垣赴营，令其同曹禹门在湖口管理船厂。其出幕时间及事迹均不详。

裕麟原系湖南盐法道。咸丰四年七月曾国藩委其在长沙办后路粮台，咸丰五年又委其办理浙盐行销湖南事务。咸丰十年七月曾国藩委其在长沙设东征局，十月迁湖北按察使，咸丰十一年九月奉召入京。

夏廷樾咸丰四年二月入幕，委办湖南劝捐。咸丰四年七月曾国藩在湖南岳州设转运局，声明将来攻克武昌，该藩司前赴新任，仍令兼司粮台。但后来设立汉口转运局却由胡大任为经理，没有再提夏廷樾，不知何因。

胡大任是曾国藩的同年，早在京宦时期二人就关系密切，来往甚多。咸丰三年胡大任奉旨回籍帮办团练。咸丰四年闰七月曾国藩率军打入湖北境内，胡大任随军办理团练，并在新堤设局劝捐。咸丰四年八月曾国藩率军攻占武汉，在汉口设劝捐分局，由胡大任主持。是年九月曾国藩率军自武昌东下进攻九江，为便于运输特在汉口设汉口转运局，委胡大任兼理，咸丰五年二月太平军再占武汉，胡大任随胡林翼退至新堤、金口等地，继续劝捐助饷。同年九月又奉委在荆州、沙市设局征厘，以济军需。直到咸丰六年十月，胡大任仍驻新堤。咸丰九年正月曾国藩在江西吴城开设报销局，复委胡大任会同李瀚章办理历年军费报销事项。咸丰十年五月报销局事竣裁撤，胡大任赴部供职，不久又因病假归。同治二年七月江西、湖南赴粤办厘人员调回，为指挥灵便，曾国藩函请胡大任出山，复经两广总督毛鸿宾奏调广东，总理厘务。所收厘金仍以七成解送安庆粮台，三成留于本省。同治三年十二月经曾国藩奏准，胡大任赴部供职，免补员外郎本任，以四品京堂遇缺简用。

刘世墀系曾国藩的老友刘传莹的侄子，咸丰四年入幕，所任职事不详。咸丰五年十二月赵烈文曾在南康大营与之相见。曾国藩再出领军，复于咸丰九年十一月在宿松大营入幕，在内银钱所任职，属少数亲近幕僚之一。同治元年五月出署安徽芜湖县令，同治二年二月丁忧离任，三月再入曾国藩幕府，在江西盐务督销总局任事。其时，江西新城发生殴毙抚建分局局绅一案，曾国藩令刘世墀前往查办，并暂时主持抚建分局。为减少商贩的反抗，刘世墀遵照曾国藩的命令，裁撤了一些陆路盐卡。大约在次年夏秋返回南昌，襄办江西盐务督销总局事务。同治四年五月服阕，离开曾国藩幕府。

陈源豫（字季牧）出入幕时间不详。郭嵩焘称，他与刘蓉在曾国藩幕府时，曾国藩酌定各员薪水，唯刘、郭二人例外，"专谕内银钱所陈季牧云，郭、刘与己身同，惟所支不为限制。"[1]可见陈季牧确属曾国藩幕僚，且曾在内银钱所任职。时间大约在咸丰四至六年。

张秉钧大约咸丰四年二月入幕，在粮台任职，协助李瀚章管理军饷。咸丰八年六月曾国藩再出领军，复调张秉钧回营，委派湖口报销局，办理历年报销事务。咸丰十年五月报销局事竣裁撤，张秉钧转入行营粮台任职，曾长期驻扎东流，办理军需粮饷的转运事项，直至同治四年仍在幕中，唯其所任职事及离幕时间不详。

丁应南曾在咸丰七年初受委与胡心庠二人共同承办曾国藩一军的支应事件。曾国藩再出领兵，在江西省城设支应局，仍委胡、丁二人负责。不久，该局撤销，复委胡心庠、丁应南办南昌递文所，专司文报传递。咸丰九年初，胡心庠赴吴城报销局任事，丁应南离开幕府。

邓仁堃、刘于浔咸丰五年正月入幕。咸丰四年十二月，湘军水师炮

船被太平军封死在鄱阳湖内，无辎重船只难以自存。咸丰五年正月，曾国藩亲赴南昌与江西地方官员商定，设立船厂，重整水师，委在籍候选知府刘于浔负责船厂事务，委督粮道署理江西臬司邓仁堃总理炮船、支应各局，直到咸丰八年上述机构裁撤，历时三年有余。邓仁堃后被参革，其离幕时间不详。刘于浔咸丰十一年十二月由甘肃安肃道迁甘肃按察使，同治元年六月经江西巡抚奏留江西办理防务，同年九月以江西厘务疲乏，李桓玩视饷务，曾国藩令刘于浔专司搜集商民怨情，按月向曾国藩汇报，并与李桓、孙长绂共同负责江西牙厘总局。其离幕时间不详。

张韶南、张同生父子二人咸丰八年九月经曾国藩札调入幕。曾国藩再出领军重设行营粮台，即委张韶南主持，其子张同生亦随营办理支应事件。咸丰十一年父子二人分别于九月、十一月先后病死。

何敦五咸丰八年七月入幕，主持内银钱所，并兼理行营粮台银钱所（即外银钱所）。咸丰十一年七月赵烈文在东流大营与之相遇，当时何敦五已主持粮台军械所，其何时转去不详。同治三年攻克金陵保案有何敦五之名，可见直到此时仍在曾国藩幕中。其何时离幕不详。

丁蔼士、王澧、卜宗铨、胡云衢均于咸丰八年七月入幕，卜宗铨在内银钱所任职，丁蔼士、王澧经管内军械所，胡云衢在行营粮台军械所任职。其后事皆不详。

魏栋、阎炜咸丰八年七月入幕，在湖口报销转运局任委员。咸丰十年闰三月曾国藩汇保攻克景德镇有功人员，称魏栋管理粮饷，数载勤劳。可见其此时他仍在幕中，唯其离幕时间不详。咸丰十年五月报销局事竣裁撤，阎炜改任厘卡委员，在安徽华阳镇为湘军水师统领彭玉麟办理厘金。咸丰十一年八月前后该卡收归曾国藩统一管理，阎炜又回幕中，同治元年七月前后曾任江西省局委员，其何时离幕不详。

邓尔昌、凌荫庭咸丰八年七月入幕，任湖口报销转运局委员，凌荫庭兼任文书。邓尔昌直到咸丰十年五月该局事竣裁撤仍任是职，凌荫庭则于咸丰九年初离局，奉曾国藩委派前去接统吴国佐部湘军。不久回幕，约于咸丰十年夏秋任江西厘金局吉安分局委员，十一年冬假归，迁延不返。

曹禹门咸丰八年七月入幕，管理湖口船厂。咸丰十年闰三月景德镇保案、同治三年十一月金陵续保之案均挂名其中，说明这一时期一直在幕中。其出幕时间不详。

邹寿璋原为湘军最早的三营官之一。咸丰四年十二月入曾国藩幕，经管内银钱所。咸丰五年夏假归，从此离开幕府。

郭国屏、程仲庠出入幕时间不详。据李兴锐日记载，郭国屏是张韶南的女婿，他和程仲庠都曾在山内粮台当差，其起止时间亦不详。

雷维翰原为在籍丁忧的前运使衔湖北荆宜施道道员，因其籍隶江西铅山，曾国藩咸丰八年八月为解决入闽湘军粮运而在广信府城与铅山县城设立粮台时，令其与广信知府沈葆桢共同经理。后计划改变，粮台撤销，雷维翰即随营办事，在行营粮台任职，直到同治三年三月仍在幕中。其何时离幕不详。

隋藏珠咸丰十年十月入幕，会同张韶南办理祁门行营粮台。咸丰十一年九月后开始主持安庆行营总粮台，同治元年闰八月在营闻讣，回籍守制。同年十二月曾国藩奏调隋藏珠回营当差，是否重回粮台，后事不详。

王延长原为江西南城县知县，曾国藩同年，咸丰十一年四月入幕，主管外银钱所。九月后开始助隋藏珠经管安庆行营总粮台，仍兼理外银钱所。同治四年十一月转入安庆报销总局，办理咸丰七年正月至同治四年五月历年军费报销事宜。同治七年十一月该报销局事竣撤销，王延长又转入江宁报销总局，办理同治四年闰五月后剿捻各军军费报销事宜，直到同治九年二月曾国藩奏出报销第一案。其何时离幕不详。

王必达原为江西建昌府知府，曾国藩驻扎建昌时相识，咸丰十年六月入幕。咸丰十年五月曾国藩在江西省城南昌设立后路粮台，由江西藩司李桓主持。同年六月札调王必达任粮台提调，负责具体工作。同治七年六月底王必达前往江宁拜会曾国藩，七月初辞行。此时全国军务告竣，各地粮台纷纷裁撤。大约南昌粮台此时撤销，王必达也于此时离开幕府。

李作士咸丰十年正月于宿松大营入幕，咸丰十年五月受曾国藩札委办理安庆银钱支应所，专门负责进攻安庆的曾国荃一军的粮饷供应。咸丰十一年八月，曾国荃在攻陷安庆后开始沿江向天京方向进攻，李作士率银钱支应所随军跟进，曾先后驻扎大通、无为等地。同治元年五月曾国荃等军进扎雨花台，李作士亦率银钱支应所由无为移驻大胜关附近的两艘船上，停泊江岸，专门负责围攻天京的吉字等营的粮饷供应，同治三年七月初一日病死于银钱支应所内。

刘曾撰咸丰八年七月入幕，初任曾国藩大营文巡捕，其后则职事不断变更。他是赵烈文的好友，曾与他有过几次相见，日记中均有记载。第一次咸丰十一年七月二十二日，赵烈文在东流附近的一只船上见到他，其时他正在江外粮台军械所任职。第二次同治元年正月十八日，赵烈文刚由武昌回到安庆，闻刘曾撰尚在大通，估计在李作士银钱支应所任事。第三次同治二年正月初七日赵烈文由安庆赴雨花台大营，行至大胜关李作士银钱支应所，曾专访刘曾撰一次，当时他正在这里任职。第四次同治四年五月十六日，刘曾撰来访赵烈文，当时他已奉旨简放湖南辰州府知府，正拟赴任。

李桓系李星沅子，与曾国藩早有来往。咸丰十年四月曾国藩任两江总督后，即决定设立江西牙厘总局和江西总粮台，奏明由江西藩司主持，而实际上则由李桓总负责。当时李桓只是江西督粮道，直到咸丰十一年十二月才迁为布政使。可见当时曾国藩对李桓是任用甚专的，他们之间确实存在着一种特殊关系。当时的江西布政使张集馨被劾革职，庆廉被勒令休致，大概都是为了给李桓让路。可惜为时不久，这种命运又重新落到李桓头上。同治元年九月曾国藩因江西厘金收入日减而奏参李桓，委派孙长绂常驻省局，专司月报，并与李桓、刘于浔共同经管江西牙厘总局，在很大程度上限制了李桓的权力。同治二年曾国藩又先后委派范泰亨、孙长绂总办江西牙厘总局和总粮台，完全夺了李桓的权。而李桓早在这年正月即已奉旨赴陕，李桓不愿远行，遂于是年八月称病免职，从此脱离了同曾国藩的主从关系。

孙长绂出入幕时间不详。同治元年九月署江西盐道期间，受曾国藩委派常驻江西省牙厘总局，专司月报，并会同刘于浔、李桓共同经管江西省牙厘总局局务。同治二年八月擢江西布政使，十二月受曾国藩委派总理江西牙厘总局，兼理江西总粮台。同治四年十一月至七年十一月又受曾国藩委派会同安徽布政使主持安徽报销总局，办理咸丰七年正月至同治四年五月的军费报销。

潘兆奎出入幕时间不详。同治元年五月曾国藩札委洪汝奎主管行营银钱所（即内银钱所），潘兆奎会同照料一切。同治三年十一月曾国藩奏保攻克金陵有功人员，列有潘兆奎之名，可见此时尚在幕中。其何时离幕不详。

姚镶、徐长怡、高列三、潘文质出入幕时间均不详。姚镶系候补县丞，多年在粮台办理军装器械诸务，因购买火绳多报银价被曾国藩发现，令范泰亨查处，时间大约在同治二年十一二月间。徐长怡原为某部主事，因与曾国藩有世谊，被委办理粮台文案，后又因妄动文移，干预地方事务被曾国藩撤去粮台差事。潘文质同治七年三月与赵烈文在幕中相遇，当时他在内银所任职。高列三则分别于同治六年十一月、同治七年三月、同治八年五月三次与赵烈文在幕中相遇，均载明其在内银钱所任职。

王积懋大约咸丰九年六月前入幕，曾国藩奏保攻克景德镇、浮梁县城出力各员名单中列有其名，评语是"襄理营务，协剿勤奋"。同治元年四月赵烈文由湖北返回安庆，王积懋已在行营粮台军械所做事。其后他又去泰州盐局任事。同治三年七月有人自泰州来，赵烈文得知王积懋在泰州多与人不洽，丢了差事，曾国藩再不肯委派职事，生活陷于困境。同治六年九月赵烈文为他向曾国藩求情，称渠从师已久，刻有饿死之痛，师既不能与差，闻皖江防缺出，何不畀之以续垂绝之命。得到曾国藩的首肯，赵烈文急忙写信向王积懋报喜。大约在此不久，王积懋即离开曾国藩幕府，就任安徽江防小吏。

吴世熊（雄）出入幕时间不详。同治四年五月经曾国藩保奏补授江苏淮扬道，闰五月，札委经理设在清江浦的清江转运局。

薛书常出入幕时间不详。同治五年十二月，刘松山一军入陕，在河南灵宝设立粮台，仍派薛书常管理。

钱鼎铭曾于咸丰十一年十月受上海官绅委派赴安庆请求援兵，并作"包胥秦庭之哭"，使曾国藩大为感动。同治三年三月又受曾国藩委托，同潘曾玮等人在上海设局劝捐。曾国藩要他们捐银80万两，陆续解送金陵善后总局，以解决遣散湘勇所需欠饷、途费等资。同治六年二月曾国藩途经清江浦，又与钱鼎铭会见、交谈，对钱甚为欣赏。钱鼎铭当时正在此经办清江转运局。同治八年初，曾国藩行抵保定，即奏调钱鼎铭赴直充任幕僚。初在冀南一带办赈，数月后即奏保直隶大顺广道道员，旋迁直隶按察使。

万启琛咸丰四年随同黄赞汤在江西办理劝捐，咸丰五年四月受曾国藩委派协理浙盐行销江西事务。七月补授湖北粮储道，经曾国藩奏请仍留江西办理饷盐。咸丰六年奉委赴浙办理招商、督运事宜，后经浙抚晏端书奏留浙江差委。咸丰十年正月受委赴江西会商饷盐章程，奉旨留办江西团练。咸丰十一年八月经曾国藩奏调赴皖，委办安徽牙厘总局，并会同善后局李榕办理安徽善后事务。同治二年正月由记名道迁安徽按察使，经曾国藩奏请，仍留办安庆牙厘总局及安徽善后事务。同治二年十二月由江苏布政使改江宁布政使。同治三年三月又受曾国藩委派设泰州劝捐局，在里下河一带劝捐筹饷。这年九月随曾国藩大营迁江宁，奉委办理金陵粮台。同治四年五月曾国藩北上剿捻，金陵粮台改为北征粮台，仍由江宁布政使万启琛主持，直到八月去职，由李宗羲接办。

潘鸿焘入幕时间不详。咸丰十年曾在大通厘局办理厘务。同治三年十一月赴江宁任事。同治四年五月后在北征粮台任职。同治七年初赴扬州办理里下河河工，五月病死江宁。

陈长吉出入幕时间不详。同治三年十一月金陵续保名单中有陈长吉之名，已保至同知衔江西候补知县，曾国藩奏请俟补缺后，以同知直隶州任用，并加运同衔。同治四年十一月，设安徽报销总局，办理咸丰七年至同治四年五月军费报销，而有关粮台报销局的档案资料尚存在湖口，曾国藩遂令陈长吉将它送至安庆报销总局，以开局办事。由此看来，陈长吉大约是负责保管这批档案的文案人员，最起码是粮台或报销局的有关人员，否则曾国藩不会在奏折中特别奏明由他办理此事。

张兆栋出入幕时间不详，同治五至九年先后任安徽与江苏布政使，曾奉曾国藩委派，先后会同江西与江宁布政使主持安庆报销总局和江宁报销总局，分别办理咸丰七年正月至同治四年五月曾国藩部湘军军费报销及剿捻期间湘、淮各军军费报销事宜。

石楷出入幕时间不详。同治七年十一月至同治九年二月曾以安徽候补知府在金陵报销总局任事，参与剿捻期间湘、淮各军军费报销工作。

江忠浚、徐堂赓、郭占彪出入幕时间不详。江忠浚为江忠源之弟，同治二年正月奉曾国藩委派与徐堂赓、郭占彪携银3万两赴四川万县设局购米，江忠浚提前返回，川米办妥后由徐、郭二人解回安庆，充作军粮。

潘敬出入幕时间不详。同治二年正月曾奉札在湖北宜昌设局购米，以充军食。

李宗涑、王浩、杨恩植、林周培、贺宗澜系咸丰四年八月奏调入幕人员，贺宗澜、林周培入幕在前，直至咸丰四年八月始行奏留在营差遣。曾国藩出奏时，贺宗澜正为塔齐布军解饷，林周培为各营运子药，李宗涑、王浩拟令管理军械，杨恩植襄办船工。其出幕时间均不详。

秦豫基咸丰六年入幕，负责接济各营子药。廖献廷、叶宝树亦咸丰六年入幕，所任职事不详。曹炳咸丰八年七月入幕，秦、廖、叶亦于是时返回幕中，四人同时奉委办理湖口报销转运局，专司水师支应事宜。咸丰十年闰三月曾国藩所办攻克景德镇、浮梁保案，列有曹炳、叶宝树之名，大约此时他们仍在幕中，唯其何时离幕不详。

马丕庆咸丰四年八月入幕，曾国藩令其稽查水卡。李清华、林长春入幕时间不详。三人同为周凤山营粮台委员。

咸丰六年二月石达开军攻占樟树镇，周凤山军溃，马、林、李三人均死于阵中。

曾广骥出入幕时间不详。同治二年春曾以江西候补道驻守安徽六安，充任粮台委员，并以守城有功受到曾国藩的特别褒奖，奏请赏加盐运使衔。曾国藩行营粮台，有派往各军的监饷人员。欧阳兆熊曾说，曾国藩欲派他赴霆营监饷一差，他婉谢没有接受。曾广骥与前述李清华、林长春、马丕庆等三人很可能就是这种角色。

林源恩原为湖南平江县知县，曾多次带勇堵截太平军、镇压当地民众起事。咸丰四年初曾国藩在衡州造船练勇，准备"东征"，林源恩坚决要求从军，曾国藩从其所请，令他募平江勇一营随同作战。咸丰五年春曾国藩以其不善带兵令他办理湘军罗泽南部粮台，后转理塔齐布粮台，旋又佐理鄱阳湖水师营务。是年十一月江西巡抚将他调到南昌，令其统带新募平江勇。咸丰六年三月与邓辅纶、李元度合兵攻打抚州，九月军溃阵亡。林源恩出征三年，两年带兵，中间一年先后管理罗、塔两军粮台，亦应属曾国藩幕僚，归于监饷人员一类。

梅煦庵出入幕时间不详，同治十年七月前后在幕，任支应委员。

为保证粮台及粮饷解运之安全，曾国藩还委派一些湘军统领、营官带兵随行，专门护理粮台。彭山屺、喻吉三、普承尧都曾先后担任是职。喻吉三咸丰八年七月入幕，奉曾国藩委派与彭山屺负责护理粮台。其何时离幕不详。普承尧原为塔、罗旧部，宝勇首领，在湘军中资历甚老，积功授九江镇总兵。咸丰十年十二月因在建德、彭泽、湖口一带一再溃败而被曾国藩奏参革职。其后转到安庆曾国藩幕中，负责护理安庆行营总粮台。同治元年五月赵烈文曾在安庆粮台见到普承尧。同治二年普承尧又去统带临淮兵，同张得胜一起攻打怀远。

黄鸣珂、魏瀛、周继芬、吴廷球、易光济、余鎏出入幕时间均不详。咸丰十年闰三月曾国藩奏保攻克景德镇、浮梁出力人员，他们皆列入名单，且评语都带有转运、管理、解送粮饷、军火、军装等字样，可见他们为粮饷筹办及押运人员。

第三节 ┃ 劝捐局与饷盐局

劝捐济饷是曾国藩最早采用的筹饷办法，也是湘军当时的主要饷源。曾国藩办捐自咸丰三年九月开始，直到同治三四年间尚未完全停止。其间，咸丰三年九月至七年二月带兵最多时达1.1万人，月需饷银6万余两，主要靠劝捐与办理饷盐筹集。咸丰八年六月再出领军，尤其是咸丰十年五月在江西等省开办厘金以后，劝捐虽已不再是主要饷源，但仍继续实行，尤其在军饷短缺时更是如此。

咸丰三年八月曾国藩因在长沙无法立足，不得不以进剿湘南"土匪"为名，移驻衡州。一方面募勇造船需饷日增，一方面因与湖南司道关系弄僵而无法再向藩库领饷，被迫无奈，只得另起炉灶，自筹军饷。其时，切实可行的筹饷办法，只有劝捐一种。于是，这年八月曾国藩就在衡州设立劝捐总局，并陆续在湖南各府、州、县设立分局，派人四出劝捐筹饷。当时劝捐范围未出省界，执照由曾国藩自刊，钤以湖南藩司或巡抚之印，不仅信用不高，且尚须亲赴户部换照，方才有效。故手续麻烦，滞碍甚多，致使富绅裹足，报捐者不多。咸丰四年二月曾国藩率军东征，需款孔亟，曾国藩又奏准预领户部与国子监印发的空白执照各二千张，委夏廷樾、郭嵩焘、黄赞汤、万启琛、胡兴仁、李惺等人分别在湖南、江西、四川三省劝捐，曾国藩大营与以上三省各发一千张，两种执照与大小职衔均匀搭配，俱依照原案折成实收，按资填发。结果，四川因胡兴仁调往他省办成与否事属悬案，而湖南、江西则办理颇著成效，其中尤以江西成效最著，获款最巨，咸丰三年八月至咸丰四年底，衡州总局仅捐银一万九千多两，而江西在籍侍郎黄赞汤于咸丰四年正月始受曾国藩之托，在江西樟树镇设局劝捐，及至咸丰五年十一月尚不足二年，筹款已逾八十万两，先后解送曾国藩军营。

咸丰四年闰七月湘军攻入湖北境内，曾国藩又委托在籍礼部主事胡大任在新堤设局开捐。八月湘军攻占武汉三镇，曾国藩又在汉口设立劝捐分局，仍委胡大任主持。咸丰五年五月太平军再克武汉三镇，胡大任移局新堤，继续劝捐，直至咸丰六年十月仍驻在这里。

咸丰八年六月曾国藩再出领军，劝捐虽已不是主要饷源，但并未放弃这一筹饷办法。尤其曾国藩担任两江总督之后，颁发章程，继续劝捐，唯办法稍有改变，一般不再派员四出设局，而委各地府、县官员办理。地方官贪图方便省力，便将本地应捐款项摊入地亩，强行征收，以致引起乡绅民众的不满。此法通行颇久，直到同治元年正月经江西藩司禀请，曾国藩始批令停办。

同治三年三月，江西巡抚沈葆桢奏准截留江西厘金之半，曾国藩惧金陵围师功亏一篑，急札饬江宁藩司万启琛与江苏藩司刘郇膏督率当地官绅分别在泰州和上海开捐，并要求上海筹集沪捐六十万两以济军饷。同治三年六月湘军攻克天京，清政府迫令曾国藩速裁湘勇以自剪羽翼。曾国藩急需大批款项发还欠饷及湘勇返籍途费，又于是年八月札委苏藩刘郇膏与沪道丁日昌在上海劝捐八十万两，陆续解送江宁善后总局，以应急需。这次劝捐活动可能要继续到同治四年方能结束。上海虽富，要在一年之内办捐一百四十万两，并非易事。在此之后，曾国藩是否继续劝捐尚未可知，而他的下属官吏的劝捐活动却仍继续进行。同治七年春，曾国藩致函署安徽巡抚、安徽布政使吴坤修，令其立即停止在"都门"①的劝捐活动。可见，直到此时两江地区仍有人到外地劝捐。京都之地尚有人暗行此事，天下还有何处不可行？

在此期间，曾国藩还采用了增广学额的办法，鼓励弁兵踊跃报捐，以解决湘军欠饷问题。按清朝咸丰三年新例，凡捐银万两者，除各该捐生给予应得奖叙外，其本县准加文武学额各一名，其加捐十万两以上者，亦以十名为限。当时湘军各部欠饷严重，平江营欠饷二十万两，新立不久的吉字营亦欠饷七八万两以上。于是，李元度首先在平江勇中动员以人饷抵捐。各勇闻可刊碑勒名于学宫，纷纷欣然报捐，先后捐抵欠饷银十五万两，增广平江学额十名，岳州学额五名。接着曾国藩就与曾国荃、李续宾、张运兰等人商议，劝他们所部各捐几万两，凑成七万之数，以增广湘乡县文武学额各十名（前已增广三名）。以欠饷抵捐，虽未拿到现银，但却减轻了筹饷负担，实际上与捐银发还欠饷无异，亦应算作劝捐的一种形式。由于湘军欠饷太多，弁兵知道难以拿到手，不如索性报捐，刻名于学宫碑石之上以荣耀身家，加以上司直接动员，故办理较易，而实际上则与勒捐相差不远。

---

① 《曾文正公书札》第33卷，第2页。

办盐抵饷是曾国藩最初筹饷的另一办法。咸丰五年四月，曾国藩奏请自运浙盐行销江西、湖南两省，以所获应交户部之盐课，抵户部应拨该军之饷，故称此盐为饷盐。因江西、湖南本淮盐引地，现因淮盐不通而行销浙盐，故称借销浙引以抽课抵饷。曾国藩奏请在江西樟树镇设立总局，由黄赞汤常驻主持，劝谕绅富措资承运，兼理督销；由前任浙江学政、侍郎万青黎驻扎杭州，督办浙盐外运。另外，委派道员史致谔、万启琛协理浙盐在江西的行销事务，湖南盐法道裕麟、在籍知府黄廷赞协理浙盐在湖南的行销事务。此事很快得到清政府的批准。咸丰六年正月，曾国藩即委派郭嵩焘、周腾虎前赴杭州，同浙抚何桂清、留浙侍郎万青黎协商浙盐运销具体事项，并迅速办理妥当。随后，曾国藩又委派万启琛赴浙经办招商、督运，办理颇著成效。数年之间仅万启琛一人即发运浙盐十万二千余引行销江西，征收盐课八十余万两，成为曾国藩与江西巡抚的重要财源。直到咸丰七年十二月，尚有饷盐盈余一万五千两存于杭州，盐局派专人赴湖南湘乡向曾国藩禀请处理办法，曾国藩批令解交湖南藩库充饷。曾国藩奔丧回籍后，江西巡抚继续办理，所获颇丰。直至同治二年曾国藩整顿盐政，重新恢复淮盐引地，江西始停销浙盐。

为了保证浙盐在江西畅销，曾国藩还在重要交通枢纽设立了一些盐卡，对过往私盐加抽盐税，以减少邻省私盐流入。其较为著名者有饶州、吴城、万安、新城四卡（亦称分局）。这些盐卡，地处浙江、广东、福建三省私盐入赣要道，不仅可有效阻滞邻省私盐入境，且可获得一大笔可观收入。据曾国藩估计，每月可得银万余两。正式开办之后，实际上要大大高于这个数字，且有年年增加的趋势。据同治元年九月曾国藩的一个奏折推算，这些盐卡的收入多者每月可达万两，而且长盛不衰。故同治三、四年间曾国藩奏停各省厘金时特别声明，包括上述四卡在内的、多年来由他自己设立的盐、厘各卡，仍由他派员经收，以保住这一可靠财源。由此可见这些盐卡对他来说是多么重要。

咸丰十年十二月曾国藩还仿照上述办法，与署理湖南巡抚翟诰联合奏请在湖南行销粤盐，征课抵饷，其具体事务由东征局兼理。湖南大部地区向为淮盐引地，唯湘南郴、桂等十二州、县历来行销粤盐。自咸丰三年后淮盐不能上运，引地被四川私盐侵灌。咸丰十年曾国藩见淮盐运道仍然不通，遂奏请在湖南全省行销粤盐，借以抽取盐课裕饷。此事亦只见奏稿不见下文，大约没有办成。

多年来受曾国藩委派办理劝捐、饷盐等务的人员主要有：郭嵩焘、夏廷樾、胡大任、万启琛、裕麟、张丞实、钱鼎铭、沈葆桢、周腾虎、黄廷瓒、黄赞汤、万青黎、朱冀、李惺、祥麟、潘曾玮、史致谔、吴文澜、邵懿辰、杨欣、姚岳望、须国昶、蔡锦青。

郭嵩焘、夏廷樾、胡大任、万启琛、裕麟、张丞实、钱鼎铭、沈葆桢事迹如前述。

周腾虎约在咸丰五年夏秋入幕，所任职事不详。咸丰五年十二月初随郭嵩焘赴浙商办浙盐运销湘、赣抽课抵饷事。正月中旬抵杭州，办理稍有眉目，郭嵩焘继续留杭州协商具体事项，周腾虎则于是月下旬回苏州。从此暂离幕府。咸丰十一年九月李秀成兄弟率大军进攻浙江，杭州岌岌可危，周腾虎受托前往安庆请兵，曾国藩以无兵可派为辞，不肯立即发兵，周腾虎遂留于曾国藩幕中。十一月曾国藩欲购一小轮船，以为运送子药、飞递文报之用，札派周腾虎赴上海催饷并购买轮船。同治元年正月轮船购妥，托他人押回安庆交曾国藩验看，周腾虎仍留上海。五月曾国藩接奉廷寄，见有人纠参周腾虎，立即致函李鸿章，询问周腾虎究竟在沪如何招摇，致使两挂弹章。八月初三日接李鸿章来信，知周腾虎已于七月廿三日病死于上海。

黄廷瓒咸丰三年正月入幕，在长沙城中办理街团。八月开始兼理劝捐。咸丰五年四月协同湖南盐法道裕麟办理浙盐行销湖南事务。咸丰十年五月曾国藩设立东征局，黄廷瓒又受委设立分局，抽厘筹饷。同治元年十二月曾国藩奏请奖叙湖南东征局筹饷官绅，黄廷瓒名列首位，可见此时仍在幕中。其离幕时间不详。

黄赞汤原为刑部侍郎，咸丰三年回江西原籍丁忧。咸丰四年正月，曾国藩特请他主持樟树镇劝捐总局，在江西劝捐筹饷。咸丰五年四月曾国藩又奏准办理浙盐行销江西、湖南，抽课抵饷，改樟树镇劝捐总局为盐饷总局，办理招商营运，兼理江西销盐事务，仍由黄赞汤主持。数年之间，黄赞汤为曾国藩筹银一百六十余万两，于其艰难竭蹶之时，给予曾国藩以有力支持，使之多年来一直感激不尽。同治元年七月黄赞汤调任广东巡抚。其时，曾国藩正在广东征厘筹饷，因二人意见分歧，不能很好配合，受到曾国藩奏参。同治二年六月黄赞汤召京，即以曾国藩老友郭嵩焘调任广东巡抚，取而代之。

万青黎原为吏部侍郎兼浙江学政，咸丰四年四月丁忧免职，仍留浙江。咸丰五年四月曾国藩奏请借销浙盐抵饷，因其原籍江西，又长期任浙江学政，便于联络浙赣两省官绅，故请其在杭州主持浙盐外运事宜。

朱蕚出入幕时间不详，现仅知曾国藩驻衡州期间，他曾在湘潭为曾国藩劝捐筹饷。

李惺、祥麟出入幕时间不详。李惺为在籍翰林院编修，咸丰四年二月曾国藩曾奏请预领空白执照一千张，委派胡兴仁、李惺在四川劝捐。不久，胡兴仁调走，委派人员仅李惺一人。咸丰五年三月曾国藩奏明札派前任湖南常宁县知县祥麟专程赴蜀，守催饷银十二万两。听曾国藩语气，此款是否有着并无把握，仅以此款之有无作为回剿湖北还是坐守江西的先决条件。其后曾国藩坐困江西，没有回剿湖北，据此推测大约此款未能如数得到。或者四川劝捐成效不大，收取无几，杯水车薪，无济于事。由此可知祥麟曾为曾国藩做事，确属其幕僚，而李惺的工作情况则不得而知。

刘郇膏、潘曾玮出入幕时间不详。同治三年八月曾国藩札委江苏布政使刘郇膏、苏松太道丁日昌督催上海官绅钱鼎铭、潘曾玮等人在上海劝捐，要求收款八十万两，陆续解送江宁善后局。

丁日昌原为江西万安县令，后调署庐陵县，咸丰十一年三月李秀成率军攻占吉安府，丁日昌以失地罪革职。七月入曾国藩幕，办理厘务，充任卡员。同治元年五月奉札赴广东办理厘务，开复原官，以知县在江西补用。同治二年八月调回安庆曾国藩行营。旋调上海，转入李鸿章门下，负责办理炮局及对外交涉事件。同治三年五月署理苏松太道。八月曾国藩札委上海士绅在沪捐银八十万两，令苏藩刘郇膏与沪道丁日昌会同督催办理。同治四年正月实授上海道，五月曾国藩与李鸿章在上海联合设立江南制造局，令丁日昌综理局务。十月升授两淮盐运使，接替李宗羲总办江北厘金局和两淮盐务，直到同治六年二月升任江苏布政使，其所管盐、厘各务始由新任盐运使程桓生接任。

史致谔系曾国藩同年，咸丰四年调任南昌知府，咸丰五年署江西盐法道。四月曾国藩奏请借销浙盐，以史致谔、万启琛协理江西运销事务。旋以母忧去官，留襄军事。咸丰九年服阕，命赴浙江交巡抚王有龄差遣。

吴文澜出入幕时间不详，咸丰五年曾国藩奏办浙盐筹饷，派委江西在籍绅士、候选知府吴文澜管理省局事务。咸丰六年五月吏部令其赴部听选，经曾国藩与江西巡抚文俊奏留仍办是差。咸丰十年入湖南东征局任职，直到同治四年五月东征局裁撤。其何时离幕不详。

邵懿辰是曾国藩的老朋友，著名学者，家住杭州。咸丰五年五月曾国藩奏办浙盐筹饷，须与浙江官绅协商，遂请邵懿辰从中联络。七月邵懿辰亲赴江西会商，办有头绪，再请其回杭州与浙江官绅协商。后来事情办成，显然与邵懿辰从中沟通感情、传递信息有关。

杨欣、姚岳望、须国昶出入幕时间均不详，他们都是同沈葆桢一起在江西管理吴城盐卡的人员。咸丰五年十二月，赵烈文曾在吴城盐卡见到杨、姚、须三人。

蔡锦青出入幕时间不详。咸丰五年十二月随沈葆桢在江西吴城盐卡任职，专驻吴城附近的昌邑镇，查禁私盐。咸丰六年又随沈葆桢赴广信，在河口厘卡办理厘务。咸丰九年十月曾国藩汇保攻克浮梁、景德镇有功人员，蔡锦青列名其中，大约此时仍在幕中。同治二年已署九江关道，其何时离幕不详。

第四节 ｜ 厘金局

厘金由米捐而来，取值百抽一之义，咸丰三年九月由帮办清军江北大营军务的刑部侍郎雷以諴创始。其时，军饷不足，各省纷纷行劝饷筹饷之策。雷以諴就在扬州附近的仙女庙、邵伯、宜陵、张网沟各镇向当地米商派捐，照每石米捐钱五十文计算，大约等于货价的百分之一。其后在推广过程中情况又发生了一些变化。厘金分行厘与座厘两种。征于铺商者称座厘，征于行商者称行厘。开始以征收座厘为主，后来座厘渐渐减少以至停止，变而成为征收行厘为主。起初，还按资多少填发执照，后来变成强行征收，不再填发执照。其名字也不再叫厘捐，而明确将厘和捐区分开来。例如，自督办徽州军务张芾开始，就在皖南地区采取茶厘与茶捐两项并征、统一办理的办法，茶捐仍按资填发户部和国子监刊印的空白执照，完全按劝捐办法办理，而茶厘部分则仅给收据而已。曾国藩接办皖南军务以来，亦承继这种办法。厘金可按劝捐办法办理的唯一例子，是湖南东征局。由于东征局系厘外征厘，故对交厘数额较大的商人，可按资填发执照，而一般商人则仍依征厘办法处理。另外，随着地域的扩大，各省税率多少不同，已不限于百分之一。据《中国厘金史》作者罗玉东的统计，及至同治年间，全国绝大多数省份所征厘金的税率都超过百分之一，一般为百分之二至百分之五，有的省份高达百分之十。最初，厘金只作为一种解决军费问题的临时办法。后来由于数额巨大，渐渐成为清政府不可缺少的一笔常规收入，所以战争结束后各省都完整地保留下来。厘金之弊不仅在税额的增加，给资本主义原始积累增加了困难，而为害更烈的是局、卡人员任意敲诈勒索，设计刁难，迫使行商不得不行贿求情。实际上给行商造成的损失，远远超过所付厘金之数。这对中国资本主义发展的阻碍作用是非常明显的。直到20世纪30年代初，国民党政府才撤销厘金名目，将其税额归于营业税，与当时的各种苛捐杂派统一征收。虽如此，仍算废除了一项弊政。

曾国藩大规模设立局、卡，广征厘金筹饷是咸丰十年四月担任两江总督后开始的。他首先从江西和湖南着手，陆续推广到江苏、安徽，最后及于广东。征厘最多时局、卡遍及五省，月入白银三十多万两，成为近代史上抽厘筹饷成效最著、影响最大的代表人物。后人谈厘金之害往往首先想到曾国藩，是有一定道理的。自同治三年六月曾国荃率湘军攻陷天京之后，曾国藩就陆续停止或减成提取各省厘金。及至同治四年五月北上剿捻时，除安徽、苏北和江西部分厘卡外，各省厘金大都转交本省经收，曾国藩的主要财源也由厘金收入变为盐课。在这六年之中，曾国藩先后设立或接管的办厘机构有江西牙厘总局、赣州牙厘局、安徽牙厘总局、江北厘金局、湖南东征筹饷局、广东厘金局及其数量众多的分局、厘卡。

下面将各省征厘情况和局、卡设置，以及主要经办人员分别予以叙述。

江西牙厘总局是咸丰十年五月设立的，地址在江西省城南昌。咸丰八年六月曾国藩再出领军，主要由两湖与江西供应。咸丰十年四月担任两江总督以后，部队增加，饷需孔亟，遂与江西巡抚商定，江西地丁银由江西巡抚经收，供本省防军饷需；江西全省厘金及部分漕折，由曾国藩经收，供曾国藩所部湘军饷需。咸丰十年五月经曾国藩奏准在江西省城南昌设立牙厘总局，委派江西粮储道李桓与候补道李瀚章综理。这年十二月，李瀚章补授江西吉赣南道，曾国藩遂将江西牙厘总局一分为二，一留南昌，一移赣州，分别由李桓与李瀚章经管。留于南昌者仍称江西牙厘总局，简称省局，辖南康、抚州、建昌、广信、九江、南昌七属局、卡；新设于赣州者称赣州牙厘局，简称赣局，辖袁州、瑞州、临江、吉安、南安、赣州、宁都七属局、卡。同治元年五月李瀚章奉派赴粤办厘，袁、瑞、临三府局、卡归并省局管辖，赣局仅辖南、吉、赣、宁四属局、卡，由署赣道王德固接替管理。江西办厘机构除省、赣两大局之外，还在一些重要地区和水陆交通枢纽设立了一些厘金分局，如饶州分局、吴城分局、吉安分局、湖口分局、抚建分局。同治元年五月袁、瑞、临三府划归省局后，赣局的地位已大为降低，不能与省局分庭抗礼，迨至吉安设立分局，赣局就变为省局的分支机构，故同治二年曾国藩即直称赣局为赣州分局，与上述各分局相提并论了。

江西厘务开办之始还是比较顺利的，收入也比较稳定，成为曾国藩的主要饷源之一。同治元年以来，曾国藩督办四省军务，分兵四出，军队人数大增。曾国荃一军自安徽进攻天京，鲍超一军由宁国、广德攻向苏南，左宗棠一军由江西攻入浙江，都赖江西供饷，其筹饷办法主要靠征收厘金。故曾国藩自二月起颁布新章，在江西实行物货两起两验，加倍征收厘金，税率高达百分之十。曾国藩原以为厘金收入会日益增加，不料月月减少。江西牙厘总局设立之初，规定每月向粮台解银八万两，扣除湖口、吴城两分局月解二万两外，实际仅解六万之数。而同治元年四至八月，省局五月之中仅解厘金四万两，且商民怨言颇多。与此相反，自河口、景德镇、乐平三卡拨归左宗棠派员经收，饶州一卡拨归祁门粮台经管后，厘金收入愈来愈旺，每月收银已过五万两，较省局月收厘金之数超出四倍有余。其中河口一卡同治元年四月前月收厘金最多不过五千余两，左宗棠派人接管之当月厘金收入即超出一倍，而六、七两月又增一倍，每月达一万五千两。曾国藩对此极为震惊与气忿，认为所以发生这种现象，不外两个原因：一是江西卡员中有人贪污，主管官员鞭长莫及，难于发现；二是厘卡人员有人敲诈勒索，刁难商人，使行商绕道而行，减少厘金收入。而造成这种情况又有两个原因，一是江西卡员多属佐杂人员，一则操守不好，一则身微权轻，不能与地方官对抗；一是主管官员只关心地方利益，不关心前线军饷的需要。曾国藩由此得出结论，江西厘金必须亲自经理，不能委托江西地方官代办。为扭转江西厘金收入日少的状况，曾国藩从两个方面采取措施，一是派人假扮商人了解江西商情和各卡经办人员的优劣，一是采取组织措施，双管齐下，改变江西各局、卡的组织成分与领导状况。为此，他于同治元年九月上奏弹劾江西布政使李桓玩忽职守，贻误饷需，委派江西盐巡道孙长绂常川驻局专司月报，刘于浔查访商情与办厘人员优劣，三人共同管理江西牙厘总局。同时对江西厘务人员大加奖惩，优奖四人，革职十五人，由安庆委派湖南籍士绅一一接替，实行赣湘参用、官绅参用的用人方针，使他们相互监督，难于贪污。并撤去一些厘卡，以便于江西与邻省的商业往来。同治二年二月，李桓奉旨赴陕西省办理陕南军务，实际上是有意将他调开。李桓不愿远行，称病请假，遂于是年八月被清政府免职，并任命孙长绂为江西布政使。十一月曾国藩又札委当时正在江西整顿厘务并取得一定成效的幕僚范泰亨总理江西牙厘总局，兼理粮台。

不料，任命刚及一月，范泰亨一病不起，只好委令新任江西布政使孙长绂接任其职。经过一系列人事更动与整顿，江西厘务日有起色，四年间共向江西粮台解银七百余万两，月解厘金数额渐渐达到和超过江西牙厘总局初立时的水平。

不料，正当曾国藩为江西厘金收入渐旺而高兴的时候，江西巡抚沈葆桢奏请截留江西厘金，并得到户部的批准，由此引起曾、沈之间的一场厘金之争。多年来，曾国藩为军饷之事经常与江西发生矛盾。咸丰八年六月，曾国藩再出领军之初，与江西地方官的关系还比较好，而自咸丰十一年沈葆桢担任江西巡抚以来，又渐渐出现一些摩擦。曾国藩为厘金收入渐少劾罢李桓即是表现之一。沈葆桢、李桓皆是经曾国藩奏保而担任要职的，为什么一就新职就与曾国藩为难呢？究其原因，主要还是由自身利益的不同引起的。同治元年以前，曾、左各军主要在安徽、江西作战，江西本省无须太多的军队，故将主要收入都解送曾国藩粮台，供其所部饷需。同治元年以后，曾国荃攻至天京城下，左宗棠进入浙江，鲍超由广德进入苏南，九江镇总兵普承尧一军溃散，致使江西成为江、浙、赣、皖四省中兵力最为薄弱的地区。特别是杭州失陷后，浙江太平军作战失利，大批转入江西，沈葆桢急忙扩充军队进行抵抗。于是，为解决日益增加的饷需困难，就逐渐截留原定解送安庆粮台的饷银。他先是不经商议扣留了月解安庆粮台四万两的江西漕折银，接着严厉追回经曾国藩奏准并已起解的九江关税银数万两。同治三年三月又奏请截留江西厘金。这时，围攻天京的曾国荃早已筋疲力尽，饷需匮乏，不仅无银发饷，甚至连买米用款都难以筹措，前敌兵勇有时不得不喝稀粥度日，时时都有溃散的危险。因而，曾国藩无法忍耐，不惜撕破脸皮与沈葆桢大闹一场，以致双方都上奏请假，摆出躺倒不干的架势。最后清政府决定将江西厘金双方平分，各得一半，另拨轮船退款抵偿曾国藩遭受的部分损失。这年六月湘军侥幸攻陷天京，曾国荃一军开始裁减，原由曾国藩发饷的鲍超、周宽世等军亦开进江西，皆可由沈葆桢直接发饷。曾国藩遂于十月奏准停解江西半厘，仅留向来由他经收的吴城、湖口、万安、新城四个盐务厘卡与饶州、景德镇厘金之半仍归自己经管，其余所有厘金局、卡概交江西巡抚经管征用。

这一时期，办理江西厘金的人员人数甚多，现已查出姓名的主要有李桓、李瀚章、范泰亨、孙长绂、刘于浔、王德固、蔡应嵩、朱紫卿、甘绍盘、文辅卿、杨照藜、潘文琳、赵少魁、孙鸿钧、姚星浦、李振钦、陈黄举、李寅、王廷鉴、陈茂、阎炜、万永熙、向绍先、吴沄、邓嘉绩、周汝霖、王祥储、黄锐昌、汪丽金、袁文镖、郑重、李万青、潘良梓、俞潘。另外还有姓名不全者凌守、吴守、万牧、李丞等。

李桓、李瀚章、范泰亨、孙长绂、刘于浔、阎炜即如前述。

蔡应嵩咸丰十一年七月入幕。因其署理赣州知府，曾国藩遂委派他办理赣州厘务，颇著成效，甚受曾国藩赏识。同治元年五月曾国藩又令其随同李瀚章等赴广东开办厘金，同治二年八月调回江西，旋署赣州道，兼管赣州厘局。其离幕时间不详。

王德固为曾国藩同年。同治元年五月李瀚章、蔡应嵩调赴广东办厘，曾国藩遂令署赣州知府、护理吉赣南道王德固，接管赣州牙厘局，其离幕时间不详。

朱紫卿同治二年十月入曾国藩幕，委查江西各地厘卡。其何时出幕不详。

文辅卿咸丰十年六月入曾国藩幕，派赴江西办理厘务。其出幕时间不详。

甘绍盘同治元年夏入曾国藩幕，派赴安徽舒城散赈。同治二年复派查江西厘金。其离幕时间不详。

杨照藜出入幕时间不详，负责抚建牙厘分局厘务。曾国藩曾令其亲历抚建所属各卡，访求厘务利弊，察看卡员优劣，随时密禀。时间大约在同治元、二年间。

潘文琳出入幕时间不详，似负责袁州厘务。同治二年四月曾禀请在袁州城外设立水卡，经曾国藩批驳后，仍坚持设立，同年十一月被范泰亨发现，禀请曾国藩裁撤。

赵少魁出入幕时间不详。同治元年前后任湘东卡委员，曾禀请添设荷莸桥厘卡，并得到曾国藩的批准。

孙鸿钧大约咸丰五年入幕，任新城卡员，同治元、二年间因名声太坏，商贾反映强烈，曾国藩令抚建分局负责人杨照藜确切查明，据实密禀参办。

姚星浦出入幕时间不详，约于同治元、二年间任抚建分局李家渡卡厘金委员。因其未经交代账目而擅自回省，曾国藩疑有亏挪款项情弊，令杨照藜对其认真查究。

李振钦出入幕时间不详，约在同治元、二年间任抚建分局温家圳卡卡员，后因故经杨照藜禀准撤差。

陈黉举经陈艾推荐入幕，初在江西建昌盐厘局，后在萍乡办理厘金。其入幕时间不详，大约在同治四年转入李鸿章幕。

李寅、王廷鉴出入幕时间不详，约在同治元、二年间在饶州分局办厘务，曾因劣迹多端而受到追究。

陈茂出入幕时间不详，咸丰十年五月至同治元年九月间，曾国藩曾致函李桓，派陈茂赴江西牙厘总局接办某人的工作。同治三年十一月曾国藩办理金陵续保之案列有其名，大约此时仍在幕中。

万永熙入幕时间不详，曾任江西厘金委员，同治三年二月被曾国藩、沈葆桢会奏参革。

朱宽成、陈宝箴、李复同为江西义宁州厘卡委员，曾因禀称公暇读书论古事受到曾国藩的赞扬。时间约在同治元年前后。其出入幕时间均不详。

向绍先入幕时间不详，曾任河口厘务委员，因厘金收入过少，于同治元年五月被曾国藩奏参革职。

吴沄、邓嘉绩、周汝霖、王祥储四人是同治二年五月曾国藩奏请优奖的四名江西卡员，他们的评语分别为：整顿厘务，百废俱兴；实心办事，任劳任怨；洁己奉公，始终不懈；朴诚精实，办事详慎。他们分别得到以知州留于安徽补用、以知县即选、以县丞仍留江西尽先补用、以知县留于江西尽先补用的奖励。其出入幕时间均不详。

黄锐昌、汪丽金、袁文镖、郑重、李万青、潘良梓、俞潘七人是同治二年五月曾国藩奏请斥革的江西卡员中的最劣之员，其中黄锐昌的罪名是串通行户，私收盐厘，曾国藩将他奏参革职，永不叙用。汪丽金、袁文镖、郑重、李万青、潘良梓的罪名分别为营私舞弊、品行卑污、性耽安逸、性情卑鄙、声名狼藉，经曾国藩奏准将他们全行革职。俞潘的罪名是耄年昏聩，难期振作，经曾国藩奏准勒令休致。其入幕时间皆不详。其出幕时间，受革职处分的五员亦难确定。现知汪丽金于同治三年十一月金陵续办汇保案中请求为他开复原官。可见其革职后仍留幕中办理厘金。其他四人未见下文，是否亦有类似情况则无从判定。

安徽牙厘总局咸丰十一年八九月间在安庆设立，由署安徽按察使万启琛主持。同治三年九月万启琛赴江宁布政使任，兼理金陵总粮台，安徽牙厘总局由蒋嘉棫接办。同治四年前后曾国藩在各省开办的厘金局陆续停解厘金，交由所在省份接办，唯安徽、江苏始终不放。同治四年安徽布政使英翰要求将安徽全省厘金交由本省经收，以解决安徽剿捻各军的军饷供应，曾国藩不许，只答应将皖南厘金之半解送英翰军中，以解饷需之急。

在安徽牙厘总局设立之前，曾国藩已在安徽接管了一些局卡，如皖南厘金局及婺源、大通、华阳等卡，在此之后又接管了在皖北的盐务厘卡。所以，安徽办厘机构的设立与接管过程与江西有所不同。这些局、卡大致分布于皖南、沿江与皖北三个区域，兹分别叙述如下。

皖南厘金局设于芜湖，并在徽州、宁国、池州等处设有分局，一些重要县份如婺源等处设有厘卡、分卡。这些局、卡原由当时在皖南督办军务的张芾于咸丰七年设立，咸丰十年六月起由曾国藩陆续接管，同治二年复制定新章，加意经营。皖南厘金以茶为大宗，其次则是竹木山货之类，仅徽州六县每年即可获厘、捐各款六十万两，其中婺源一卡收入尤旺。同治元年曾国藩曾将婺源一卡与江西之景德镇、乐平、河口三卡交左宗棠经收，以为进军浙江之饷，同治二年复重新收回，由自己派员经收。

沿江厘卡是由水师在咸丰八至十一年间陆续设立或接管的，其中二套口、华阳镇二卡系咸丰八年由彭玉麟设立，枞阳一卡系吴全美、李德麟二水师所设，后吴、李去下游，卡撤两月后，复于咸丰十年九月重新设立。大通一卡早已有之，后由杨载福经管。咸丰十一年九月安徽牙厘总局设立后，曾国藩将沿江各卡统一管理经收，提出其中数成解送原管各军，以为奖励。其比例大小，则等第有差，根据具体情况而定。金柱关一卡系在此之后由曾国荃与水师共同设立的，其管理及收入分成亦沿用上述办法。沿江各卡厘金以盐厘为大宗，其中以大通、华阳、荻港、金柱关四卡收入最丰。

皖北厘金机构主要是由李昭寿陆续设立的。同治二年正月李昭寿将各卡交回，曾国藩除留一卡继续由李昭寿派员经收自用外，其余各卡一概收归己有，派员经收以集饷。皖北厘卡主要是抽收盐厘，又与淮北盐场紧密相关，其具体情况拟于盐务局一节再叙。

经办安徽厘金的人员主要有万启琛、蒋嘉械、邓季雨、张富年、姚体备、阎炜、郑奠、吴中英、汪瀚、邓益亭、高慧生、潘鸿焘、郭用中、王寿其。

万启琛、蒋嘉械、姚体备、阎炜、汪瀚、潘鸿焘事如前述。

邓季雨出入幕时间不详。因系赵烈文的好友，赵曾在日记中作过两次记载，都可证明邓季雨为曾国藩幕僚，并与厘务有关。同治二年七月，金柱关卡员出缺，曾国荃欲委邓季雨前往接办，找赵烈文商议此事。赵烈文称其人钱财上最分明，做事亦甚精当，但未能稳练，可令其暂时代理，察其胜任与否再定。曾国荃同意这个意见，赵烈文遂发信令邓赴金柱关厘卡办事。同治六年七月邓季雨奉委赴苏沪查厘金归来，赵烈文复与之久谈。可见此时邓季雨仍为曾国藩办理厘务，唯其离幕时间不详。

张富年出入幕时间不详，同治二年八月奉曾国藩札派主持泰州盐务总局，总理招商运销诸务。同治六年七月张富年又奉札赴芜湖经办皖南厘金局，曾特意向赵烈文辞行。

郑奠入幕时间不详，曾在大通厘局办事，咸丰十一年七月，因名声不佳被曾国藩下札撤差。后闻其严禁游勇，百姓甚为感激，且撤差后仍恋恋未去，曾国藩恐有冤抑，特致函曾国荃令其亲赴大通查明见复，以定其弃取。唯未见下文，不知是否就此离幕或收回成命，重新任用。

吴中英出入幕时间不详，曾在获港厘卡任职，后被蒋嘉械禀请曾国藩撤委，另外拣员接办。

邓益亭出入幕时间不详，同治元年九月曾与赵烈文相会，当时邓益亭在安庆厘金局任事，驻在城外。赵烈文下午出城没有找到渡船，就在厘金局邓益亭处暂宿一夜。

高慧生出入幕时间不详，曾主持华阳镇厘卡，并与赵烈文熟识。同治元年九月赵烈文行至华阳镇泊舟候验，接连两日委员不至，只好赴局探问。后闻高慧生在此主持局务，急访之，始得速验放行。

郭用中出入幕时间不详，曾奉委主办金柱关厘务，其所拟章程颇得曾国藩嘉许，称其已得办厘要领，令其照所拟办理。

王寿其出入幕时间不详，同治元年曾为获港厘卡委员，因是年四月在获港拦截曾国荃的逃厘盐船而见于记载。

江苏厘税以上海所入最丰。早在咸丰六年正月曾国藩即羡于各省抽厘筹饷之便，奏请派员赴沪征收厘金裕饷，结果未获批准。咸丰十年曾国藩担任两江总督后仍未能在江苏设局征厘，直到同治初年曾国荃、彭玉麟、鲍超等军陆续攻入江苏境内，才开始在苏、皖边境及沿江一带设立局、卡，抽厘筹饷。同治元年先在大胜关设卡，同治二年又在东坝、九洑洲设卡，后以设置太密，将大胜关一卡撤去。

江北厘金局初为清军江北大营所设，专为驻守江北的绿营各军筹饷之用。同治三年六月湘军攻占天京后，原有绿营各军及专为他们供饷的江南、江北两粮台陆续裁撤，江北厘金局始由曾国藩接管。同治三年冬曾国藩委派李宗羲驻守扬州，总办江北厘务，兼理两淮盐务。同治四年十月李宗羲赴江宁布政使任，江北厘局由新任两淮盐运使丁日昌接管，同治六年二月丁日昌迁江苏布政使，江北厘局复由新任两淮盐运使程桓生接办。该局厘金收入以盐厘为大宗，江西等省厘金停解后，曾国藩仍把它握在自己手中，未交给江苏巡抚。

此外，曾国藩还在江宁城外上新河设木厘局，派员经理。

先后在江苏经办厘金的人员主要有李宗羲、丁日昌、程桓生、李光熙、张载福、冯邦栋、樊沛仁、汤寿铭。

李宗羲、丁日昌、程桓生即如前述。

李光熙出入幕时间不详，曾在江北厘金局任提调委员多年，甚受丁日昌赏识。程桓生接办江北厘务后，李光熙于同治六年七月因病禀求卸差，程不敢做主，致函曾国藩请求指示。因未见下文，不知李光熙是否即于此时离开幕府。

张载福、冯邦栋出入幕时间不详，二人皆在大胜关任厘金委员。赵烈文曾分别于同治二年正月初七日和五月十八日在大胜关同二人相遇。

樊沛仁入幕时间不详，曾在江苏沿江某厘卡任职，同治二年五月因声名极坏受到严行查办。

汤寿铭出入幕时间不详。同治十年十一月曾国藩在江宁城外上新河设木厘局，委汤寿铭为委员。十二月曾国藩宴请李桓，曾令汤寿铭陪席。

湖南东征筹饷局，简称东征局，咸丰十年七月在湖南省城长沙设立，名义上由湖南布政使文格、湖北按察使裕麟负责，实际上主持局务的是黄冕、恽世临，郭嵩焘。郑元璧也参加了东征局的筹建工作。东征局还在各地设有分局，分别由黄锡彤、郭征畴、陶桄、彭汝琮、胡镛、黄廷瓒、黄芳、冯晟负责。

东征局顾名思义，专为东征，即向安庆、天京发动进攻的湘军筹饷而设，最初议定三分之二解江西粮台，协济皖南各军；三分之一解湖北粮台，协济皖北一军。安庆粮台设立后则全解安庆粮台，专供曾国荃吉字等军进攻天京之用。东征局设立之初，曾国藩规定月解银三万两，每月十三日派提饷炮船回湘守提，若有盈余，则随时解送。若不能满足此数，则立即停办，因其所得太少，招怨太多，实在得不偿失。由于东征局的经办人员特别卖力，结果每月会解银钱平均达到五万七千两左右，大大超过定额。同时，东征局还采办谷米、火药，制造枪炮子弹。只要前方急需，东征局接奉曾国藩片纸即急如星火，连夜赶办。此外，湖南东征局还兼任淮盐在湘行销职能。同治二年曾国藩整顿盐政，在江西、湖北、安徽等省都成立了盐务督销局，唯湖南接受郭嵩焘的建议，以东征局兼理淮盐在湘督销事务，只增添几名查禁粤私人员，不再另建机构。凡此种种，使曾国藩对之极为感激，称其所解巨款如"大旱之雨，严雪之炭"，①甚至把湘军得以攻占安庆、天京，亦多归功于东征局绅的"垂情扶助"，"竭力经营"。他在与黄冕的信中称："每于艰难绝续之交，得东征局饷弥缝补救，俾免决裂，感赖实深。"②又说："东征局初立之际，实不料集此巨款，助此大功。今幸各局撤竣，善始善终。感荷大惠，曷有既极。"③为了报答东征局之功，曾国藩对在事各员都进行优保，总人数达四百九十人。他在历举东征局所筹之款对战争的关键作用之后说："斯皆关系最大，论功不在前敌猛将之后，迥非寻常粮台厘局所可相提并论。"又说："他省纵敦恤邻之谊，断不能如此踊跃。盖其情切于救焚拯溺，其力遂能扶危定倾。"④这是他一生所办保案中最为优厚的一例。

由于东征局的征厘办法是于湖南厘金之外加抽半厘，实与重征无异，故其设立之初即受到湖南绅民的反对。他们为了制造舆论，假借湖南名士、岳麓书院山长丁善庆的名义作一长缄，"力诋不便"，传播远近，几致停办。其后东征局绅亦假借曾国藩的名义作一长函，"痛辩其非"，才把反对派的议论暂时压了下去，使东征局得以维持，但湖南官绅商民反对湖南东征局的斗争却从来没有停止过。五年之间，东征局不仅聚敛巨款，严重阻碍了湖南经济的发展，而且扰害多端，甚有急于采办芒硝，在民间拆屋挖墙之事，故早为湖南绅民所指目，无不望眼欲穿，急盼停办。所以，当同治四年五月曾国藩北上剿捻之际，不顾杨载福等人的奏请和清政府的一再提议，坚决反对将东征局改名西征局，要求即刻裁撤，以挽回自己在家乡的声誉。从此之后，原定半厘之数虽然照征不误，但却改由湖南省厘金局出具收执，不再用东征局的名义。这在曾国藩看来，也就与他无干了。

东征局的经办人员主要有：文格、裕麟、郭崑焘、郑元璧、黄冕、恽世临、黄锡彤、郭征畴、陶桄、彭汝琮、胡镛、黄廷瓒、黄芳、冯

---

① 《曾文正公书札》第16卷，第17页。
② 《曾文正公书札》第24卷，第13页。
③ 《曾文正公书札》第25卷，第13页。
④ 《曾文正公奏稿》第17卷，第82、83页。

晟、胡镛、李茂斋、邹畇荄、何应祺、成果道、王治覃、吴文澜、李明墀、梁葆颐。

裕麟、郭崑焘、黄冕、何应祺、吴文澜事迹如前述。

文格自咸丰五年六月起即为湖南布政使，主管财政，曾国藩在湖南设东征局征厘筹饷，不能不以他挂衔。同治元年十二月文格调广东布政使，与东征局脱离关系。从这种调动来看，大概同曾国藩的关系不太协调。

恽世临初为岳常澧道道员，同治元年十二月文格调走后即任湖南布政使，为东征局出了大力，受到曾国藩的特别保奏，遂于次年超迁湖南巡抚。后因名声太坏，受人弹劾，同治四年受降调处分。然曾国藩屡称其才，对其极为感激。

郑元璧、黄锡彤、郭征畴、陶桄、彭汝琮、胡镛、黄芳、冯晟、李茂斋、邹畇荄、成果道、王治覃约在咸丰十年七月前后入幕，除郑元璧在东征局总局任事外，其余均为分局人员。邹畇荄同治三年七月撤差。黄锡彤主持湘潭分局，因账目不清大约在咸丰末年或同治初年辞差。黄芳同治元年五月本拟调赴广东，因事迟行，后于是年八月随郭嵩焘赴上海，转入李鸿章幕府。王治覃后赴安徽主持淮北盐务督销局，其具体时间及何时离幕不详。胡镛、彭汝琮、李茂斋因为众人所指目，大约于同治二年撤差。其余人员何时离幕皆不详。

李明墀出入幕时间不详，其何时入东征局亦不详。同治四年曾国藩奏请撤销东征局时称，一面札饬委员李明墀等将东征局卡概行停止，一面函商李瀚章将原东征厘金改写湖南本省厘票。由此可见，其实际上在主持东征局局务，地位相当重要。然而，曾国藩咸丰十年与同治元年两次谈东征局的创立过程都没有提到李明墀。大约他去东征局较晚，时间在同治元年十二月之后。

梁葆颐出入幕时间不详。同治二、三年间为防止郴、桂粤盐侵入淮盐引地，曾国藩令东征局酌加厘金以重邻省私盐之税，札委梁葆颐禀商东征局前往察看，并致函郭崑焘，请其察看情形，主持一切，故梁系办盐人员，也是东征局的成员，体现了东征局一身二任的功能。

曾国藩同治元年十二月所拟《东征局在事出力文武保奖清单》，所列东征局筹饷官绅武职人员之外尚有四百八十六名，上述各员只是其中的一小部分，而绝大多数则不在其内。兹将其文职人员四百二十七名附录于后（武职三十七名略去），以供参考。

徐芬、冯昆、张允熙、童秀春、吴荣、孙坦、舒勋、黄瑜、陈倬墀、张国宝、章瑞醴、王承泽、郭懿文、陈启乐、章时瑞、黎福保、徐炳垣、吴廷谔、黄钟清、刘功玮、王彬、万修廉、薛超文、郭庆飏、张自牧、熊绍庚、王元凯、王开炳、林庆光、郭先绥、刘岳曙、吴毓瑛、陈永清、蔡中镁、殷家隽、胡崧、黄教镕、罗洪宾、张启鹏、惠庆、杨以宝、褚维垣、刘锋、杨元声、宋世煦、邱景仑、高溥、觉罗克从、廷桂、邹寿庚、尚宗奎、刘锡禧、郑铨、潘敬、许秉钧、孙义澧、卢毓林、傅国瑞、孙光治、丁旸、张柏岭、李习升、谢恩灿、梅鉴源、周豫刚、黄维昌、赵翰、杨昌平、周政和、黎世绥、熊少牧、张浚万、张燮堃、袁家镥、覃恩、刘岳旸、何应达、吴逢泰、夏献钰、俞风翰、章濂、潘清、刘廷玉、闵受璜、诸桓、张景垣、万政襄、黎光烈、俞锡爵、殷浚、程椿寿、姜玉书、黄彝、李修焕、周诵芬、曹汇湘、梁靖邦、谭信燮、周裕胺、张拱辰、杨焕琛、李荣赐、赵肇光、赵笃恩、易良翰、张春藻、柳启铨、黄友淦、张孝垣、戴庚、王大湘、黄灏、张鹤龄、郭隆焘、张先抡、黄飞翰、郭祖沅、戴文澜、唐正廷、韩承煦、邓光椿、康阜、刘伯华、蒋兆奎、刘永建、周松森、李泽春、陶燮、祝长治、黄世杰、王令望、黄域、张瑞治、魏泽湘、李端卿、袁祖绥、张熙治、郭家铨、徐仑、何应祥、黄均、林继钦、何若泰、陈延英、郑先懋、黄逢清、陈延荣、沈安节、田凌汉、萧锡畴、张辅宸、吕邦俊、辜滢、李家汉、李志衡、王鸿鬻、徐蔚升、朱魁、宋受徽、翟诰、李培元、王宝莹、常家煜、盛贤聪、薛宗樾、刘文彬、阎宝麟、刘文榕、朱致枢、吕慎修、焦光伟、彭业浚、吴琛、郭家铺、郑先靖、李寿禧、李洲、黄为源、董立诚、朱炎、徐仲兰、汤应祥、钱秉、张鸣盛、何人杰、沈晋、冯福藻、翟大沦、王振铨、刘淦、蔡鸿钧、黄潜、胡锡圭、杨法堃、李瑞鼎、易寿嵩、劳恩铭、倪文英、陈孔培、冯钤、马炳元、张道瑜、黄维楷、周善澍、郭崇焘、柳正皑、李懋先、陈学陶、赵嗣鼎、邹锡赓、王永龄、吴大猷、陈树珂、萧恩纶、张然山、苏琳、李荣远、吴显莹、章承恩、杨嗣翼、程礼明、洪勋、傅文彬、刘昌祺、马英、朱体召、章承辉、崔斓、郭昌猷、首焕一、黎培楷、黎福恩、柯浚、沈观光、王庆麟、黄幹、李炳山、周时恩、龚开甲、杨寿嵩、顾树恩、左光弼、赵珩、黄簠臣、万政新、黄共安、罗铭谨、向国浤、邓佛阿、彭熙光、吴焜、曹廷耀、唐祖彝、吴光霁、向人仪、黄洪运、李鸿钧、陈光道、郭岱焘、张佑莹、向国璋、张天泽、章晫、欧阳元、陈传经、陈新安、李度涵、邓光继、陈耀金、王廷澍、吴南湖、胡佩兰、王履谦、易俊章、龚鼎元、巢名桢、卢开第、丁良骏、周瀹蕃、罗熙载、廖时敏、陈宝、黄升、徐世恩、黄裕昆、吴大澍、黄靖邦、尹淇、陈昌期、陈隆炳、杨近溪、张家瑞、廖春晓、胡森、谭钟亮、彭怀松、罗星耀、蒋醇、周仁芳、余子暄、曾广勤、易章阶、曹隆灼、陈森藻、陈肇桢、张垣、邱景玲、宋家声、倪显志、刘灏、李锡朋、陈统一、陈兆仑、李应昌、傅鸿元、张寿萱、李茂林、王守诚、谢邦镕、贺师濂、袁槐泽、陶崇高、邓廷荐、杨尊棠、王政慈、苏卓、郭先振、黄世济、王鸿乙、李国钧、唐树棻、黄家俊、张震堃、钟美宣、戴宏蒸、李棠、周沃本、谭德玙、刘代鹏、唐懋瓒、刘焯、龙汝谐、钟涟、黄曙、吴显运、周德昌、夏廷标、罗苑、徐衍绪、黎培勋、李拔贤、姚寅亮、黎益辉、黄习诗、周辉奎、李呈坊、黄绶、吴燮卿、盛文森、丁松林、李世锦、王富学、周业豫、张继魏、何宗清、李逢杜、张尚勤、唐明煜、张斯再、徐江济、张伯熙、郭式楷、张春霆、易尔翰、李葆恒、李为翰、王守让、夏楷、毛炳焕、李祖惠、卢绍春、周纶、李润金、李人本、黄为章、傅正德、陶树春、张绍望、黄传薪、文星灿、李琼华、黄传燮、左兴让、高瀛、储云、易成铣、殷浚、邹崇善、秦芝繁、杨成山、邓蕴辉、邓时敏、罗万有、王家森、章宾耀、马源、单勋、张惠常、薛秉钧、何秉之、王光瀚、汪绍钺、韩振声、张垲、张南瑾、张聘尹、罗宝善、李衷清、李承恩、夏培元、易铎鼎、刘建勋、龚金镕、祝天保、丁士铜、侯晋康、万承恩、闵宪章。

广东厘金是同治元年七月设局开征的，总局设在韶关，另于省城及各地府、县、集、镇设立局、卡，其较为著名者有佛山、肇庆、白沙、石龙、鹤山、四会、芦包、后沥、陈村、江门等局、卡。自咸丰三年雷以诚在扬州创办厘金以来，各省纷纷仿效，广东当然也不会例外。只是由于当地绅商民众的坚决反对，地方大吏动摇不定，虽设有一些厘卡，但几起几落，都没有坚持下来。然而，这里商业发达，历称富庶之区，又未受战乱之扰，无疑是抽厘筹饷的理想之地。曾国藩筹饷艰难，早就对此垂涎欲滴，无奈这里既非自己的辖区，亦非自己的故乡，无法向朝廷启奏。没有清政府的支持，也就无法压制广东官绅商民的反对。不料，同治元年三月，正当曾国藩需饷孔亟而江西厘金收入又日渐减少的时候，清政府就御史朱潮所奏统筹东南大局一折是否有可取之处，令各省督抚议复。曾国藩乘机奏请派钦差大臣赴粤办厘，以济浙江、苏、皖之饷。清政府批准了这一奏请，委派曾国藩的同年、都察院左副都御史晏端书为钦差大臣，驰赴广东总办厘务，筹办江、浙、皖省军饷。五月，曾国藩奏明拟派李瀚章、黄冕、赵焕联、蔡应嵩、颜培瀚、丁日昌、陶庆仍等江西、湖南官绅及广东粮储道蒋志章、虎门同知吴赞城随同办理。后因情况变化，湖南之黄冕、赵焕联没有去成，其余各员均按时赶到，广东厘金遂于当年七月开征。

在广东厘金的开办过程中，由于各自的立场与利害不同，曾国藩与广东地方官员乃至钦差大臣晏端书，都曾发生过冲突。曾国藩为筹饷成功，则接连弹劾自己的恩人好友，直至厘金入款达到定额为止。于是，在清政府支持下，进行了频繁的人事调动，直到曾国藩满意为止。最初，开办广东厘金以济江、浙、皖饷，受到两广总督劳崇光的坚决反对，曾国藩在信函中与之往返辩论而无济于事，只好将其奏劾去职，降三级调用。劳崇光本于曾国藩有大恩。据传，曾国藩殿试仅取三等，赐同进士出身，心中极为羞愤。按通常情况，三甲进士很难再中翰林，故曾国藩准备放弃朝考，即刻出京。正当车马备齐，马上就要启程之际，劳崇光自会馆匆匆赶来，反复开导，苦苦相劝，方使曾国藩参加朝考，高中一等三名，得以步步高升，身跻卿贰。怎奈广东厘金乃曾国藩性命交关之事，他也就顾不了这许多了。劳崇光走后，清廷任命广西巡抚刘长佑为两广总督，刘长佑未及上任而调赴直隶，遂命钦差大臣晏端书为两广总督。在此之前，清廷已任命黄赞汤为广东巡抚。督抚均为曾国藩的好友，照说广东厘金应该办理顺利了。然而，事实上却并非如此。广东厘金初办之时，曾国藩要求月解饷银十六万两，以八万解浙江粮台供左宗棠一军；以八万解安庆粮台供曾国荃一军。结果，直至同治二年四月广东厘金仅解送七批，按月计算不过三万之数，四省瓜分，所得无几，徒有隔省抽厘之名而无救贫之实。曾国藩对此心急如焚，极为不满，而晏、黄二人却稳坐泰山，我行我素，曾国藩几次信函呼吁，均不为所动，意欲将全部厘金收归本省使用。曾国藩贫极生忿，再举弹章。清政府只好于同治二年五、六月间将晏、黄先后调回，任命曾国藩的好友毛鸿宾为两广总督，郭嵩焘为广东巡抚。曾国藩对这一任命极为满意，甚感放心，遂将原先派赴广东办厘的江西、湖南人员，除已就任广东按察使的李瀚章外，全部调回，并致函敦请胡大任出山，经毛鸿宾调赴广东办厘，充当自己耳目，以防广东地方官私扣厘金。从此，广东厘金收入转旺，每月总额渐渐超过十四万两。曾国藩经过反复斗争，终于得到较为满意的结果。

广东厘金最初全解浙、皖粮台，不许地方扣留。同治二年当地发生农民起义，战事渐繁，广东督抚要求将所收厘金以六成解送安庆粮台，四成留充本省军费。曾国藩不许，经反复协商，议定以三成留省，七成解皖。同治三年六月湘军攻陷天京，太平天国革命宣告失败，曾国藩随之奏请自八月起停解粤厘，以舒邻困。清政府不准，饬令改为七成留省，三成解赴金陵粮台，以尽速遣散驻扎江宁内外的湘勇。同年十月曾国藩再次奏请停解广东厘金，并得到清政府的批准。曾国藩所以这样一请再请，急于停解广东厘金，意在尽快洗去专利之名。此后，虽然广东厘局照设，厘金照收，却与曾国藩没有什么关系了。实际上，曾国藩这时正需大批款项以遣散江宁地区的湘勇，筹饷依旧困难。但与他政治上的根本利益，即速去广揽兵权、利权之名，以安清廷之心比较起来，就退居次位了。

除钦差大臣晏端书外，经曾国藩奏派办理广东厘金的人员主要有李瀚章、蔡应嵩、丁日昌、陶庆仍、颜培壔、蒋志章、吴赞城。

晏端书原为都察院左副都御史，因其为曾国藩的同年，便于协调关系，故清廷于同治元年三月决定派他为筹饷钦差大臣，赴广东办理厘金。晏端书的任务是"总持大纲"，具体业务则由李瀚章经理。同治元年十二月原两广总督被弹劾降调，清廷遂任命晏端书署两广总督。后因与曾国藩关系不协，清政府于同治二年五月将晏端书召京，仍任原职。

李瀚章、蔡应嵩、丁日昌事迹如前述。

陶庆仍原为江西余干县署理知县，颜培壔原为湖南补用知府，同治元年五月奉曾国藩奏派同赴广东办理厘金。同治二年八月曾国藩又将颜培壔调回湖南当差，将陶庆仍调回安庆行营当差。其所任职事与离幕时间不详。

蒋志章原为广东粮储道，因其籍隶江西，便于联络，曾国藩故于同治元年五月奏派他参与办理广东厘金。吴赞城原为广东虎门同知，亦于同治元年五月经曾国藩奏派参与办理广东厘金。同治二年八月曾国藩在奏请调回江西、湖南赴广东办厘人员的同时，亦将蒋、吴二人撤差，从此脱离曾国藩幕府。

第五节 ┃ 盐务局

曾国藩整顿两淮盐政是从同治二年开始的。清代各大盐场营运皆有定法，行销有固定地区，盐船停靠销售亦有固定地点。因其运销单位称为引，故行销地区称引地，销售地点称引岸。两淮盐场分淮南、淮北两大盐场，淮南例行纲运之法，淮北例行票运之法，故淮盐又有纲盐、票盐之分，淮南之盐称纲盐，淮北之盐称票盐，江苏、安徽、江西、湖北及湖南的大部分地区皆其引地。两淮盐政例由两江总督自管，设两淮盐运使常驻扬州（咸丰三年至同治三年间曾一度移驻泰州）协理其事。为便于淮北盐场的管理，又在海州设盐运通判一人，受江宁藩司管辖，专司淮北盐池、票商诸务。咸丰三年太平天国定都天京之后，两淮盐场虽仍在清政府手中，但淮盐无法上运，原有引地尽被川、粤、浙、闽各省私盐侵灌，这一巨大财源亦随之分流邻省。曾国藩担任两江总督之后，办法使尽，所得无几，只得向辖区之外，如广东、湖南征厘筹饷，颇有揣着金饭碗讨饭吃的味道，实在令他心有不甘。所以，同治二年五月湘军攻占太平军坚固设防的九洑洲之后，长江航路刚刚打通，曾国藩就立即着手整顿两淮盐政，力图重复旧制，从邻省夺回盐利。为此，他将熟悉两江财政和盐法的黄冕调到自己身边，经反复商讨、斟酌，于三年之中连续制定和刊布了《淮盐运行西岸章程》《淮盐运行皖岸章程》《淮盐运行楚岸章程》《淮北票盐章程》等盐务新章，设置了一整套盐务机构。他决定，淮南盐场仍行纲运之法，淮北盐场仍行票盐之法，在泰州设立招商总局，总理招商承运各事；在瓜洲设立盐务总栈，总理征厘、掣验事务。同时，在南昌、汉口、长沙设立盐务销督局或指派代理机构，分别委派程桓生、杜文澜等驻扎，经理岸销事务；在大通设招商局，委派刘履祥驻扎，经管招商、抽厘诸务，兼理皖岸督销事项。安徽省城不设销售局，行销事项由大通招商局和淮北督销局分理。另外，还在湖北之武穴设立督销分局，管理远离省城之各点销售事务。为使淮盐畅销，曾国藩还分别在江西之吴城、新城设吴城分局和抚建分局，在各通商要道设立盐卡，加抽捐税以减少邻省私盐入境。结果所得无几而屡酿大案，甚至有的地方发生捣毁盐卡、殴毙卡员事件，迫使曾国藩不得不撤除了一些陆路关卡，只抽船运私商之税，不加负贩私盐之税，以免负贩私盐之家生计断绝，起来与他拼命。

经过这番整顿，两淮盐政大有起色。淮南盐运昔年本于仪征设栈，改捆出江，自咸丰七年改由泰兴县之口岸出江。但该处河道浅窄，挽运艰难。曾国藩遂决定在离瓜洲三十多里的新河口地方，挑河筑堤，建立新栈。自同治四年闰五月新栈建成，盐船改由新河口出江，大大便利了淮盐的营运销售。同时，经过几年的努力，淮盐旧有引地安徽、江西及湖南的大部分逐渐得到恢复，唯湖北仍被川盐侵灌，淮盐销售无几，尚不及售销总额的十分之一。同治十一年正月，曾国藩奏称，由于川盐较淮盐价廉而质优，且楚民久食川盐已成习惯，故川盐侵占淮南引地虽属大纲紊乱之事，而又有万难遽变之势。为暂时挽回一二并为将来规复全境之计，特将湖北九府一州一分为二，其武昌、汉阳、黄州、德安四府先行归还淮南，专销淮盐，不准川盐侵入分寸之地；其安陆、襄阳、郧阳、荆州、宜昌、荆门五府一州仍准川盐借销，但淮商可以酌设盐店，拨销零引，以明本系淮盐引地，不可喧宾夺主、一割而永弃之意。同时，将原设于沙市之配销局撤销，移至新堤，改为分销淮盐局，并将武、汉、黄、德四府内湖北所设抽收专税之水陆局卡一律裁撤，禁止川盐颗粒不得侵销。曾国藩此奏实为无可奈何之计，其成效如何亦不得而知。但有一点是肯定的，即直到曾国藩去世之时，这块淮盐引地都未能恢复，仍被川盐侵灌。不过尽管如此，曾国藩仍从淮盐经销中获利甚巨，自同治二年五月至同治十一年正月，八年之中征收盐课银二千万两有余，几等于他镇压太平军过程中所报军费的总和。

先后为曾国藩经办盐务的人员主要有忠廉、许道身、郭嵩焘、李宗羲、丁日昌、程桓生、黄冕、金安清、张富年、刘履祥、李兴锐、杜文澜、刘世墀、陈黉举、王柏理、刘廷选、贺镶若、恽光业、王治覃、张仙舫、黄家驹、程国熙、倪镜帆、刘受亭、方浚颐、薛世香、王子鉴、何铣、张德坚、部仲龄。

忠廉、许道身、郭嵩焘、李宗羲、丁日昌、程桓生、方浚颐曾先后任两淮盐运使，协助曾国藩管理两淮盐政。郭、李、丁、程事如前述，忠廉、许道身任职时间约在同治二年四月至同治三年底，方浚颐任职时间当在程桓生之后，唯其具体时限不详。

张富年、黄冕、李兴锐、刘世墀、张德坚、陈黉举、王治覃事如前述。

刘履祥原在曾国荃手下任事，同治三年入曾国藩幕，奉委主持大通招商局，经办招商承运及验照、收厘等务。后以账目不清撤差，其具体时间不详。

贺镶若咸丰四年入幕，次年离去。同治三年四月再次入幕，五月委办五河盐卡，向淮北票盐征收厘金。同治六年其好友张锡嵘战死陕西，家属孤苦无依。贺霭若禀准拨银二千两作为张锡嵘家属的生活费用，并帮助他们由灵璧迁至五河依贺过活，受到曾国藩的称赞。其出幕时间不详。

恽光业出入幕时间不详，曾奉札主持正阳盐卡，向淮北票盐征收厘金。后因账目不清撤差。

王子鉴出入幕时间不详，程桓生主持江西督销局期间，王子鉴曾在其中任事，时间大约在同治二年五月至同治六年初。

刘廷选、王柏理出入幕时间不详，二人都曾在江西盐务督销局抚建分局任事，刘廷选经管樟村盐卡，王柏理经管许湾盐卡。

倪镜帆、刘受亭、薛世香出入幕时间不详，程国熙约在同治六年入幕，他们都曾在瓜洲盐务总栈充任栈员。刘、程二人还曾办理河工、堤工，东罗坝即为程国熙同治十年督工修建。同治七年四月赵烈文曾在瓜洲总栈见到倪镜帆、程国熙。同治十年八月曾国藩又在东罗坝见到刘受亭、程国熙，并与他们同验坝工。同治十年秋冬程国熙离开瓜洲总栈，转赴五河办理厘务，直到曾国藩去世仍在幕中充任幕僚。

部仲龄出入幕时间不详，曾任运盐委员。同治三年十二月赵烈文曾在江宁与之相会。

何铣出入幕时间不详，曾长期办理盐务，同治二年九月因账目不清受到罚款处理，事后委用如故，直到同治三年十一月仍在为曾国藩办理盐务。

黄家驹出入幕时间不详，同治四年五月奉委赴湖北督销局任事，赵烈文曾为其送行。

张仙舫出入幕时间不详，同治三至十年间曾在江宁附近之大胜关、中关、下关等处盐卡查盐。张仙舫又似曾办过劝捐，曾国藩称其办捐最为精细娴熟。同治三年三月，曾国藩欲在上海劝捐，本拟委派张仙舫赴沪办理，后因大胜关查盐一事无人代替而撤销此议。

金安清出入幕时间不详，此人曾署理两淮盐运使，后因账目不清、过分招摇等事被袁甲三参劾去职。同治二年三、四月间先至曾国荃营中，后辗转至泰州盐务总局，为曾国藩出谋划策。曾国藩核定各种盐务章程，多出自金安清与黄冕的主意。金安清对两江财政及盐务、厘务极为熟悉，办事主意亦很多，但因其名声太坏，曾国藩决定采其策而不用其人，不委事权，不荐奏章，遂致金安清在泰州数年，仍郁郁不得志，大约同治三、四年间离去。同治六年三月赵烈文曾在浙江嘉善遇见金安清，历述其往年之非，金安清极表悔恨。这也从反面验证金在曾国藩幕中确实甚不得意，徒献其策而未得奏保。

杜文澜同治二年四月入幕，委办湖北盐务督销局，同治三年八月仍在幕中，其何时离幕不详。

第六节 │ 制造局等军工科技机构

曾国藩为了引进西方科学技术，兴办军事工业，以改善军队的装备，还相继建立了一些具有管理、训练、科研、制造、教育、出版等职能的机构，或所或局，名称不一。现大致按时间先后分述如下。

安庆内军械所设于咸丰十一年冬，起初仅制造新式枪炮，次年开始试制轮船。同治二年十月造成木壳小火轮一艘，取名"黄鹄"号。该所由著名科学家徐寿主持，著名科学家和铸炮专家华蘅芳、吴嘉善、龚之棠、徐建寅等人都参加了轮船试制工作。此前不久，在美国学习多年的容闳归国，并经人介绍聘入曾国藩幕府。曾国藩遂派他赴美购买机器，准备择地建立新厂，试制规模更大、技术更先进的轮船。同治三年九月，曾国藩由安庆移驻江宁，内军械所也随之迁去，更名为金陵军械所。同治四年五月徐寿、华蘅芳、徐建寅等奉调赴沪，参加江南制造局的建厂工作，金陵军械所亦于此时并入李鸿章的金陵制造局。

江南制造局是同治四年五月由曾国藩和李鸿章二人共同创办的，容闳自美国购买的机器也随之运到，并入其中。江南制造局开始只制造新式枪、炮、火药，同治六年四月曾国藩奏准拨款在江南制造局内增设船厂，专司轮船试制工作，并决定将江南制造局由虹口迁往城南高昌庙，择地兴工，建立新厂。徐寿、华蘅芳等人参加了新厂的建立和机器安装工作，为新厂的建成做出了很大贡献。江南制造局成立以来，大政方针由曾、李商定，具体管理工作初由上海道丁日昌全面负责，同治四年十月丁日昌迁两淮盐运使，该局的管理工作即改由追随曾国藩多年的幕僚、新任上海道冯焌光接任。冯焌光初时信誓旦旦，颇有献身机器局之意。其后贪冒渎职，几乎引起周围所有人员的不满，社会舆论亦为之哗然，矛头直指曾国藩。曾国藩迫于无奈，只好于同治十年二月委派李兴锐驻局清查账目，接替冯焌光主持江南制造局局务。李兴锐在局十余年，规模几经扩充，技术设备也不断改进。曾国藩是力主自己试造轮船的。在他主持下先后造成大小轮船五艘。李鸿章独掌大权之后，江南制造局造船速度愈来愈慢，最后完全停止了造船业务，专司修理工作。

翻译馆属于江南制造局的一部分，设于同治七年，馆舍同迁址后的新厂一起建成。同治八年上海同文馆并入翻译馆，并招收十四岁以上少年入馆学习外国语文。开始只有英语、法语二班，后又增添日语班和俄语班。在馆中从事翻译工作的主要有英国人傅兰雅、伟烈亚力和美国人林乐知、玛高温。新厂建成后技术工作全由洋人把持，徐寿、华蘅芳也来到翻译馆，同傅兰雅等人一起从事翻译工作。翻译馆不仅具有科研和教育职能，同时也是出版机构。十年中翻译、出版科学技术和有关军事及制造工艺的西洋书籍近百种，对西方文化在中国的传播起了一定作用。

除上述诸项之外，曾国藩还赋予江南制造局以训练轮船管理和驾驶人才的功能。曾国藩制造轮船的目的是为了使用，兵轮用于作战，商轮用于运输。他为了解决新造轮船的管理使用问题，并为将来建立外海轮船水师，即近代海军舰队预备管理和驾驶人才，于同治九年九月将吴大廷由福州船政局专折奏调江南制造局，令其专门负责新造轮船的操练工作。其效果究竟如何尚未可知。不过，曾国藩在奏折中曾详细谈论培养海军人才之难，并亲自观看吴大廷在吴淞口外指挥"操江"等三轮进行操练活动，大约是见其训练不甚得法，技术水平太低，才决心派中国少年专门赴美学习的。

驻美中国留学局又称留学事务所，同治十年七月在上海设立，次年带留学生赴美。为了更好地培养军政、船政和其他科学技术人才，曾国藩还接受容闳、丁日昌等人的建议，于同治十年会同李鸿章奏准派中国少年赴美学习，并委派陈兰彬、容闳分任正、副监督，另派翻译一人，教习二人，在上海设局，制定章程，具体办理留美学生的招生及在美学习工作。另于上海设预备学校一所，委刘瀚清为校长，①令留学生于出国之前，先入校学习中西文字一年，以适应国外学习生活之需要。这件事虽然半途而废（1872年出国，1881年全部撤回），但在中国教育史上还是具有一定意义的。

先后为曾国藩经办近代军工科技的人员主要有丁日昌、冯焌光、李兴锐、陈兰彬、刘瀚清、张斯桂、容闳、徐寿、华蘅芳、丁杰、龚之棠、吴嘉善、徐建寅、吴大廷、叶绪东、容云甫、曾兰生。

丁日昌、冯焌光、李兴锐、陈兰彬、刘瀚清事如前述。

张斯桂同治二年五月经李善兰推荐入幕，曾国藩称其工于制造洋器之法，但未见委派何事，其离幕时间亦不详。

容闳同治二年秋间入幕。同治元年五月容闳曾去过安庆一次，并经人介绍认识了曾国藩身边的亲近幕僚赵烈文，托赵引见曾国藩。赵烈文很快向曾国藩作了推荐，并取得曾国藩的同意，打算立即接见容闳。但接连几天赵烈文都找不到他，大约主意不定，不想马上见到曾国藩，就悄悄溜走了。②曾国藩得知这一情况后，就立即让张斯桂和李善兰致函容闳，邀其入幕。容闳连得三书，遂于同治二年秋间再至安庆，加入曾国藩幕府，并建议曾国藩欲建机器制造厂，必先购制器之器，先建母厂，再建子厂。曾国藩接受了这一建议，于该年十月派其赴美购买机器。同治四年十月回国，并于十一月专程赴徐州面见曾国藩，汇报工

---

① 容闳称预备学校校长为"刘开成"。但据其所述经历，当为刘瀚清。刘字开生，与开成字音甚近，几经翻译，极易混淆。（见容闳《西学东渐记》，1981年湖南人民出版社，第92页）

② 此事见于赵烈文《日记》，言之凿凿，而容闳《西学东渐记》则未提这一情节，不知出于何因。

作，曾国藩遂奏保其以五品候补同知留于江苏差委。同治五年容闳被委任为江苏巡抚衙门的译员，常驻上海，月薪银二百五十两，待遇极为优厚。同治九年经丁日昌调派随同赴津办案，充任译员。他乘机通过丁日昌建议曾国藩，派中国幼童赴美留学，并很快经曾国藩、李鸿章联名奏准。同治十年容闳又亲赴南京，同曾国藩商妥有关派中国幼童留美的各种细节。于是，曾国藩接受容闳的建议，决定在上海设立中国驻美留学生局，委派陈兰彬、容闳分任正副监督（又称正副委员），专办此事。七月，容闳等人所定留学生章程十二条得到清政府批准，遂于上海设局招生。同治十一年容闳等率第一批留学生三十人赴美学习。这时曾国藩已死，容闳虽为此事继续工作，但已不属于曾国藩幕僚了。

徐寿、华蘅芳咸丰十一年十月入幕，同在内军械所任事，先试制炮弹，后试制轮船，曾国藩曾先后于同治元年四月与七月观看过他们演试炸弹与蒸汽机的情况。同治二年十月内军械所制成木壳小火轮一只，取名黄鹄号。同治三年九月徐寿、华蘅芳随内军械所迁往江宁，同治四年五月又调赴上海参加江南制造总局的筹建工作。同治六年四月曾国藩奏准建立船厂，并将江南制造局由虹口迁至高昌庙大规模扩建新厂，徐寿、华蘅芳参加了新厂的建立与机器调试工作，为新厂的建成做出了贡献。次年新厂与翻译馆建成，徐寿、华蘅芳复转入翻译馆从事翻译与科研工作，直到曾国藩去世。

徐建寅为徐寿之子，其入幕时间不详，曾在江南制造总局工作。同治六年赴山东协助丁宝桢建立新厂，离开曾国藩幕府。

丁杰出入幕时间不详，善制炸弹。同治元年正月与五月曾国藩两次出城，专门看丁杰试放炸弹。七月，丁杰又专程赶赴天京城外前线，了解自己新铸炸弹的实战效果。赵烈文称其所铸炸弹，用之甚利。

龚之棠出入幕时间不详，系安庆内军械所制造枪炮的专家，并曾参加小火轮的试制工作。同治元年十二月曾国藩曾亲自看其演放新制成的枪炮，说与洋人所制的枪炮比较，同用自来火，而机较结实。

吴嘉善出入幕时间不详，曾在安庆内军械所参加过小火轮的试制工作。

吴大廷同治十年正月入幕，曾国藩令其专门负责新造轮船的演练及驾驶、管理人员的培练工作。其出幕时间不详。

叶绪东、容云甫、曾兰生约在同治十年七月前后入幕，同为中国驻美留学生局的工作人员，叶、容为汉文教习，曾为翻译，事见容闳《西学东渐记》，姓名均系音译。其他情况均不详。

第七节 ｜ 其 他

除以上人员外，还有一些现知机构难以归属或职事不明的人员，以及可能为幕僚而难以确定者，兹分别罗列于下。

确知为曾国藩幕僚而现知机构难以归属或职事不明的人员主要有：陈斌、曾开骥、张葆、万方田、胡升祺、杨朴庵、王福、杨名声、杨镇南、张吟、史连城、黄吟台、周子瑜、鲁秋航、薛芳亭、徐子苓、刘小粤、曹光汉、孙芳、张燮昭、褚景锴、桂正华、成振堂、计崇、杨宗彝。

陈斌出入幕时间不详，曾在曾国藩大营任典客。咸丰五六年间赵烈文曾在南康与之相识。

曾开骥同治元年大挑以知县用，分发江苏候补。十月，道经安庆谒见曾国藩，曾国藩将其奏留安庆军营差委，其所任职事与离幕时间不详。

张葆原为安徽候补直隶州知州，出入幕时间不详，曾于咸丰十一年十二月奉曾国藩札委，将早已革职拿问的前两江总督何桂清由上海押解进京。

万方田、胡升祺出入幕时间不详。同治七年三月，赵烈文曾在江宁与他们相见，称他们为同事诸友，内军械所任事。唯不知其内军械所究属行营还是金陵制造局，或该所已不复存在而仍沿用旧称。

杨朴庵为曾国藩同年。自咸丰十年六月起，至同治二年七月去世止，两年之中经常在曾国藩身边活动，曾国藩的日记中屡有记载，唯不知所任何事。

朱长彪、彭述清出入幕时间不详。咸丰八年九月曾国藩抵达建昌府城，拟率兵由杉关入闽，令他二人察看沿途营盘地基，兼问米价。其为曾国藩身边人员无疑，唯不知其属于营务处抑或其他机构。

王福出入幕时间不详。咸丰八年六月曾国藩致函曾国荃，要求将彭椿年与王福二人中一人派到自己身边工作。九月王福已在曾国藩身边，并派他去迎接曾国荃来建昌大营。唯不知王福属何机构，任何职事。

杨名声原系曾国藩手下营官，不知何时落职。咸丰八年曾国藩再出领兵，杨名声随营差遣。七月尚无具体职事，归于闲散一类。不久即派往湖北干事。八月自湖北归来，又令其察看随行亲兵的伤、病人员。十二月又奉命赴三河寻找曾国华的尸首。其何时离幕不详。

杨镇南咸丰八年七月入幕，任大营武巡捕，十二月曾奉命与杨名声、张吟赴三河寻找曾国华尸首。咸丰九年又奉命编练马队。

张吟出入幕时间不详。咸丰八年十二月奉命与杨名声一起赴三河寻找曾国华的尸首。

史连城出入幕时间不详。咸丰八年九月李元度请假回籍探视母病，久不归营，曾国藩派史连城带途费至平江催促，如其母不愿李元度离开，即将其母一起迎接来营。

黄吟台出入幕时间不详。约于咸丰八年七八月间被曾国藩遣往安徽干事，十月回建昌大营销差。唯所任职事不详。

周子瑜出入幕时间不详。同治三年九月曾国藩在江宁补行江南乡试，札委周子瑜帮办科场事务。

鲁秋航、薛芳亭出入幕时间与所任职事均不详。现据曾国藩日记载，鲁秋航咸丰十年十二月至同治四年六月，薛芳亭同治二年二月至同治三年九月，经常陪曾国藩下棋，或在曾国藩面前同别人下棋，大约是他的棋友之类。

徐子苓咸丰十一年秋至同治元年春入幕，同治三年九月出幕，所任职事不详。

刘小粤出入幕时间不详。同治元、二年间三江各省湘军军粮缺乏，多在江上拦截米商买米，曾国藩为防营员掳船、勒买诸弊及他人假冒湘军，特派刘小粤赴湖北会查。

曹光汉原为在籍安徽候补知府，咸丰三年正月入幕。其时曾国藩在长沙城中督办街团，委曹光汉与另一在籍江苏候补知州黄廷瓒编查保甲。同治三年十一月曾国藩续保金陵攻城有功人员，曹光汉列名其中，说明他直到此时仍在幕中。其最后离开幕府时间不详。

孙芳、张燮昭出入幕时间不详。同治十一年二月曾国藩去世，门生故吏送挽联者甚多，多自称晚生之类，唯孙、张二人自称"幕士"，大约为小委员之类，尚不够门生资格。

褚景锟出入幕时间不详。咸丰八年曾任曾国藩大营的武巡捕。

成振堂出入幕时间不详，曾在曾国藩身边任巡捕。同治三年六月随曾国藩赴雨花台大营，赵烈文曾与之相见。

计崇出入幕时间不详，同治八年七月赵烈文与之在幕中相识。

杨宗彝出入幕时间不详。彭国兴编《杨度生平年表》称其"具文武才，居曾文正幕有盛名"。[1]

此外，咸丰十年闰三月曾国藩汇保攻克景德镇出力人员中除已知者外，还有一些不知所在机构者，兹将姓名及评语抄录于下：

刘生璘，襄办营务，临战奋勇。沈鹤鸣，勤慎当差。王嵩龄，赞画军事，每具特识。彭维藩，料理营务，井井有条。王凤喈，帮办营务，备尝艰苦。萧锦臣、周均、童定勋，帮理营务，悉臻妥协。王冕、彭先俊，帮办营务，勤奋诚慎。吴文泰、戴秉钧、喻佐卿，襄办营事。金世醇，随营日久，不避艰险。他们可能为曾国藩幕僚，唯具体情况不详。

另外，李鼎芳《曾国藩及其幕府人物》一书所列幕僚名单共八十九人，其中有的确属曾国藩幕僚，事迹已见前述；有的不属曾国藩幕僚，也已得到证实；还有一些人既不能证明其是，亦不能证明其非，姑存疑保留。他们是：吴嘉宾、何栻、李鹤章、高心夔、李云麟、陈学受、夏燮、孙文川、屈蟠。

同治三年十一月十八日曾国藩续办奏保攻陷天京出力人员一案，所

开名单中很大部分是办理文案、善后、粮台、厘金的人员，其中有的已知为曾国藩幕僚，事迹见于前述；有的很可能是曾国藩幕僚，但尚未证实，兹抄录如下，仅供参考。

　　许如骏、何燮、李载珪、袁宗瀚、石文焕、潘兆基、李鸿恩、许觉先、徐葆昌、张安国、石声、胡鼎祺、左美岐、夏世泰、陈琅、熊焕南、徐则裕、李元清、鲁秉礼、曹振湘、曾瓒、陈元枢、唐祖仁、刘宣振、倪人涵、孙国琛、谭溥、赵溶、熊人镜、赵荣恩、孙振翼、田长渥、毛柏年、熊玉林、李文彬、李大猷、金桂荣、宗得仁、于宝之、徐锡畴、王直沼、张守恩、叶懋本、许大鼒、诸楷曾、俞熙、张裕、张锡元、于昌燧、姚念扬、邓家绚、邢凤楼、宁彤蒸、王念祖、裘湘衍、晏锡琦、黄文涵、马元骧、杜代侃、俞庆泰、胡子成、袁昌鹏、彭以竺、许敏身、厉鸿飞、张仲澍、郑兴仪、陈倬、熊其光、方浚益、徐晋裕、黄际昌、徐本璇、刘开墀、刘兆龙、贺济霖、蔡中荣、朱增华、黄泽及、黄绍锡、徐国桢、杨岘、李临驯、程焜、杨文粹、程鼎芬、方觐宸、程光国、彭定澜、曹生、翁光德、何忠材、赵玉、李镜蓉、路时耀、柯节和、王青云、阎其鹄、汤裕德、李素、魏耆、胡成绩、曾文煜、罗煜烜、罗奏凯、曹谦清、隋青云、熊庆澜、李兴巨、程德、高彦骧、谭庆余、黄炳荣、杨殿材、李懋功、沈德瑞、龚连芳、孙明鉴、胡绍伊、哈柱臣、王德寿、刘世采、饶贵升、饶楚昌、胡之佐、萧鸿源、张鹏翰、蒋山、杨禹门、勒景垣、王贻质、顾承祖、潘珹、孙孚侃、陈珂、胡锡恩、汪先泽、王鸿飞、杨永芳、朱光耀、钱启、杨光祖、王宜飀、李灿枝、厉绣纶、石骈、汤衡、彭瑞、江景桂、茹晋、孙继铖、梁廷翰、姚光国、陈伯壎、甘松岩、吴焕章、曹翰田、胡承荣、朱大春、周玉鸿、张玿、章铭、勒赓飓、万兆夔、段克明、黄履亨、高兆麟、杨廉、万兆熙、刘焕麟、陈熙缉、彭宗洛、龙廷献、伍廷襄、王寿祺、刘廷庸、刘鸿文、裘芾、方燮、宗金枝、沈贤绍、熊道逊、蔡功蕃、彭康年、周炳、顾尔恒、乔廷樾、蔡炳荣、孙家铎、蔡体乾、刘泽振、金石声、陈福源、吴斌、潘斌、彭希祖、王律和、李兆祥、洪日炘、承霈、俞宪曾、马长康、陈延瑞、赵光裕、董似谷、许本庸、盛元、项珂、程澳、孙承熙、宛立俦、章奎煐、翁傅桂、孙溥、张裔藻、陈锡光、张旭蕃、蒋方、张铭、朱葆元、萧承笏、邱廷玠、张贵诚、周显文、傅益瀚、邱同绶、徐学垚、施鸿基、朱宗溁、冯炳荣、许恩培、程芳、汪元澜、朱宽成、胡承弼、郑榜诏、萧明才、郑守成、姜兆熊、黄炎、朱汤书、许朝元、张子伟、严德发、曾信忠、丛占鳌、俞敦培、秦棫、马赞清、史致颖、张富阶、茅乃晋、陶庆瀛、徐奏凯、吴晋、丁策勋、刘世攽、万永祺、鲍恩铨、陶炘、方觐宣、潘辅、王延福、朱云璈、施汝谟、谭兆崧。

· 第四章 ·

幕僚与人才

　　曾国藩的幕府有两个职能，一为治事，一为育人。治事即如前述，凡一切与军政有关的事务，诸如参谋机要、起草文件、审理案件、筹办粮饷、兴办军工科技等，统统在幕府办理，由幕僚完成。育人则有计划、有目的地储备和培养人才。讲储备则曾国藩用人如流水，其幕府恰是储备人才之库；论育人则曾国藩犹如严师教弟子，其幕府即为读书、习练之所。曾国藩的人才政策是博取慎用。取之欲博则凡具一技之长、一处出色者即广为延揽，多多益善，唯恐有所遗漏；用之欲慎则使用之时慎之又慎，唯恐用非其人，人非所宜。面对众多的人才，而要做到用之不误，就要有安插之所，考察之方，不仅要察言观色，还要试之以事，验之以效。于是曾国藩的幕府就成为实现这一目的的理想之地：对各种人才先是广为搜求，延之幕府，继则精心培养，细心观察，待对其了解较深、确有把握时，再根据实际需要，量才取用，委以地方之责。曾国藩的这套办法行之多年，卓有成效，本人自以为百无一失，世人多推其有知人之明，倘无如此庞大之幕府，是很难做到这一点的。总之，曾国藩在人才问题上有一套完整的理论与方法，做了大量的工作，取得了巨大的成就。他的幕府人才济济，空前绝后，与他对这个问题的清醒认识和不遗余力地努力是分不开的。

第一节 | 人才思想与用人方针

曾国藩认为，社会风气的形成，国家的兴衰，事业的成败，都是由少数人决定的。他说："风俗之厚薄奚自乎？自乎一二人之心之所向而已。""此一二人者之心向义，则众人与之赴义；此一二人者之心向利，则众人与之赴利。"① 纵观当今之世，"粤捻内扰，英俄外伺，非得忍辱负重之器数十人，恐难挽回时局也。"② 而这些人才从何处得来呢？他认为，"世人聪明才力，不甚相悬，此暗则彼明，此长则彼短，在用人者审量其宜而已。山不能为大匠别生奇木，天亦不能为贤主更出异人"，③ 而"大约上等贤哲当以天缘遇之，中等人才可以人力求之"，④ 所以，人才之有无全靠当权者之发现、培养及使用得当。鉴于这种认识，曾国藩对人才的识拔培养极为重视。早在咸丰登极之初，即专就用人一事上疏陈言，提出培养和使用人才的三个环节："有转移之道，有培养之方，有考察之法。"⑤ 所谓转移之道，即风气的树立，借以引导人才，使之照当权者的需要发展。所谓培养之方即教诲、甄别、保举、超擢数端。所谓考察之法即询事、考言二事。曾国藩提出借奏折考核人才，将平时的考核与三年一次的京察结合起来。

曾国藩从军以来，尤其在担任两江总督之后，百事丛集，愈感人才之匮乏，而对人才的聚集、培养、选拔、使用问题亦愈加急切。曾国藩经常与人讨论人才问题，虚心体察自己在用人问题上的不足之处。当他发现自己不如胡林翼对士人更有吸引力，不少人愿投胡林翼处而不愿跟

---

① 曾国藩：《曾文正公全集·文集》（以下简称《曾文正公文集》）第2卷，第2页。

②《曾文正公书札》第7卷，第36页。

③ 赵烈文：《能静居日记》，同治六年八月二十八日。

④《曾文正公书札》第18卷，第43页。

⑤《曾文正公奏稿》第1卷，第7页。

他做事时，立即改弦更张，幡然悔过，与之展开一场广揽人才的竞争。他在给胡林翼的信中论及人才问题时说："汪梅村洵积学之士，廉卿亦精励可畏。台端如高山大泽，鱼龙宝藏荟萃其中，不觉令人生妒也。"①每到一地，曾国藩即广为寻访，延揽当地人才，如在江西、皖南、直隶等地都曾这样做。他的幕僚中如王必达、程鸿诏、陈艾等人都是通过这种方法求得的。剿捻期间，曾国藩在其所出"告示"中还特别列有"询访英贤"一条，以布告远近："淮徐一路自古多英杰之士，山左中州亦为伟人所萃。""本部堂久历行间，求贤若渴，如有救时之策，出众之技，均准来营自行呈明，察酌录用。""如有荐举贤才者，除赏银外，酌予保奖。借一方之人才，平一方之寇乱，生民或有苏息之日乎？"②在直隶总督任内，为广加延访，以改当地士风，曾国藩除专拟《劝学篇示直隶士子》一文广为散布外，还将人才"略分三科，令州县举报送省，其佳者以时接见，殷勤奖诱。"③曾国藩与人谈话、通信，总是殷勤询问其地、其军、其部是否有人才，一旦发现，即千方百计调到自己身边。他幕府中的不少幕僚都是通过朋友或幕僚推荐的。他还由此总结出一套求才的原则和切实可行的办法："求才之道须如白圭之治生，鹰隼之击物，不得不休；如蛛之有母，雉之有媒，以类相求，以气相引，庶几得一而可及其余。"④为了增强对人才的吸引力，以免因自己一时言行不慎或处事不当而失去有用之才，曾国藩力克用人唯亲之弊，"其阘冗者虽至亲密友不宜久留，恐贤者不愿共事一方也"。⑤同时，自强自砺，"刻刻自惕"，"不敢恶规谏之言，不敢怀偷安之念，不敢妒忌贤能，不敢排斥异己，庶几借此微诚，少补于拙。"⑥从其一生的实践看，他基本上做到了这一点。曾国藩周围聚集了一大批各类人才，幕府之盛，自古罕见，求才之诚，罕有其匹，事实证明其招揽与聚集人才的办法是正确的和有效的。

---

① 《曾文正公书札》第8卷，第24页。
② 《曾文正公全集·杂著》（以下简称《曾文正公杂著》，第3卷，第38页。
③ 《曾文正公书札》第32卷，第25页。
④ 《曾文正公书札》第12卷，第23页。
⑤ 《曾文正公家书》咸丰八年四月初九日。
⑥ 《曾文正公书札》第11卷，第40页。

曾国藩对人才的使用极为谨慎。他认为行政之要首在立法与用人二端。而他生当封建社会末期，主要使命是"扶危救难"，维护旧制度，基本上无"立法"之责，而其事业之成败利钝，也就主要在于用人得当与否。故称"吾辈所慎之又慎者，只在用人二字上，此外竟无着力之处"。[①]为用人得宜，不致因用人不当而偾事，曾国藩对人总是反复测试、考察。据说，每有赴军营投效者，曾国藩先发给少量薪资以安其心，然后亲自接见，一一观察：有胆气血性者令其领兵打仗，胆小谨慎者令其筹办粮饷，文学优长者办理文案，讲习性理者采访忠义，学问渊博者校勘书籍。在幕中经过较长时间的观察使用，感到了解较深，确有把握时，再根据具体情况，保以官职，委以重任。

在取才标准上，曾国藩因受理学的影响，虽口称德才"不可偏重"，但在实际上则往往偏重于德。他认为德为本，才为用，二者关系不可倒置。"譬之于水，德在润下，才即其载物溉田之用；譬之于木，德在曲直，才即其舟楫栋梁之用。"又说："德若水之源，才即其波澜；德若木之根，才即其枝叶。"[②]从这一观念出发，他根据各自德、才的长短，将人区别为近于愚人者与近于小人者，官气较多者与乡气较多者，高明者与卑琐者，并从而决定自己的取舍与对策。他说："德而无才以辅之则近于愚人，才而无德以主之则近于小人。""二者既不可兼，与其无德而近于小人，毋宁无才而近愚人。自修之方，观人之术，皆以此为衡可矣。"[③]又说："大抵人才约有两种，一种官气较多，一种乡气较多。官气多者好讲资格，好问样子，办事无惊世骇俗之象，语言无此防彼碍之弊。其失也，奄奄无生气。凡遇一事，但凭书办、家人之口说出，凭文书写出，不能身到、心到、口到、眼到，尤不能苦下身段去事上体察一番。乡气多者好逞才能，好出新样，行事则知己不知人，语言则顾前不顾后。其失也，一事未成，物议先腾。"他认为，"两者之失厥咎维均，人非大贤，亦断难出此两失之外。吾欲以劳苦忍辱四字教人，故且戒官

---

①《曾文正公书札》第9卷，第22页。
②《曾文正公杂著》第4卷，第31页。
③《曾文正公杂著》第4卷，第31页。

气而姑用乡气之人，必取遇事体察，身到、心到、口到、眼到者。赵广
汉好用新进少年，刘晏好用士人理财，窃愿师之。"① 还说："高明者好
顾体面，耻居人后，奖之以忠则勉而为忠，许之以廉则勉而为廉。……
卑琐者本无远志，但计锱铢，驭之以严则生惮，防之稍宽则日肆。"他认
为，对这两种人应分别采取两种不同的策略。对前者以奖励为主，"薪水
稍优，夸许稍过，冀有一二人才出乎其间"；对于后者则以惩戒为主，严
加管束，"俾得循循于规矩之中。"② 总之，曾国藩喜用新人，喜用士
人，喜用乡气之人，喜用有德或好德上进之人，究其原因只有一条，那
就是在他心目中，德比才远为重要。

　　他的这种思想，在有的场合表达得更为明确："取人之式，以有操守
而无官气，多条理而少大言为要。"③ 这里所言四条，除"多条理"一条
属"才"的方面之外，其余都是对"德"的要求。只是对于所列三条，
曾国藩亦并未平均看待，而是分别轻重不同对待。他认为，"多大言"尚
属个人修养问题，经教育、引导，有的人可以改变，而官气太重则无可
救药。他在给李元度的信中说："今大难之起，无一兵足供一割之用，实
以官气太重，心窍太多，漓朴散醇，真意荡然。"故"湘军之兴，凡官气
重、心窍多者所在必斥。"④ 他在给曾国荃的信中又说："文士之自命过
高，立论过亢，几成通病。""然天分高者，亦可引之一变而至道。如罗
山、璞山、希庵皆极高亢后乃渐归平实。即余昔年亦失之高亢，近日稍
就平实。"还说："大抵天下无完全无间之人才，亦无完全无隙之交情。
大者得正，而小者包荒，斯可耳。"⑤ 这说明曾国藩用人并不求全责备，
因为那样做并不能得到真正的人才。正像他自己总结的那样，"衡人者但

----

　　①《曾文正公书札》第12卷，第23页。赵广汉，字子都，西汉涿郡蠡吾人。为人强
力，天性精于吏职，执法不避权贵。曾任颍州太守、京兆尹，诛杀不法豪强原氏、褚氏。
卒被杀。刘晏，唐代理财专家。曾任户部侍郎、度支使、盐铁转庸租使、吏部尚书、同
平章事。选才定法，理财达二十年。最后被杨炎陷害而死。
　　②《曾文正公书札》第13卷，第2—3页。
　　③《曾文正公批牍》，第2卷，第14页。
　　④《曾文正公书札》第12卷，第4页。
　　⑤《曾文正公家书》咸丰十年八月十二日。

求一长可取，不可因微瑕而弃有用之才，苟于峣峣者过于苛求，则庸庸者反得幸全。"①

曾国藩爱才如癖，用人亦极有经验，但仍感用人之不易。同治三年春他在一封家书中颇有感慨地说："惟用人极难，听言亦殊不易，全赖见多识广，熟思审处，方寸中有一定权衡。"②这里所说的"一定权衡"，就是将上述用人标准牢记在心，坚定不移，大概这是曾国藩一生最重要的经验。不过，由于他用人偏重于德，总不免有遗漏人才之事。故左宗棠用人反其道而行之，专用曾国藩遗弃的人才而成就大功，遂致函讥讽其"喜综核而尚庸才"。③对于这种批评，曾国藩虽然当时不肯认账，但到了老年也渐渐感到自己用人的弊病。同治十年他在一篇读书笔记中称："虽有良药，苟不适于病，不逮下品；虽有贤才，苟不适于用，不逮庸流。""当战争之世，苟无益胜负之数，虽盛德亦无所用之。余生平好用忠实者流，今老矣，始知药之多不当于病也。"④不过这毕竟是次要的。总的来看，曾国藩的人才思想与用人政策是得当的。否则，他不会取得事业上的成功，一生与他争长论短的左宗棠，也不会在他去世之后书赠"谋国之忠，知人之明，自愧不如元辅"⑤的挽联，以为盖棺之论。

第二节 ┃ 人才的培养

曾国藩非常重视人才的培养。他认为"山不能为大匠别生奇木，天亦不能为贤主更出异人"，人才的取得全靠自己收集与培养。故他将求才之道总结为"广收、慎用、勤教、严绳"⑥四条或"访察、教化"、"督

---

① 《曾文正公书札》第23卷，第22页。
② 《曾文正公家书》同治三年正月十七日。
③ 《曾文正公书札》第22卷，第1页。
④ 《曾文正公杂著》第4卷，第34页。
⑤ 《曾国藩年谱》附二，第63页，岳麓书社版。
⑥ 《曾文正公手书日记》同治元年四月十三日。

责"①三条，内容大同小异，都把人才的培养放在重要地位。曾国藩虽靠科举考试登上仕途，但他深悉这种制度的弊病，认为它误人子弟，不能培养出真正有用的人才。他在给曾国华的一封家信中说："六弟今年入泮固佳，万一不入则当尽弃前功，一志从事于先辈大家之文。年过二十，不为少矣，若再抚墙摩壁，役役于考卷截搭小题之中，将来时过而业仍不精，必有悔恨于失计者，不可不早图也。余当时实见不到此，幸而早得科名，未受其害。向使至今未尝入泮，则数十年从事于吊渡映带之间，仍然一无所得，岂不腼颜也哉！此中误人终身多矣。"②就是说，在这种制度下青年士子终日为应考做准备，虚耗时间、精力而学不到真正有用的知识，年复一年，代复一代，误人青春，误人子弟，却培养不出真正有用的人才。也正由于这个原因，当曾国藩用人之际，深感无现成人才可用，不得不亲自动手，进行培养训练。于是，曾国藩就赋予他的幕府两种职能，一是治事，一是育人，使幕府不仅是治事之所，也是培养人才的学校。曾国藩本人既是军政官长，也是业师，幕僚则既是工作人员，又是生童。曾国藩在给朋友的信中描述他的幕府说："此间尚无军中积习，略似塾师约束，期共纳于轨范耳。"③他在给丁日昌的信中则谈得更为具体："局中各员譬犹弟子，阁下及藩司譬犹塾师，勖之以学，教之以身，诚之以言，试之以文，考之以事，诱掖如父兄，董督如严师，数者缺一不可，乃不虚设此局。"④这既是对江南制造局的要求，也是对整个幕府的要求。可以说是他设立幕府的一项宗旨。为了使更多的人了解此意，自觉去做，还把它写成对联，贴在总督衙门的府县官厅上："虽贤哲难免过差，愿诸君谠论忠言，常攻吾短；凡堂属略同师弟，使僚友行修名立，方尽我心。"⑤

　　曾国藩这样要求自己，也这样要求每个幕僚。曾国藩根据自己的实

<hr>

　　①《曾文正公手书日记》咸丰十年六月二十九日。

　　②《曾文正公家书》道光二十四年五月十二日。

　　③《曾文正公书札》第9卷，第26页。

　　④《曾文正公书札》第33卷，第6页。

　　⑤《曾国藩全集·诗文》，岳麓出版社，第105页。《曾文正公手书日记》同治三年十月初十日所载下联为："凡堂属略同师弟，使僚友行修名立，乃尽我心"，文字稍有不同。

践经验，将当时切于实用的知识学问概括为四项内容，令每个幕僚自选一项进行习练，并将此列入条令，人人都必须遵守。他在《劝诫委员四条》之三《勤学问以广才》中说："今世万事纷纭，要之不外四端，曰军事，曰吏事，曰饷事，曰文事而已。凡来此者，于此四端之中各宜精习一事。习军事则讲究战攻、防守、地势、贼情等件，习吏事则讲究抚字、催科、听讼、劝农等件，习饷事则讲究丁漕、厘捐、天源、节流等件，习文事则讲究奏疏、条教、公牍、书函等件。讲究之法则不外学问二字。学于古则多看书籍，学于今则多觅榜样，问于当局则知其甘苦，问于旁观则知其效验，勤习不已，才自广而不觉矣。"他在《劝诫绅士四条》之四《扩才识以待用》中又说："天下无现成之人才，亦无生知之卓识，大抵皆由勉强磨炼而出耳。《淮南子》曰'功可强成，名可强立'；董子曰'强勉学问则闻见博，强勉行道则德日起'；《中庸》所谓'人一己百，人十己千'，即勉强工夫也。今士人皆思见用于世而乏用世之具，诚能考信于载籍，问途于已经，苦思以求其通，躬行以试其效，勉之又勉，则识可渐进，才亦见充，才识足以济世，何患世莫己知哉！"最后，曾国藩总结说："圣贤之格言甚多，难以备述；朝廷之律例甚密，亦难周知。只此浅近之语，科条在此，黜陟亦在此，愿我同人共勉焉。"①若将以上几条结合起来便可看出，曾国藩的这几条规定，既有各位幕僚应当习练的具体内容和方法，也有对其必要性的说明，既是劝诫，也是命令，既有引导，也有鞭策，真是字斟句酌，费尽苦心。

曾国藩培养人才的办法约有三条：课读、历练、言传身教。曾国藩要求所有部属、僚友按其专业方向读书学习，而对自己身边的幕僚则抓得尤紧，要求尤严，既有布置，也有检查。在环境较为安定，条件允许的情况下，如曾国藩大营进驻安庆之后，曾国藩就对身边幕僚进行定期考试，每月两次，亲出题目，亲阅试卷，以定殿最。在曾国藩与赵烈文的《日记》中，都有关于曾国藩考试幕僚的记载。同治元年五月初八日《曾文正公手书日记》载："夜，接课卷二十余篇。盖初六日余出策题一

---

① 《曾文正公杂著》第3卷，第10—11页，第12—13页。

首，拟告示一道，令忠义局及各员应课，至是始交卷也。粗阅一过。"赵烈文同治元年五月二十二日、二十三日的《能静居日记》则详细载有按题应试的情况。二十二日载："撲帅合试幕僚，每月二期，今当第二试，应教撰《对策》一首。"二十三日载："应教撰议一首……《多将军会攻金陵或援陕西议》。"其后都详细抄录其文稿。可见师生双方做得都很认真。曾国藩通过这种办法，既可督促幕僚读书学习，也可了解他们各自的情况与水平。与此同时，曾国藩还利用茶余饭后的闲暇，结合自己的阅历与读书心得谈古论今，内容切合实际，形式生动活泼，使幕僚潜移默化，增长学问，扩大眼界。薛福成与李鸿章都曾谈论过关于曾国藩召幕僚"会食"及饭后讲论的情形。薛福成称："傅相（指李鸿章）入居幕中，文正（指曾国藩）每日黎明必召幕僚会食，而江南北风气与湖南不同，日食稍晏，傅相欲遂不往。一日以头疼辞，顷之差弁络绎而来，顷之巡捕又来，曰：'必待幕僚到齐乃食'。傅相披衣踉跄而往。文正终食无言，食毕舍箸正色曰：'少荃既入我幕，我有言相告：此处所尚唯一诚字而已。遂无他言而散。"[1]李鸿章则事后对人说："在营中时，我老师（指曾国藩）总要等我辈大家同时吃饭，饭罢后即围坐谈论，证经论史，娓娓不倦，都是于学问经济有益实用的话，吃一顿饭胜过上一回课。他老人家最爱讲笑话，讲得大家肚子都笑疼了，个个东歪西倒。他自家偏一些不笑，以五个指头作把，只管捋须，穆然端坐。"[2]

对于不在身边的幕僚，曾国藩则主要采取个别谈话和通信、批示的形式，结合实际工作进行教育。曾国藩在回顾自己对部将的教育时则说："臣昔于诸将来谒，无不立时接见，谆谆训诲，上劝忠勤以报国，下戒骚扰以保民，别后则寄书告诫，颇有师弟督课之象。其于银米子药搬运远近，亦必计算时日，妥为代谋，从不诳以虚语。各将士谅其苦衷，颇有家人父子之情。"[3]这里说的是带兵将领，而其于幕僚亦与之相似。在曾国藩的《书札》与《批札》中至今保留不少文字，对其如何做事、

---

① 薛福成：《庸庵笔记》第1卷，第9页，扫叶山房版。
② 吴永：《庚子西狩丛谈》，第130—131页。
③《曾文正公奏稿》第25卷，第14页。

如何做人总是谆谆嘱咐，既有鼓励、鞭策，也有告诫。咸丰九年在湘后营营务处任事的何应祺曾就选任湘军统带一事禀陈管见，曾国藩虽未采用他的意见，但仍细加批语以示鼓励："据陈各条颇为切中机要……目下本部万人，自宜亟定统带，该令既有所见，仰就现在诸营官中开折密保，当面逞递。……该令返躬察己，长短自知，果不爱钱，又能推贤让能，忍气任怨，待人以诚，爱才如命，则良将良吏一身可兼，何业之不成哉！但期勉践斯言，持之以静，贞之以恒，实所厚望。"①在给李榕的信中又说："何镜海若能克勤小物四字上用功，应日有长进。望阁下虚己以待之，方不隔膜。"②又如，有卡员禀报同事数人工作之余在一起读书论古情形，曾国藩回批大加鼓励："该员在卡照常办事，又得陈守、李生等读书论古，问学日新，至以为慰。兰生幽径，不以无人而不芳，本无待于外；而德无久孤之理，玉无终闷之辉，亦会有赏音也。"③凡此种种，足见其望"僚友行修名立"的殷切心情。至于对一些亲近幕僚的谆谆训诫之语，则《书札》《批牍》随处可见，真可谓连篇累牍，不胜枚举。如李榕在太湖城外带兵期间，李瀚章在主持江西赣州厘局期间，范泰亨、蒋嘉棫整顿厘务期间，程桓生主持江西盐务督销局期间，曾国藩都连连写信，有禀必批，有函必答，于如何做事，如何做人，不厌其烦，循循诱导。至于通过个别交谈启发、培养人才，在曾国藩《手书日记》中亦不乏其例。如咸丰十一年十一月初八载："张廉卿来，与之论古文之法，全在气字上用工夫。"又如同治元年五月二十七日载："日内因人才缺乏，印、委各务往往悬缺待人，思所以造就之法，拟于每日接见州县、佐杂三人，与之坐谈而教诲之。"其后则连日记载接见桂中行等人的情形。

在培养方向上，曾国藩亦注意因材施教，根据各人的特点进行培养。有的人，如张裕钊、吴汝纶文学基础很好，曾国藩就令其在幕中读

---

①《曾文正公全集·批牍》（以下简称《曾文正公批牍》）第2卷，第11—12页。

②《曾文正公书札》第9卷，第16页。时原统领曾国荃暂时请假离营，李榕与朱品隆共同主持营务，代带该军。

③《曾文正公批牍》第3卷，第70—71页。

书，专攻古文，以求发展。对其所谓"文学四弟子"中的薛福成、黎庶昌二人，曾国藩也都在文学方面进行过培养，不过与对张裕钊的要求有些不同而已。

总之，曾国藩在聚集与培养人才方面呕心沥血，不遗余力，正像他自己讲的那样，求才之道约有三端："曰访察、曰教化、曰督责。探访如鸷鸟、猛兽之求食，如商贾之求财；访之既得，又须辨其贤否，察其真伪。教者，诲人以善而导之以其所不能也；化者，率之以躬而使其相从于不自知也。督责者，商鞅立木之法，孙子斩美人之意，所谓千金在前，猛虎在后也。"① 曾国藩这样说的，也是这样做的。也正因为这一点，曾国藩幕府对士人具有很大的吸引力。正像有人评论的那样："公（指曾国藩）任兼圻，虽于幕府外设书局、忠义采访局以安置士人之贤者，而给俸仅足赡其家，但能随人之才以成就之，故归之者如流水。"② 不少幕僚受其感动，拜他为师。例如，赵烈文咸丰五年底初入曾国藩幕，咸丰十一年夏再次入幕，直至同治四年春始行拜师大礼，改变称呼。此足见其郑重其事，并非草率之举，阿谀之行。曾国藩幕僚中有如此众多的人才，是毫不奇怪的，对他们大多数来说，恐怕是同曾国藩的教育、培养分不开的。

第三节 ｜ 人才与吏治

曾国藩对吏治极为重视。咸丰初年当以太平天国为代表的农民起义在全国蔓延的时候，不少理学家把这一局面的造成归罪于汉学。曾国藩的好友孙鼎臣与左宗棠均持这一观点。曾国藩则不同意这种说法。他认为发生大规模民众起义的主要原因是由于吏治败坏，尤其基层政权的腐

---

① 《曾文正公手书日记》咸丰十年六月二十九日。
② 姚永朴：《素园丛稿·见闻偶笔》，《曾文正公逸事》第4页。

败造成的。咸丰元年他在给好友胡大任的信中说："今春以来粤盗益复猖獗，西尽泗、镇，东极平、梧，二千里中几无一尺净土。推寻本原何尝不以有司虐用其民，鱼肉日久，激而不复反顾。盖大吏之泄泄于上，而一切废置不问者非一朝夕之故也。"①在曾国藩看来这些官员的腐败主要表现在两个方面：平时鱼肉乡民，使老百姓无法生活下去，不得不起而反抗；而一旦官逼民反，他们又束手无策，任其蔓延，以致不可收拾。所以，曾国藩针对这一情况，在镇压农民起义时双管齐下，一面率军征剿，一面派官安抚，视治军与整顿吏治并重，以求挽回不利局势。他在给朋友的信中说："军兴太久，地方糜烂，鄙意一面治军剿贼，一面择吏安民，二者不可偏重。"②又说："细察今日局势，若不从吏治人心上痛下工夫，涤肠荡胃，断无挽回之理。"③根据这一思想和在湖南、湖北的经验，曾国藩在战争期间每控制一个地区就治理一个地区，整顿吏治，恢复地方政权，力求把它建设成筹饷基地。他在江西和安徽都是这样做的。咸丰十年他在进兵皖南之时曾写信对左宗棠说："皖南四府一州实大有为之地，只要军事、吏事两者切实讲求，每年可得银百三四十万，若东坝克复则尚不止于此。"④然而，这一地区吏治腐败，亟待整顿，很多人需要重新更换，以"有操守而无官气，多条理而少大言"的循良之吏取代原来的庸劣官员。同时还要有一二名极为出色之员以为榜样，带动群官，转变风气，使老百姓有耳目一新之感，对前途充满信心，否则只能流于空谈，难期实效。所以，他把能否真正做到这一点视为整个大局成败的关键。他说："惟须极廉极勤之州县一二人来此树立风声，与民更始，庶几渐有转机，不知阁下能物色循良携以俱来否？"又说："敝处并无才辩之士，专望台端早至，安危得失均系于此。"⑤这就是说战争的成败，在很大程度上取决于饷源是否充足可靠，而饷源有无保障则全在已

①《曾文正公书札》第1卷，第30页。
②《曾文正公书札》第12卷，第11页。
③《曾文正公书札》第12卷，第14页。
④《曾文正公书札》第12卷，第14页。
⑤《曾文正公书札》第12卷，第14页。

控制地区的吏治是否能够随时整顿，而整顿吏治的成败则全在人才的有无。曾国藩在一封奏折中又进一步阐述了这一思想，并把整顿吏治的重点放在恢复州、县基层政权上。他说："吏治之要，首在得人，吏治之兴废，全系乎州县之贤否。……小民久困水火之中，偶得良有司拊循而煦妪之，无不感深挟纩，事半功倍。如署芜湖县知县刘世墀经臣于上年六月奏明委署斯缺。臣此次巡视各军，舟过芜湖，即闻境内之民颂声四起，比以母忧去任，卧辙攀留者相属于道。可见民心之易感而吏治之尤宜极讲也。"又说："溯查湖北省自三次克复后，地方凋敝与今日之安庆相同，经前抚臣胡林翼罗致贤才，多方培养，不数年间吏治渐振，抚字催科绰有条理。"①

然而，曾国藩在整顿安徽吏治时却遇到两个难题，一是人才缺乏，一是旧法滞碍。咸丰末年，尤其同治二年平定苗沛霖团练和迫使李昭寿辞官回籍之后，安徽全境均置于湘军的控制之下，广大地区的地方政权亟待恢复，需要大批人才充任州县官。曾国藩虽经多年的搜罗与培养，堪任地方官员的人才仍不敷其用。有的虽人才可用，但却不符清政府定例，奏荐之后往往遭到吏部的批驳。于是曾国藩就采取两方面的措施，一是拓宽人才来源，一是请求清政府准予破格用人。自咸丰末年以来，曾国藩就不断奏请清廷尽量多向安徽分发一些候补官员。他认为这些人新入仕途，较少沾染官场习气，易于培养成才。但是，安徽凋敝太甚，人人裹足，分发数量有限，来者为数更微，杯水车薪，无济于事。于是，他就截留一批分发江苏的候补官员于安庆军营，并将一些原属湖南、江西的候补人员调往安庆大营，以便经过一个时期的观察、培养，派充安徽州、县官吏。然而，待其真的这样做时，又因不合吏部则例而动遭议驳，致使曾国藩不得不起而力争。同治二年三月他在给清廷的奏折中称："安徽用兵十载，蹂躏不堪，人人视为畏途，通省实缺人员仅有知府二人，州县二人，即候补者亦属寥寥，每出一缺，遴委乏员。……然使拘泥旧章，绳以格例，不稍示变通之法，则目前几无可委之员；不

①《曾文正公奏稿》第18卷，第42页。

广开登进之途，则将来难收得人之效。臣上年所奏委署之二十人，旋准部咨，分别准驳，合例者只有五人，其余如刘世犀等均在不合之列。臣于奏署后随时察看，其有人地未宜者业经陆续撤委，其尚属得力者虽与例未符亦仍从权留任。"又说："咸丰九年胡林翼奏补府、州、县各缺大半与例不符，奉旨交部核议，均经通融议准在案。臣拟此后即比照湖北章程办理，闻有才品较优誉望渐著者，随时札调来营试用，如其有裨吏治，专案奏请录用。苟非实有过人之才，不敢率为破格之请，纵或稍出定例之外，亦不悖乎立法之原。"[1]还说："现当地方糜烂之时，分发皖省人员率皆裹足不前，非破格录用，不足以资鼓励。"[2]在此之前曾国藩曾接到过清政府关于破格奏荐人才的上谕："安徽巡抚现在简用乏人，着曾国藩于所属司道大员内择其长于吏治、熟悉军情者，不必拘定资格，秉公保奏一二员，候旨简放。"[3]可见，曾国藩的要求虽不合吏部旧例，但却符合清政府的根本利益与破格用人的精神实质。所以，清政府很快批准了这一奏请，不仅此次所荐各员"着照所请"，且"嗣后均着准其照此办理"，"并着交部于本科进士引见后，将即用知县人员于定例分发外，多掣十六员分发该省，以资差委。"不过，这是为了照顾"安徽省现在地方吏治需人尤为紧要"的特殊情况，"他省不得援以为例"。[4]这样，曾国藩就既使安徽地方政权很快得到恢复，也使一大批幕僚得到实缺，人尽其用，施展自己的才能，从而达到一箭双雕的目的。

第四节 ┃ 幕僚的保奏

曾国藩一生荐举人才甚多，其中很大一部分属于他的幕僚。现已查

---

[1]《曾文正公奏稿》第18卷，第42—43页。
[2]《曾文正公奏稿》第18卷，第41页。
[3]《曾文正公奏稿》第15卷，第1页。
[4]《曾国藩全集·奏稿》六，岳麓书社，第3219页。

明的曾国藩幕僚有四百余人，其中绝大多数人受过他的保举。可以说，凡为其幕僚者几乎人人都有顶戴，即使不是实缺官员，也有候补、候选、记名之类名堂，无此资格者反倒为数极少，成为凤毛麟角。而获得实任者，更是直接间接地借助于曾国藩的荐举之力，幕僚中二十六名督抚、堂官，五十名三品以上大员，以及难以数计的道、府、州、县官员，多受过曾国藩的保举，有的甚至一保再保，不止一次。他们所以得任现有最高官职，有的系他人奏保，有的是曾国藩死后循资升迁，有的则完全出自曾国藩的推荐。殆至同治十一年二月曾国藩去世时，其幕僚官至三品者已达22人，其中总督四人，巡抚七人，至于道府州县则难以统计。曾国藩所保幕僚，人员之众，次数之多，升迁之快，官职之高，在中国幕府史上都是罕见的。

曾国藩保举幕僚的目的不外有二，一是客观实际的需要，一是作为奖励部下，激励奋进的手段。实际需要又分两种情况，一为尽快恢复被太平天国破坏的地方政权，一为整顿吏治的需要。有的地区，如安徽的安庆、庐州等地，由于太平军长期占领，清朝地方政权遭到彻底破坏，湘军夺回之后，急需恢复，以作为进攻天京的基地。而由于长期战乱，破坏过甚，安徽的原有候补官员既少，新分发来皖的人员且又人人裹足，故一时成为需要州县官员最多的地区。曾国藩在给李续宜的信中说："盖安徽糜烂之区，人人裹足远避。前此七、八年间福中丞告病告假奏疏近十次，其避抚篆如避虎狼。近翁中丞思卸抚篆，前后亦具疏数次。恩廉访不肯接篆，曾经严旨申饬。"① 巡抚、藩、臬大员尚且如此远避，道、府、州、县更是逃之唯恐不速。正像曾国藩在另一信中说的那样，"惟近日皖省出缺太多，无员委署，如敝处前次派委者，皆不惬物望。尊处派留六安、霍邱亦非称意之选。"② 这样，曾国藩就不得不保奏一批人充任地方官员。如穆其琛署无为州知州、方翊元署和州知州、刘世墀署芜湖知县等都属于这种情况。然而，官员保举、任命皆有定例，

---

① 《曾文正公书札》第13卷，第27—28页。
② 《曾文正公书札》第18卷，第43页。

违例即遭吏部议驳。而曾国藩对一些官员的任命则多不合例，刘世墀即在其列。曾国藩为尽快解决悬缺问题，在接到吏部咨文后只将实在不行者酌改数员，其余则任用如故。

其整顿吏治则主要在那些未被太平军长期占领，或太平军势力未及但却吏治极为腐败的地区。对于这种地区，曾国藩总是下车伊始即对当地的腐败官员大加参劾，然后一一以自己的部下属僚更换。他在安徽和直隶都是这样做的。这样就需要有一批堪任地方之责的人才填补空缺，以治理地方，转变吏风。在安徽时由于一时人才缺乏，不得不向湖南、湖北求援。他在给时任湖南巡抚衙门幕僚的郭嵩焘的信中说："皖南州县中须换之人甚多，若能物色循吏，远以见饷，则造福于皖者多矣。"[1] 在给胡林翼的信中说："皖北州县皆请公以夹袋中人才换之，侍当附片奏之。"[2] 在直隶则从江南奏调大批幕僚北上，待机补缺，一次即达十一员之多，钱应溥、薛福成、吴汝纶、陈鼐、游智开、赵烈文、方宗诚等都是这次调去的。其后除随曾国藩返回江南的钱、薛、吴等人外，留于直隶者均先后补授实缺，既对直隶吏治有所补益，亦使这些追随多年的幕僚找到出路。

战争期间非重奖厚利不足得人死力，而奖励手段则又不外升官、发财二事。其时筹饷相当困难，前线弁勇除口粮稍优外不可能再另外给予重金奖励，而幕僚等后方人员则连薪资亦并不丰厚。办厘人员薪水来自厘金提成，粮台人员薪水来自湘平与库平银两的差色折算余数，弄得好也还收入不错。而文案人员则薪水出自军费，标准甚低，数有定额，仅能维持全家生活。他们所以对曾国藩幕府趋之若鹜，主要是为了学点真才实学，混个一官半职。正像有些人说的那样，曾国藩虽于秘书处之外设书局、忠义局等，"以安置士之贤者，而薪俸仅足赡其家，但能随人之才以成就之，故归之者如流水"。所谓"成就之"，即指曾国藩利用幕府训练与培养出大批人才，并委以重任，保举高官，以至"荐贤满天

---

①《曾文正公书札》第12卷，第11页。
②《曾文正公书札》第12卷，第28页。

下"。① 这样，保举也就成为了曾国藩吸引人才、鼓励士气的主要手段。

曾国藩从军之初，对这一点体会并不深刻，"不妄保举，不乱用钱，是以人心不附。"② 例如咸丰四年曾国藩带兵攻下武、汉，"仅保三百人"，受奖人数仅占百分之三。咸丰五、六两年保奏三案，合计仅数百人。而胡林翼攻占武、汉一次即保奏"三千多人"，受奖人数竟达到百分之二三十。消息传开，不少人认为欲求官职投曾不如投胡，往往曾国藩挽留不住的人员主动投奔胡林翼门下。开始，曾国藩还以为自己德不足以服众，后来渐渐发觉主要是保举太少，使人感到升发无望所至。回顾往事，亦甚感对不住李元度、甘晋等同自己患难与共的僚属，他们长期沉于下位，实与自己保举不力有关。正像赵烈文在《上曾涤生大帅书》中说的那样："阁下爱贤好士，天下之所共知也。远者可无论，第左右人士屈指可数者，士负阁下邪？抑阁下以为无益而弃之也？儒者信多迂缓，不切事理，然求通达之论，孤鲠之节，舍此不获也。使斯之人恒得清议出入，令天下晓然知阁下谦冲之虚纳，已将有裨政治，况集思广益，未尝无补也。叔季之人，匿实蹈虚，外托高雅，内急私利，士习之所恒有。阁下更事既多，识人既广，隐遁容饰，洞若观火，可谓明矣。然某愚以为知之不难，而忘之实难。泰山之高，以其不弃粪壤，沧海之大，以其不拒浊流。天下分崩，人志日嚣，凡其器能略过侪辈，咸思奋自树立，四顾以求因依，真伪虽不一端，未尝无也。苟非贤杰以天下为己任，流俗之情大抵求利耳。使诚无求，将销声匿迹于南山之南，北山之北，又肯来为吾用邪！是以明君给人之欲，不失其意，责人之力，不求其情，故人人自以为得君，顶踵思效，合众人之私以成一人之公，所以能收效也。夫与人共患难之际，而务慎密于登进，殆自孤之道也。谓宜多储广纳，收其偶然之用，其有误滥，则亦为损甚微，而以获好贤之称，利甚厚也。军旅之间，一技不没，有道以御之，孰不思尽其力。况贤否之分，不可仓卒，士有造次倾动，亦有闇然日章，观人之难，及久

① 姚永朴：《素园丛稿·见闻偶笔》第4页，《曾文正公逸事》。
② 《曾文正公家书》咸丰八年五月十六日。

而后可尽也。故曰'贤主求才终日，及其得人，不出闾巷'，信笃论也。自古英霸之略，汲汲不遑，唯有求贤自助而已。而士恒偃蹇不乐者，徒以既出则当分人之忧，非荣宠安乐已也。自后世志节凌夷，以干谒为进身之阶，一登仕途，有利无患。于是，游谈之士争扼腕而言利害，虽衡石程书犹不可计，是使周公在今亦将爽然而废吐握，何论余者。阁下奋其勇智，矫世违俗，恳诚拳拳，千里之外，将共兴起。尤望敦尚儒者骨干之士，以佐不及，宽以纳才，严以责效，是实安危之大端，治乱之所存也。"① 这些话说得入情入理，切中要害，不能不使曾国藩动心。于是，曾国藩"揣摩风会，一变前志"，② 从咸丰十一年起开始效法胡林翼，大保幕僚，不再拘于旧例。

曾国藩办理保案，主要有汇保、特保、密保三种，三种保案反映不同的情况、级别、待遇。湘军每攻占一城、夺回一地或打一胜仗，曾国藩就办一次汇保之案，于奖励作战有功人员的同时，也以劳绩奏保一部分办理粮台、文案、善后诸务的幕僚。如汇保攻克浮梁、景德镇出力人员之案，续保攻克金陵出力人员之案等，都在以军功奏保武弁的同时保奏一部分幕僚。因金陵汇保之案办理稍迟，故曾国藩在办理攻克金陵出力人员的同时特别声明，"随臣在安庆各营防守要地及办理文案、善后、粮台诸事，竭力经营，已越三年，其苏、皖印、委各官有裨金陵军事、饷事者，臣均当确切查明，续行分案择优请奖。"③ 而办厘筹饷人员则不必搭车挂带，仅根据筹饷款数就可以直接保奏。如江西厘局、广东厘局、湖南东征局都以筹饷之功办理过汇保之案。而其中东征局保案尤为优厚，汇保人数达四百九十多人，多属免补本班，越一级升补。曾国藩在奏折中说："臣前年忝督两江，正值金陵师溃，苏、常沦陷，苏、皖两省几无一片干净之区，只有江西一省略称完善，力不能供亿众军。乃湖南官绅于本省厘金之外，又为东征诸军特设一局，殚精竭虑，同济艰危。举办未及二年，解数已逾百万。""维持全局，保固军心，"功莫大于

① 《太平天国史料丛编简辑》第3册，第197—198页，中华书局出版。
② 《曾文正公家书》咸丰八年五月十六日。
③ 《曾文正公奏稿》第21卷，第23页。

此。"其中关系最巨者，如上年六、七月间，安庆援贼大集，饷项极绌。"江西、湖北"均不能解济皖饷，赖东征局办饷数万，飞解安庆，军心大定，克竟厥功。又如本年八、九月间下游各军疾疫死亡，卒伍空虚，凡鲍超、曾国荃、彭玉麟、周宽世等回湘添募之勇不下二万，其费资皆取之于东征局。既取携之甚便，乃挹注而不穷。又如近月以来皖北有和、含、巢县之失，皖南有祁门、石、太之失，湖南抚臣毛鸿宾一闻警信，立商江忠义募勇万人，星驰援皖。此举办成，费银当在十万内外，固由该抚臣不分畛域，力拯时艰，亦赖有东征厘局能筹巨款，乃成盛举，万一皖南决裂，尚有可以再振之望。斯皆关系最大，论功不在前敌猛将之后，迥非寻常粮台、厘局所可相提并论。"①

特保则无此缘由，多以荐举人才的方式保奏，如咸丰十一年曾国藩以常州士绅办团坚守危城为由，一次就特保周腾虎、刘瀚清、赵烈文等六员。密保之案则专为立有大功或特别优异的人才个别办理，或专具密折，或夹带密片，如保奏东征局黄冕、恽世临之密片，保奏左宗棠、沈葆桢、李鸿章之密折等，皆属此类。

汇保与特保皆属一般保案，人数较多，办理稍宽，只能保奏候补、候选、即用、简用之类，或仅保一官衔，且有时全准，有时议驳，或只批准一部分。同治元年曾国藩办理湖南东征局保案全部批准，而咸丰九年曾国藩办理浮梁、景德镇保案则武职全准，文职全部驳回，要他对每个所保人员都出具考语。待曾国藩次年重办保案，人数已大大减少，大约有些人恐遭议驳，未敢列入保案。因实缺有限而记名、候补之类无限，所以用汇保之案开空头支票就成为曾国藩乃至所有统兵将帅在战争期间鼓励士气的主要手段。这种办法初由曾国藩创立，后来风行全国，愈演愈烈，遂成晚清一大弊政。同治九年曾国藩在一封奏折中奏称："军营保举记名道、府，实在微臣创始，臣于咸丰四年请保罗泽南、李续宾、彭玉麟三员始照京察记名章程开用此例。缘三臣才能卓越，又建非常之功，是以破格请奖，记名后不过数月，均蒙文宗皇帝简放实缺。厥

---

　　① 《曾文正公奏稿》第17卷，第81、82页。

后各处仿照此例，武而提镇，文而藩臬，均保记名请简。军兴愈久，员数愈多，非臣初意所及料。滥竽冒进之弊诚所不免，而迈众之才，异常之劳，亦未尝不出其中。"又说："现在陕甘云贵兵事未已，沿海沿江时局亦多隐患，仍属需才孔亟之时。部议新章保藩臬者一律先补道员，在各员不至遽尔觖望，但求圣慈存记，每年简放实缺数人，俾知军功记名一途尚有得缺之日，则群彦争奋于功名之会，而军营愈以见鼓舞之神。部章以除授有定，所以慎重名器，圣主之特简无定，所以驱策群才，二者互相为用，于振励人才之道更为详备。"①曾国藩所谓"臣向办军营保案稍失之宽"，②即指此而言。不过，曾国藩这里所说的"宽"是与"密保人员则慎之又慎"③比较而言，若同他人相比，则情况好得多。同治五年他在一封奏折中说："臣向办保案极为矜慎。咸丰四年克复武汉，仅保三百余人。五、六两年保奏三案，合计仅数百人。上年奉命剿捻已逾一岁，诸军屡获胜仗，尚未开单请奖一次。各营将士颇疑臣保奏过迟，稍形觖望。惟咸丰十一年及同治一、二等年臣处保举稍宽，实因统辖至十余万众，克复至数十城，不得不略示优奖。"④事实上亦的确如此。曾国藩幕僚虽升官者甚多，但以资历、能力、劳绩而论，比同一时期在他处充任幕僚者的升迁要慢得多。曾国藩咸丰八年曾在江西遇到一府一县，皆幕僚出身。一邓姓咸丰四年为提督衙门稿房，咸丰五年为杨载福办文案，咸丰八年已是江西金溪县知县。另一黄姓曾在宝勇普承尧手下办理营务，咸丰八年已是江西建昌府知府，使曾国藩徒增感慨。再如马新贻、乔松年等曾长期在袁甲三手下办事，其功薄赏厚也使湘、淮军人物大感不平。

按照清朝惯例，各省督抚每年年终要对司、道、府、县官员进行秘密考核，出具切实考语，"以备朝廷酌量黜陟"，故清政府对此极为重

① 《曾文正公奏稿》第29卷，第68—69页。
② 《曾文正公奏稿》第25卷，第61页。
③ 《曾文正公奏稿》第25卷，第61页。
④ 《曾国藩全集·奏稿》九，岳麓书社版，第5349页。

视，"措词偶涉含糊，即令更拟"，①官员的升迁降黜皆以此为据。战争期间清政府基本上仍沿用此法，虽候补官员奏保甚滥，而实缺官员的补授则非地方督抚出具切实考语不可。因这些考语是秘密的，任何人不得外泄，所以，这种考核办法及其考语，称为密考。而依照此法保奏官员即称为密保。也正因为这一点，汇保一般只能得到候补、候选、即用、即选之类，而只有密保才能得到实缺。所以，曾国藩欲保奏实缺官员，就只有密保。如上述东征局保案，为了让黄冕、恽世临得任实缺，特于汇保四百九十多人之外另具夹片，密保黄、恽主持东征局最为出力，请求清廷从优奖励。曾国藩奏称："湖南东征局襄办各官绅，臣已奏恳鸿施，优加奖励。而主持其事最为出力者，如布政使衔江西即用道黄冕，自前年八月创始设局，任劳任怨，巨细不遗。又卸署湖南布政权、盐运使衔岳常澧道恽世临，自去年九月会办局务，综核精密，条理秩然。"②下面所举事实甚多，而要害则是对每个人出具的八字考语。其后，清廷准奏，恽世临很快升迁，由实缺道员而布政使，由布政使而巡抚。黄冕官运不佳亦补授云南迤东道。再如咸丰九年奏保胡大任、厉云官之案，咸丰十一年奏保左宗棠、沈葆桢、李鸿章之案，奏保万启琛、李榕之案，同治二年十一月奏保范泰亨、周学浚、孙衣言、李鸿裔、涂宗瀛、黎庶昌、向师棣之案，同治三年奏保涂宗瀛、莫祥芝之案等，都很快获准，所保各员也大都得到实缺。如左宗棠授浙江巡抚，沈葆桢授江西巡抚，李鸿章授江苏巡抚，范泰亨授吉安知府，涂宗瀛授江宁知府，莫祥芝授江宁知县等。由此可见密保作用之大。所以，曾国藩奏称："臣向办军营汇保之案稍失之宽，至于密保人员则慎之又慎，不敢妄加一语。上年奏片中称'祝垲在豫，士心归附，气韵沈雄，才具深稳，能济时艰'，虽不敢信为定评，要可考验于数年数十年以后。"③

　　曾国藩对密保慎之又慎的另一原因是为了远权避嫌。清代实缺官员的任命原有明确规定，三品以上官员由皇帝任命，其办法是先由军机处

---

　　① 刘体智：《苌园史学四种·异辞录》第2卷，第28页。
　　②《曾文正公奏稿》第17卷，第83页。
　　③《曾文正公奏稿》第25卷，第61页。

根据考绩记名，遇有缺出再由军机处开单遄进，由皇帝朱笔圈定。自四品及以下官员则分为简缺、题缺、奏缺，分别由皇帝、吏部与督抚任命，各有定额，不得侵混。战争期间秩序大乱，道、府、州、县官员的任命权实际上落到各地督抚手中，而藩、臬、运司的任命权亦多由督抚操纵，唯督抚大员的任命仍由皇帝亲自掌管。自那拉氏、奕䜣政变上台之后，对汉族地方督抚的信用更为放手与专一，连发谕旨，饬令曾国藩"保举人才"。咸丰十一年十月间，清政府"令保封疆将帅"。① 一月后又因安徽巡抚"简用乏人"，令曾国藩"于所属司道大员内择其长于吏治、熟悉军情者，不必拘定资格，秉公保奏一二员，候旨简放。"② 在这种情况下，曾国藩仍然极为谦谨，以避揽权用事之嫌。他在一封奏折中称："前此叠奉谕旨，饬臣保荐江苏、安徽巡抚，顷复蒙垂询闽省督抚，饬臣保举大员，开列请简。封疆将帅乃朝廷举措大权，如臣愚陋，岂敢干预？嗣后臣如有所知堪膺疆寄者，随时恭疏入告，仰副圣主旁求之意，但泛论人才以备采择则可，指明某缺径请迁除则不可。不特臣一人为然，凡为督抚者皆不宜指缺保荐督抚。盖四方多故，疆臣即有征伐之权，不当更分黜陟之柄。在圣主虚衷访问，但求投艰而遗大，不惜舍己而从人，惟风气一开流弊甚长，辨之不可不早，宜预防外重内轻之渐，兼以杜植私树党之端。其督抚有任可履者，不准迁延不到，亦不准他处奏留，庶几纲纪弥肃，朝廷愈尊。"③ 鉴于这一原因，所以曾国藩保奏实缺官员分为三个层次，分别采取不同办法。如保奏巡抚一级官员，曾国藩但称其才堪任封疆，并不指缺奏保。如保举沈葆桢时奏称："该道器识才略，实堪大用，臣目中罕有其匹。"④ 而保奏李鸿章时则称："劲气内敛，才大心细，与臣前保之沈葆桢二人，并堪膺封疆之寄。"⑤ 保奏左宗棠帮办军务时则说："以数千新集之众，破十倍凶悍之贼，因地利以审敌

---

① 《曾文正公奏稿》第14卷，第69页。
② 《曾文正公奏稿》第15卷，第1页。
③ 《曾文正公奏稿》第15卷，第17—18页。
④ 《曾文正公奏稿》第11卷，第47页。
⑤ 《曾文正公奏稿》第11卷，第83页。

情，蓄机势以作士气，实属深明将略，度越时贤。可否吁恳天恩，将左宗棠襄办军务改为帮办军务，俾事权渐属，储为大用。"①而对于司、道官员则指缺奏荐，不稍避讳。如奏保万启琛补授安徽按察使时说："该员廉明干练，敏而不浮，筹饷察吏尤擅专长。合无吁恳天恩，将前任湖北督粮道万启琛留于苏皖两省，以道员请旨简放。即令署理安徽按察使，于军务地方皆有裨益。"而保奏李榕时则说："该员办理臣处营务两载以来，器识豁达，不惮艰险。现委办善后局务，实心讲求。可否仰恳天恩，准令江苏候补道李榕署理江宁盐巡道缺，随驻安庆，俾臣得收指臂之功。"②对于州县官员更有不同，如前所述，曾国藩不仅指缺奏荐，且对因资历不符而遭吏部议驳者，仍要力争，在违例任用刘世墀之后，再次奏请将前任四川梁山县知县曾化南、指分江西试用知县蔡家馨留于安徽补用。

为了使广大候补府县均有补缺之望，他还特别制定委缺章程，使出类之才早得实缺，一般人才亦有循序升迁之望。他在给江西布政使李桓的信中说："委缺章程自当分别轮、酌二宗。酌委未必果得杰俊之才，而轮委最足服大众之心。郑小山在河南方伯任内，闻以轮委较多，立获令誉。武汉克复后纯用酌委，沉滞者退有后言。国藩曾以三轮、四酌劝胡宫保，未知果照行否。此次江西章程，总须有轮委班，使中人以上皆可勉图上进。其轮、酌各分几成，请阁下禀商中丞核夺。"③对于幕府的保奏，曾国藩实际上亦采用此法。追随曾国藩多年的幕僚，才高者如李榕、李鸿裔、厉云官等早已位至司道，而方宗诚等则直到同治十年才得任实缺知县，大概这就是区分酌委与轮委的结果。这就使中才以下只要勤勤恳恳，忠于职守，人人都有升迁之望。

曾国藩大批奏保幕僚补授实缺主要是在咸丰十年出任两江总督之后。咸丰四至七年曾国藩第一次带兵出省作战期间，很少奏保幕僚。他在籍丁艰时期曾为此甚感苦恼，觉得很对不住与自己患难多年的幕友李

①《曾文正公奏稿》第13卷，第53页。
②《曾文正公奏稿》第14卷，第54、55页。
③《曾文正公书札》第28卷，第15页。

元度、甘晋等人。咸丰八年再出领军后，奏保幕僚较前为多，但又常遭议驳，难获批准。咸丰九年曾国藩奏保其老友吴嘉宾升任候补同知，即为吏部驳回。同年，奏保按察使衔候补道员李鸿章升任两淮盐运使，亦未获批准。咸丰十年担任钦差大臣、两江总督后，曾国藩既有地盘又得清廷倚重，奏保候补官职自不待言，即请旨简放实缺，亦无不获准。这一时期，曾国藩奏保人数之多，官职之高，都是空前的。咸丰十年七月曾国藩于一折之中，同时举荐李鸿章、沈葆桢二人堪膺封疆之寄。同治二年十一月又一次奏保涂宗瀛等九员皆学行修饬，可备任使。其他三三两两陆续奏保者，更是难以尽举。此时，清政府出于各种原因，对曾国藩等人的奏请几乎有求必应，以至咸丰十一年至同治四年的五年之中，曾为曾国藩幕僚的五位道员皆被破格重用，分别超擢为江西、江苏、广东、湖南等省巡抚。其中沈葆桢、李鸿章由道员直升，恽世临半年两迁而至，郭嵩焘、李瀚章则二年之中连升三级，由道员位至巡抚。同治三年六月湘军攻占天京之后，清政府开始对地方督抚的权力略加限制。吏部颁布新章规定，凡各省保荐人员，寻常劳绩概不准超级保升及留省补用，对粮台保案挑剔尤甚，使曾国藩不得不变换手法，免遭部评。其后曾国藩奏保幕僚，多以整顿吏治、荐举人才为词。尤其北上剿捻和移督直隶前后，都曾奏保大批幕僚升任实缺。

曾国藩奏保幕僚，通常有直接奏保、委托奏保和交互奏保三种办法。直接奏保即由其本人具折出奏。这种办法最为便捷，在受保幕僚中所占比例亦最大，但有时却不大方便。例如刘蓉和郭嵩焘二人，追随最久，功劳亦大，才能足任方面，曾国藩早想让他们升任高位。而碍于儿女姻亲，例应回避，不能由自己出奏，只好托人代办。第一次曾国藩打算将刘蓉送到湖北由胡林翼保奏，因故没有办成。其后骆秉章入川奏请携左宗棠同行，曾国藩留左而荐刘，终于达到目的，使刘蓉二年之中连升四级，由候补知府跃居陕西巡抚之位。郭嵩焘则先由李鸿章保为两淮盐运使，再托两广总督毛鸿宾奏保广东巡抚。有时是因事暂离，奏保不便，也托人代办。如同治四年曾国藩北上剿捻时，只带部分秘书人员随行，便将留在两江总督衙门中的幕僚一一托付给署理江督李鸿章，要他予以奏保。交互奏保亦是遇有某些不便而采取的一种权变之计。例如，曾国藩担任两江总督后，欲整顿皖北吏治，又怕受到直接管辖这一地区的安徽巡抚翁同书的阻挠，便致函对翁有恩的湖北巡抚胡林翼，要求安徽与湖北间各举数员，交互奏保，庶几"交易而退"，[①]各得其所。翁碍着胡的面子，不便拒绝，遂使曾如愿以偿。

当然，曾国藩奏保幕僚是有条件的，那就是要确实为他干事，不怕艰苦，不讲条件，否则，他是不肯保举的。刘瀚清的例子就最能说明这一点。此外，还有三种人曾国藩不愿保奏，一是才高德薄名声不佳之人，一是才德平平迁升太快之人，一是个人不愿出仕之人。第一种人如周腾虎、金安清等，往往一入保案，即遭弹劾，心欲爱之，实却害之。例如，周腾虎刚受到奏保，即遭连章弹劾，遂致抑郁而死，使曾国藩大为伤感。他在同治元年八月初三日的《日记》中写道："接少荃上海信，知周弢甫在沪沦逝。老年一膺荐牍，遽被参劾，抑郁潦倒以死。悠悠毁誉，竟足杀人，良可怜伤。"故曾国藩从此接受教训，待屡遭弹劾、名声极坏的金安清在幕中为他出力效命之时，力排众议，坚持只用其策，不用其人，并在给曾国荃的信中解释说："眉生之见憎于中外，断非无因而致。""今若多采其言，率用其人，则弹章严旨立时交至，无益于我，反损于渠。余拟自买米外，不复录用。"[②]第二种人如恽世临、郭嵩焘等，皆经曾国藩直接间接地奏保，于二年之内连升三级，由道员超擢巡抚，复因名声不佳，升迁太快而被劾降调。至于第三种人，本人不愿出仕或不愿受人恩德，受之后本人不以为恩，反成仇隙，说来颇令曾国藩伤心。虽未知其姓名，却可断定确有其事。他在给曾国荃的信中谈到奏保之难时说："近世保人亦有多少为难之处。有保之而旁人不以为然反累斯人者，有保之而本人不以为德反成仇隙者。余阅世已深，即荐贤亦多顾忌，非昔厚而今薄也。"[③]这可以说是曾国藩的阅历之得，经验之谈。通过这段话，更能较为全面地理解曾国藩在奏保幕僚问题上的态度。

---

① 《曾文正公书札》第12卷，第28页。
② 《曾文正公家书》同治三年正月十七日。
③ 《曾文正公家书》同治二年八月初二日。

·第五章·

幕府内外

　　曾国藩幕僚是通过什么途径入幕的，出幕后又干些什么？他们同曾国藩究竟是一种什么关系，而后对晚清政局产生了怎样的影响？凡此种种，以往并不清楚，本章拟就这些问题进行一些初步探讨。

第一节　｜　幕僚的入幕途径

　　曾国藩幕僚人数甚多，其入幕途径也不尽相同，概括起来不外十种。现分别简述如下。

　　（一）至亲好友，如刘蓉、郭嵩焘、郭崑焘、欧阳兆熊、冯卓怀、莫友芝、胡大任、史致谔、王德固、李沛苍等。曾国藩于道光十三年认识刘蓉，又于道光十七年通过刘蓉认识了正在长沙应试的郭嵩焘，三人识趣相投，结为好友。后来，曾国藩又与二人分别结为儿女亲家，其长子曾纪泽续娶刘蓉之女为妻，一女嫁于郭嵩焘之子为妇。郭崑焘为郭嵩焘胞弟，虽属曾国藩所取士，曾国藩对他仍以朋友相待。欧阳兆熊同曾国藩的友谊是从道光二十年开始的。这一年，曾国藩翰林院庶吉士散馆授检讨不久，就病倒在前门外果子巷的万顺客店中。欧阳兆熊略通医道，赴京会试也正好住在这里。当时曾国藩病势沉重，几致不起，多亏欧阳兆熊精心治疗、护理方转危为安。从此二人成为好朋友。冯卓怀会试落第后曾留在京师做陈孚恩的家庭教师，同曾国藩常有来往，对其极为敬佩，为了能够朝夕聆听曾国藩教诲，便放弃优厚的条件，离开陈家，到曾国藩家中充任教师。他们常在一起讨论个人修养问题，对照圣贤的言行检讨自己，相互评论，遂成无话不谈的好朋友。胡大任、史致谔、王德固皆是曾国藩的殿试同年，李沛苍为乡试同年。莫友芝与曾国藩是在北京认识的。道光二十七年莫友芝赴京会试，二人在琉璃厂书肆邂逅相遇，互表敬慕，遂成好友。莫友芝会试落第，于是年底返回贵州，曾国藩赠诗以相勉励，二人洒泪而别。

（二）亲朋子弟，如李瀚章、李鸿章、李昭庆、罗萱、莫祥芝、刘世墀、汤寿铭等。李瀚章及鸿章、昭庆为同胞兄弟，其父李文安系曾国藩同年。李鸿章未中进士之前，与其兄李瀚章都曾以"年家子"身份投靠曾国藩门下，学习八股文与试帖诗。在翰林院学习与任职期间，李鸿章仍常向曾国藩请教，曾国藩对他也很是赏识。罗萱之父罗汝怀是曾国藩之友，莫祥芝是莫友芝之弟。刘世墀是曾国藩好友刘传莹之侄。刘传莹道光二十六年与曾国藩相识，当时二人同在京做官，同住城南报国寺。刘治古文经学，善长文字训诂，曾讲习理学，二人取长补短，互相学习，遂成好友。从此，刘传莹研究考据兼治理学，曾国藩研究理学兼治考据，二人皆受益不浅。不久，刘传莹离京南归，病死原籍湖北汉阳，曾国藩非常推崇刘的为人，珍惜他们的这一段交往与友情，对他深为怀念。刘传莹南归时曾国藩专门属文相赠以示鼓励，刘传莹死后，又为刘写传以示哀悼与表彰。故刘世墀入幕后一直备受信任，委以重任，令其经管钱财。汤寿铭是曾国藩好友汤鹏之子。汤鹏湖南益阳人，道光三年进士，授小京官，与曾国藩友善。

（三）门生故吏，主要有庞际云、陈士杰、洪汝奎、李榕、梅启照、钱应溥、王家璧等。庞际云道光二十七年考取觉罗官学教习，三十年考取国子监学正，皆曾国藩阅卷。其后又在曾国藩家担任家庭教师数年，教其子读书。陈士杰道光三十年以拔贡生考取七品小京官，朝考时曾由曾国藩阅取其卷。道光二十七年，洪汝奎考取觉罗官学汉教习，曾国藩为阅卷大臣。李榕于道光二十三年考中举人，曾国藩为四川乡试考官。曾国藩在京做官时期，梅启照、钱应溥、王家璧即与之相识。他们或任小京官，或充他人幕僚，皆崇拜曾国藩的道德、学问，投其门下，遂有师生之谊。而曾国藩对王家璧则另有私恩。王家璧之父因在乡试中触犯刑律而被发配云南充军，咸丰元年新帝登极大赦天下，却又因"不合例"而不得赦免。曾国藩时任礼部侍郎，兼署刑部侍郎，认为王父应在赦免之列，遂具疏力争终得获准。王家璧赴云南迎接其父之时，曾国藩又题诗相勉。从此，二人结下很深的情谊。

（四）亲自物色，如朱孙诒、李宗羲、王必达、吴大廷、程鸿诏、萧世本等。朱孙诒原为湖南湘乡县知县，自咸丰二年起即积极办理本县团练，罗泽南、刘蓉、郭嵩焘、王鑫等皆应其所请参与其事，后又奉命一起带湘乡团练赴长沙集训。湘乡团练一时名满湖南并成为湘军的基础，与朱孙诒的积极活动分不开。故曾国藩率军"东征"之初，设营务处以协调各营行动，委派朱孙诒充任陆路营务处提调。李宗羲原为安徽知县，以善决狱讼受到曾国藩的赏识，调入幕中。王必达原为江西建昌府知府，是曾国藩咸丰八九年间驻扎建昌时期认识的，备受赏识，后调入幕府办理粮台。程鸿诏安徽黟县人，曾国藩驻守祁门时阅其文，招其入幕。萧世本四川富顺人，原为刑部主事，后改捐知县，因其在籍办理团练有名，受到曾国藩赏识，邀其入幕。吴大廷前在安徽巡抚李续宜手下办事，后在福州船政局任职，因事常去曾国藩大营，被曾国藩看中，专折奏调入幕，负责江南制造局轮船操练事宜。

（五）慕名投效，如李元度、薛福成、刘瑞芬、张德坚等。李元度原为湖南郴州州学训导，咸丰三年闻曾国藩在衡州编练湘军，准备东征，遂上书言军事，受到曾国藩赏识，被其征调入幕。薛福成原为江苏副贡生，同治四年闰五月乘曾国藩北征剿捻之机，在其兄薛福辰陪同下中途上万言书，受到曾国藩的赏识，收入幕府。刘瑞芬原为安徽一乡试落第的秀才，咸丰十一年闻曾国藩驻军东流，遂赴辕献时务策，因居幕府。张德坚原为湖北巡抚衙门的巡捕官，咸丰四年通过刘蓉转呈所编《贼情集要》一书，受到曾国藩的赏识，调入幕府，任为总纂，令其主持采编所，负责编辑《贼情汇纂》一书。

（六）他人推荐，如方宗诚、吴汝纶、凌焕、陈艾、冯焌光、赵烈文、李兴锐、李善兰、张文虎、容闳、向师棣等。曾国藩求才如渴，每与人通信、交谈，辄恳求对方推荐人才。故曾国藩幕僚中经人推荐入幕的人甚多，除少数以前了解者外，大多数系别人推荐的，或属其他途径，亦与别人的推荐有关。上述数人不过是几个事例。方宗诚、陈艾都是吴廷栋推荐的。吴廷栋与曾国藩是老朋友，道光年间同为京官，同习程朱理学，气味相投，关系密切。方、陈与吴廷栋是安徽同乡，二人常向吴请教，故为吴所知，荐之曾国藩。吴汝纶也是安徽人，是方宗诚推荐入幕的。曾国藩看过他的文章极为赞赏，认为义理、考证、词章三者皆可成就。当时吴汝纶已授为内阁中书，曾国藩劝他放弃小京官的职位，留在幕中专心读书，多作古文。吴汝纶同意这个意见，遂留在幕中，成为一个只读书不任事的特殊幕僚。凌焕是刘星房推荐的。刘是曾国藩的老朋友，曾带着儿子在曾国藩大营住过半个月，在曾国藩面前极力推崇凌焕，称其好学深思，通晓故训。曾国藩对凌极为赏识，便通过安徽巡抚翁同书查到凌焕的行迹，将其招聘入幕。冯焌光的祖父与陕西巡抚曾望颜是同年，咸丰九年曾望颜将他推荐给鄂抚胡林翼，胡又将他推荐给曾国藩，曾国藩将他留于幕中。赵烈文是周腾虎推荐的。周是赵烈文的姊丈，先入曾国藩幕，极力称赞赵烈文。曾国藩立即派专人赶赴赵烈文的原籍江苏阳湖，以白银二百两礼聘赵烈文入幕。李兴锐是帅远燡与李竹沶二人推荐。李兴锐，湖南浏阳人，以诸生在本县教书度日。咸丰二年浏阳征义堂起事，李兴锐举办团练，协助江忠源将这次起事镇压下去，以是受到浏阳教谕李竹沶的赏识。咸丰八年曾国藩再出领军，先听到帅远燡对李兴锐的赞扬，接着又收到李竹沶的推荐信，遂将李兴锐招聘入幕。李善兰早在咸丰六年即与郭嵩焘相识，大约是郭嵩焘推荐入幕的。李善兰又荐张文虎入幕。容闳则是李善兰、张斯桂、赵烈文三人推荐的。容闳回国后曾在上海为一家洋行做事，常到安徽、江西一带收购茶叶，并在九江设立事务所。同治元年曾乘商务之便行抵安庆，并经人介绍结识了曾国藩的心腹幕僚赵烈文，表示想见一见曾国藩。赵烈文很快报告了容闳的情况与要求，并得到曾国藩的同意。不知何因，容闳竟不辞而别，致使赵烈文苦寻不获，只好作罢。容闳后来在《西学东渐记》一书中回忆入幕经过时，未提此事，亦不知何因。不过，赵烈文在日记中已有详细记载，事情是确凿无疑的。其后李善兰、张斯桂入幕，再次向曾国藩推荐，曾国藩遂招聘容闳入幕。向师棣是严仙舫推荐的。严是曾国藩的朋友，向师棣是严的内侄。同治元年向师棣携严仙舫的推荐信赴安庆拜见曾国藩，曾一见即许为令器，留在自己身边。

（七）收留降革人员，如程桓生、马丕庆、丁日昌、李沛苍等。程桓生原为广西桂平县署理知县，因事革职，咸丰四年随李孟群调入曾国藩大营，在曾国藩幕府充任幕僚。马丕庆原为署宁乡知县，咸丰四年因弃城逃走革职逮问，后被曾国藩收入幕府，充任粮台委员。丁日昌原为江西庐陵县知县，咸丰十一年以失地罪被革职，数月后入曾国藩幕，充任厘金卡员。李沛苍原为安徽署贵池县知县，曾国藩乡试同年，以擅离职守被革职，辗转入皖南道何桂珍营随营差遣，咸丰四年经曾国藩奏调赴九江行营襄办军务。

太平天国革命时期，因失地被革职的官员甚多。原来对这些官员所定律令甚严。后因太平军军势过猛，失地官员太多，清政府遂通融解决，从轻处理，除情节特别严重的少数官员如青麐、何桂清外，一般不再处死，只革职了事。曾国藩则因军务繁重，人员缺乏，除起用丁忧人员外，还大量收留降革人员办理军务、饷务，令其戴罪立功。一般在工作一段时间后即奏请开复原官，个别人员，如丁日昌，还继而飞黄腾达，于四五年间超擢督抚大员。

（八）清政府分发候补人员，如黎庶昌、涂宗瀛、曾开骧、王定安等。湘军攻占安庆、庐州之后，很快控制安徽。于是，曾国藩驻扎安庆，开始着手恢复安徽中部与南部的各级地方政权。由于人员缺乏，且以初入仕途的人员未染官场腐败习气，故曾国藩特别喜用新人。同治二年曾国藩一次即奏准清政府敕下吏部，于本年新进士即用知县班中特向安徽分发十六名之多，只是由于安徽破败太甚，人人裹足，曾国藩只好截留分发江苏的人员留于幕中，经过一个时期的考察、训练之后，再择其相宜者派往各地，委以地方之权。

曾开骥、涂宗瀛、王定安皆为分发江苏的试用知县，被曾国藩留于幕中充任幕僚。

（九）原胡林翼幕僚。胡林翼幕府中幕僚甚多，胡林翼死后星散各地，曾国藩将其中一部分，如李鸿裔、刘瀚清、穆其琛、汪士铎等征调或招聘入幕。李鸿裔原为兵部主事，咸丰十年在英山入胡林翼幕。咸丰十一年八月胡林翼死，李鸿裔送胡灵柩回籍。次年秋冬曾国藩派船迎入安庆，李鸿裔遂入曾国藩幕。穆其琛原为胡林翼幕僚，咸丰十一年八月胡死，曾国藩札调入幕。刘瀚清原在胡林翼幕中负责草拟折稿，甚受器重，后因故返回原籍，复经曾国藩奏调入幕，继续充任幕僚。

（十）其他。主要是以上九类不能完全容纳或兼有两个以上原因者，再作进一步说明。如黎庶昌、洪汝奎、李鸿裔等。

黎庶昌原为贵州廪贡生，曾师事贵州著名学者郑珍，曾国藩对郑珍一向敬重，有了这个渊源，曾对黎庶昌也就格外赏识。同治元年黎庶昌应诏上疏议论时政，受到清廷的嘉奖，授以候补知县，交曾国藩差遣委用，并于同治二年三月行抵安庆大营，受到曾国藩赏识，将他留在幕中。洪汝奎、李鸿裔皆与曾国藩有师生之谊，他们都先入胡林翼幕，胡死后复入曾国藩幕。所以他们都有两重身份，既属胡林翼幕僚，又是曾国藩门生。其实，类似的情况不止他们二人，即如通过其他途径入幕的人员，也可能参有他人推荐的因素，尤其道光二十七年考取进士或庶吉士的人员，如李宗羲、何璟、陈鼐、蔡应嵩、祝垲、张韶南、姚体备等，皆郭嵩焘、李鸿章、沈葆桢、帅远燡的同年。这几个人早与曾熟悉并受到器重，向曾国藩推荐其同年入幕是很自然的。

第二节 ┃ 幕僚与智囊

曾国藩幕府除前述治事、育人之外，还有一项重要职能，那就是为其出谋划策，充当他的智囊团。曾国藩自接奉帮办湖南团练的廷旨之日起，每有决疑难下之事，往往向自己的部下与幕友征求意见，除个别交谈与书信往来之外，有时还邀集幕僚会商，令其各抒己见，进行讨论，或令其呈递书面意见，一一加以批阅，从中吸收一些高明建议与看法，最后形成自己的决策。有时幕友也主动通过口头或条陈的形式提出意见或建议，以供曾国藩采择。这些意见或建议，有的被曾国藩采纳；有的未被采纳，但从中受到启迪，根据情况采取了一些相应对策。在其从军从政的近二十年中，这种事例甚多，兹择要简述如下。

咸丰二年底，正当曾国藩在籍丁忧之际，忽然接奉令其帮办湖南团练的廷旨，面对当时的严峻形势和重重困难，究竟出与不出，一时难以决断，后听从郭嵩焘的劝告才毅然出山。郭嵩焘后来回忆这段往事时称："曾文正公典试江西，奉太夫人讳南归时，贼方围长沙。文正公旋奉旨帮办团练。解围后，嵩焘驰吊文正公家。……夜半抵文正公宅，则已具疏力辞，并缄致张石卿中丞，力陈不能出之义，专使赴省，束装将行矣。嵩焘力止之，不可，乃以力保桑梓之谊言之太翁，召语文正公，以嵩焘之言为正，即时收回所具疏，定计赴省。"[1]《曾国藩年谱》亦称："公奉到寄谕，草疏恳请在家终制，并具呈请张公代奏。缮就未发，适张公专弁以函致公，告武汉失守，人心惶恐，恳公一出。郭公嵩焘至公家，力劝出保桑梓。公乃毁前疏，于十七日起行，二十一日抵长沙，与张公亮基筹商，一以查办匪徒为急务。"[2]朱孔彰在为曾国藩作传时则说："初公欲具疏请终制，郭公嵩焘言于公曰：'公本有澄清天下之志，今不乘时而出，拘于古礼，何益于君父？且墨绖从戎，古之制也。'公于是投袂而起，募农夫，倡勇敢，用书生为营官。湘军之名自此始。"[3]

咸丰三年初曾国藩刚到长沙不久，他的好友欧阳兆熊就致函劝其设

① 郭嵩焘：《玉池老人自叙》，养知书屋光绪十九年版，第6页。
② 黎庶昌：《曾国藩年谱》，岳麓书社版，第22页。
③ 朱孔彰：《中兴将帅别传》，扫叶山房光绪二十五年版，第1卷，第2—3页。

立文案，称"文案不立，不足以兴事"。①曾国藩接受了他的建议，在团练大臣公馆内设立审案局，委员审理案件。这是曾国藩幕府紧随秘书处之后建立的另一个办事机构。

咸丰三年秋冬，曾国藩在湖南衡州与郭嵩焘等人"商定营制，立水陆各十营"，使湘军初具规模，但对其是否适于实战，却仍心中无数。于是，郭嵩焘向曾国藩建议："黄南坡干济才，且历事多，宜召与商议。"曾国藩接受这一建议，将黄冕专函邀至衡州，同自己一起"阅视水陆各营"，并称"陆营粗有把握，水营不能逆计也"。黄冕则说："以某观之，陆营不如水师之可恃。省城设立各营规模略同，未足制胜，水师独开一局面，度贼船必不能及，可以任战。唯长江港汊纷歧，师船迟重不能转侧，江南水师有所谓三板者，每营必得十余号，以资梭巡港汊。"②于是，曾国藩又接受黄冕的这一建议，急造三板百余只，分配各营，建成国内第一流的炮船船队，使湘军水师成为水上劲旅。

咸丰四年春曾国藩"东征"之始，出师不利，自岳州败退长沙，太平军长驱直入，很快占领靖港、宁乡、湘潭等处，对省会长沙形成三面包围之势。形势岌岌可危，官绅上下一片惊慌，都把摆脱困境的唯一希望寄托在刚刚编练而成的湘军身上。这样，湘军的成败利钝就变得至关紧要，而决策的正确与否也就成为能否转危为安的关键。为了使这次决策万无一失，曾国藩在召集各营营官进行讨论的同时，还在官署设置意见箱，请幕僚为其出谋划策，投递书面意见。王闿运在题为《铜官行寄章寿麟题感旧图》的一首诗中说道："庐黄军破如覆铛，盗舟一夜满洞庭。抚标大将缒楼走，徐公绕室趾不停。省兵无人无守御，举付曾家一瓦注。空船坐守木官防，直置当锋寻死处。军谋兵机不暇讲，盗屯湘潭下靖港。两头张手探釜鱼，十日掏河得枯蚌。刘郭苍黄各顾家，左生狂笑骂猪耶。彭陈李生岂愿死，四周密密张网罝，此时鲊筒求上计，陈谋李断相符契。彭公建策攻下游，捣坚擒王在肯綮。"③这里的陈、李、彭

---

① 《曾文正公书札》第2卷，第15页。

② 《玉池老人自叙》第5页。

③ 徐一士：《一士谈荟》，书目文献出版社1983年版，第286—287页、288页。

分别指当时正在曾国藩幕中充当幕友的陈士杰、李元度、彭嘉玉，他们三人都发表了自己的见解，参与了这一决策讨论，且意见并不一致。陈士杰、李元度主张进攻湘潭，彭嘉玉主张进攻靖港。起初，曾国藩接受陈、李等人的意见，决定派主力进攻湘潭，其余兵力固守老营。后来受不了别人的怂恿，"日中定计夜中变"[①]，按照彭嘉玉的主张率兵进攻靖港。结果湘潭之战取得大捷，而进攻靖港之师则全军败溃。

咸丰十年秋，正当曾国藩战事吃紧，兵困祁门之际，忽接速派鲍超北援的谕旨，惊闻英法联军进逼北京，咸丰皇帝逃往热河，使其陷于进退维谷的境地。北上勤王实为万难推诿之事，而其内心深处却又不愿派鲍超带兵北上：一则兵力紧张，不愿去此一支劲旅；一则恐胜保借机扣留鲍超不放，难以割舍所爱。于是，令部下将领、幕僚各抒己见，以求上策。结果"多以入卫为主"，唯李鸿章"独谓夷氛已迫，入卫实属空言，三国连衡，不过金帛议和，断无他变，当按兵请旨，且无稍动。楚军关天下安危，举措得失，切宜慎重。二公（指曾国藩、胡林翼）是之。"[②]就是说，曾国藩和胡林翼采用了李鸿章"按兵请旨，且无稍动"的策略，结果等来了"毋庸北上"的谕旨，一切皆如李鸿章所料。而同时接到率勇北上谕旨的河南、陕西等省巡抚闻命即行，结果却空跑一趟，劳民伤财。相比之下，则显出曾、胡二人的高明，而他们二人之所以高明，则由于接受了当时正在曾国藩幕中充任幕僚的李鸿章的意见。事后，胡林翼选择李鸿章、陈鼐、李榕三人的献议附于曾、胡二人的书面意见之后，编为《北援集议》[③]一书，刊行于世。大概由于内部议论，过于直露，不宜公开发表，在刊刻时删去一些内容。故李鸿章的条陈中已不见"按兵请旨"的字句，但从整个事件的发展过程看，徐宗亮的话当是可信的。

咸丰十一年八月赵烈文上书言事，内容涉及内政、外交及战守、饷需、用人等方面，有些问题，如对"发捻"与"西夷"的基本看法与方

---

① 徐一士：《一士谈荟》，书目文献出版社1983年版，第286—287页、288页。

② 徐宗亮：《归庐谈往录》第1卷，第20页。

③《皇朝经世文续编》第83卷，第54—62页。

针，很有见地，且带有战略性质，关乎全局，这就不能不使曾国藩为之动心，自觉不自觉地受其影响。

同治二年秋，曾国藩乘共进晚餐之机，就如何扩建和改进机器制造厂的问题向众幕友征询意见。自美归国的容闳参加了这一讨论，并在《西学东渐记》一书中作了如下记载："某夕，诸友邀予晚餐，食际即以此机器厂问题为谈论之资。在座诸君，各有所发表，既乃询予之意见。"于是容闳对曾国藩说："中国今日欲建机器厂，必以先立普通基础为主，不宜专以供特别之应用。所谓立普通基础者无他，即由此厂可造出种种分厂，更由分厂以专造各种特别之机械。简言之，即此厂当有制造机器之机器，以立一切制造厂之基础也。例如今有一厂，厂中有各式之车床、锥、锉等物；由此车床、锥、锉，可造出各种根本机器；由此根本机器，即可用以制造枪炮、农具、钟表及其他种种有机械之物。"① 曾国藩接受了他的这一建议，并于是年十月委派容闳携带巨款赴美购买"制器之器"。同治四年机器运抵上海，并入江南制造局，使之成为当时国内技术装备最好的综合性军工大厂。

同治四年五月曾国藩剿捻出发之前，曾问赵烈文、刘瀚清"北上何策？""对以北方团练遍地皆是，抚之为吾用，疑贰则为吾仇"，要在"不可违其性。且捻贼流窜无定，与粤贼大异，团练之法，即是坚壁清野之法，尤不可废"。国藩"俱是之"。②

同治九年七月容闳充当译员，随江苏巡抚丁日昌赴天津协助曾国藩办理教案，复乘机通过丁日昌向曾国藩提出派遣留学生赴美学习的建议，亦被曾国藩采纳，并立即会同李鸿章等联衔上奏清廷，得到批准，促成了中国历史上第一次派遣留学生出国学习之举。

有时，曾国藩对幕僚的意见则不予采纳，或先采纳而后又放弃。这种事例主要有先后三件。

咸丰五年夏，罗泽南见久攻湖口不下，湘军困于长江中段，遂提出

---

① 容闳：《西学东渐记》，岳麓书社1981年版，第74、75页。
② 《能静居日记》，同治四年五月六日。

先取上游的主张，请求统兵往援湖北，俟武昌克复，再回军攻取九江。曾国藩同意了罗泽南的意见。刘蓉不同意这种安排，对曾国藩说："公所赖以转战者塔罗两军。今塔将军亡，诸将所恃独罗公，又资之远行，脱有急，谁堪使者？"曾国藩回答说："吾极知其然，然计东南大局，宜如是。今俱困此无益。此军幸克武昌，天下大势犹可为，吾虽困犹荣也。"① 否定了刘蓉的意见，罗泽南遂成援鄂之行。

同治元年春曾国荃一军进抵太平天国首都天京城外，在雨花台扎下大营。正当曾国藩准备挥军围攻天京时，却突然发生变故：原定参加会攻的主力部队多隆阿远走陕西，鲍超亦退回宁国，使曾国荃一军变成孤军，不仅围攻计划难以实现，且形势岌岌可危，一旦太平军大批援兵赶到，将有被消灭的危险。曾国藩为立于不败之地，只得致函曾国荃，令其退兵。但是，曾国荃贪于天京财货，"坚持不退"。另一参与围攻天京的湘军大将、水师统领杨载福"亦以退兵为耻"，询之左宗棠，"亦谓不宜轻退"。② 曾国藩举棋不定，便向幕僚们问计。结果多以退兵为计，不赞成孤军久屯坚城之下，即所谓"弟元年初进金陵，远近啧有烦言。"③ 曾国藩接受了这些意见，更坚定了退兵的主张，甚至直接"书告诸将，吾弟轻踏死地，必无万一幸，诸将务告全军，毋从俱死。"④ 结果，曾国荃及其部下仍坚持不肯后撤。曾国藩无奈，只得亲赴前线进行实地考察，以定进止。曾国藩身边的亲近幕僚赵烈文在日记中写道："晨起趋府朝谒相国……（相国）又言明日出，至无为、芜湖、江宁察看情形，有撤师之意，吾亦力赞之。"⑤ 这段话反映了曾国藩与多数幕僚的主张，仍以撤退为宜。待其经过一番考察之后，曾国藩认为吉字等营营盘坚固，上下同心，左右之间亦关系协调，遂改变主意，打消了退兵的念头。

同治二年赵烈文就"察言"原事致函曾国藩，使其深受启发，获益

---

① 黎庶昌：《拙尊园丛稿》第3卷，第5—6页。
② 《曾文正公书札》第21卷，第8页。
③ 《曾文正公家书》，同治三年五月十九日。
④ 朱克敬：《瞑庵杂识》第4卷，第3—4页。
⑤ 《能静居日记》，同治二年正月廿七日。

匪浅，事隔数年之后仍对之赞叹不已。同治六年曾对赵说："自南宋以来，天下为士夫劫持。凡一事兴作，不论轻重，不揣本末，先起力争。屡暗之君为其所夺，遂至五色无主。宋明之亡皆以此。"又说："吾佩服足下同治二年与吾书，其第一条言审察听言之道。彼时举国若狂，皆以开言路为急，而足下已经烛见及此，直至今日究竟不能出足下之范围。"①

同治九年夏秋，曾国藩赴天津查办教案，则一反常态，断然拒绝了大多数幕僚的意见。当时，曾国藩身边的不少幕僚态度非常坚决，始终不同意曾国藩的做法，有的甚至通过口头或书面形式，直接对他提出尖锐批评。曾国藩对这些反对意见悍然不顾，一概视为"局外无识之浮议"，并在给军机大臣宝鋆的信中表示，"谓津民义愤不可查拿，府县无辜不应讯究者，皆局外无识之浮议。""弟虽智虑短浅，断不至为浮议所摇"。②曾国藩的所作所为颇使他的一些幕僚愤愤不平。吴大廷在自编年谱中记述当时的情形说："方存之自保定来"，"极言津案办理之非而咎曾相之不能纳言用人，语意切直。盖指曾相用地山侍郎之言将府县奏交刑部治罪，用雨生中丞之言遍拿津民议抵两事。此两事诚为失体。余曾力言之曾相，颇似采纳。自朝廷屡派大臣来津，余遂不便再参末议。"③不过，曾国藩此次办理教案，亦并非与所有幕僚皆意见相左，有的人，例如陈兰彬，就对他的做法甚为赞成，并在不少问题上从旁参议。事过之后，曾国藩"颇悔用其言"④对一些幕友的切责之词亦不置辩，仅报以"深用自疚"，"引为惭怍"⑤而已。

总之，曾国藩幕府中确实有不少智谋之士，经常为曾国藩出谋划策，解决了不少政治、军事难题。而曾国藩亦能虚心纳言，鼓励众幕僚直言敢谏，故能收到集思广益的效果。他在事业上所以能够取得一些成

---

① 《能静居日记》，同治六年六月十八日。
② 《曾文正公书札》第32卷，第48页。
③ 吴大廷：《小酉腴山馆集·自著年谱》，同治九年八月。
④ 李慈铭：《越缦堂日记》，光绪元年十一月十四日。
⑤ 方宗诚：《柏堂集后编》第6卷，第16页。

功，与此有很大关系。正像有些人说的那样，曾国藩"以儒臣督师，芟夷蕴崇，削平大难，蔚成中兴之业，固由公之英文钜武，蕴积使然，亦由幕府多才，集众思广众益也。"[①]

第三节 ｜ 幕僚与幕主

曾国藩和幕僚之间总的来说是主从关系，具体而言则又可分为互慕、互助和相互影响三个方面。首先，他们双方都有相互结合的愿望，可以说是一种相互倾慕、相互追求的关系。曾国藩认为，远而言之则天下之兴亡、国家之强弱，近而言之则兵事、饷事、吏事、文事之成败利钝，无不以是否得人为转移。故多年爱才如命，求才若渴，为吸引和聘请更多更好的幕僚尽了很大努力，做了大量工作。他于率军"东征"之始，即号召广大封建知识分子奋起捍卫孔孟之道，反对太平天国，盛情邀请"抱道君子"参加他的幕府。其后行军打仗，每至一地必广为访察，凡具一技之长者，必设法延至，收为己用。闻有德才并称者，更是不惜重金，驰书礼聘。若其流离失所，不明去向，则辄具折奏请，要求各省督抚代为查明，遣送来营。曾国藩与人通信、交谈，亦殷殷以人才相询，恳恳以荐才相托，闻人得一才羡慕不已，自己得一才喜不自胜，遂有爱才之名闻于全国。由于曾国藩精研百家，兼取众长，早在青年时代即已"道德文章"名满京师，称誉士林；加以其后出办团练，创建湘军，"战功"赫赫，威震天下，遂被封建统治阶级视为救星，受到不少知识分子的崇拜。由于清王朝政治腐败，等级森严，满汉藩篱未除；加以取士不公，仕途拥塞，遂使一大批中小地主出身的知识分子空有一片"血诚"，满腹才华，而报国无门，升发无望，不得不千方百计地为自己另外寻求政治上的出路。有的知识分子非但升发无望，且身遭乱离之

苦，徙无定居，衣食俱困，亟须庇护之所，衣食之源。还有一部分知识分子，既无升官发财之念，亦无饥寒交迫之感，甚或已是学问渊博，名满士林，但却仰慕曾国藩的大名，以一与相识为幸，一与交游为荣。所有这各类人物，他们闻曾国藩能以诚心待士，破格用人，便纷纷投其麾下，入其幕府。

同时，曾国藩同幕僚之间也是一种相辅相成的关系，幕僚们助曾国藩功成名就，曾国藩使幕僚们升官发财。多年来，幕僚们为曾国藩出谋划策、筹办粮饷、办理文案、处理军务、办理善后、兴办军工科技等等，真是出尽了力，效尽了劳。可以说，曾国藩每走一步，每做一事，都离不开幕僚的支持和帮助。即如镇压太平天国一事，他之所以获得成功，并非靠他一人之力，而是依靠一支有组织的力量，其中他的幕僚尤占有一定比重，起了相当大的作用。现仅以曾国藩直接指挥的一个湘军支派"曾湘军"为例。它连下安庆、江宁两座省城，为清王朝镇压太平天国革命立下第一功，是湘淮军中最为突出的一支。如果把它比喻为一个人的话，曾国藩及其幕府犹如它的头和躯干，作战部队则恰似它的四肢。四肢不仅靠头脑支配其每个行动，还要靠躯干供应其营养。西汉初年刘邦在向诸将解释为什么张良足不出户而封赏最高时，曾把战争比为狩猎，以猎人喻张良，以猎犬喻诸将，称指示之功胜于奔走之劳，诸将为之悦服。而在安庆、江宁两役中，曾国藩的幕僚则不仅有指示之功，尤有筹饷之劳，可谓功兼张（良）、萧（何）。自咸丰十年六月至同治三年六月，四年之中曾国藩报销军费一千六百多万两，其中绝大多数来自厘金与盐税。这笔巨款主要靠幕僚筹集，没有它湘军早已饥溃，何成功之有？曾国藩所谓"论功不在前敌猛将之后"，绝非夸大之词。至于曾国藩刊行《王船山遗书》和《几何原本》等重要书籍，引进西方科学技术、兴办军事工业等，更是离不开幕僚的努力。否则，他很难挣得洋务派首领的地位。

曾国藩对幕僚的酬报亦为不薄。众幕僚入幕之初，官阶最高为候补道员，且只是个别人，即知府一级亦为数极少，绝大多数在六品以下。他们有的刚被革职，有的只是一般生员，还有的连秀才都不是。而数年、十数年间，红、蓝顶了纷纷飞到他们头上，若非曾国藩为他们直接间接地一保再保，是根本不可能的。李鸿章的经历就最能说明这个问题。他于咸丰八年末入曾国藩幕，后又因故离去。郭嵩焘劝他说："此时崛起草茅必有因依。试念今日之天下，舍曾公谁可因依者？即有拂意，终须赖之以立功名。"[1]李鸿章听其劝告，重返曾幕。果然，青云直上，步步高升，一二年间位至巡抚，五六年间位至钦差大臣、湖广总督，同曾国藩之间已是双峰对峙，高下难分了。试想，如果李鸿章不回曾幕，能够如此顺利吗？恐怕要谋得按察使实缺亦并非易事，虽然他此时已是未上任的按察使衔福建延建邵道道员。

当然，曾国藩同幕僚之间这种关系的维持是有条件的。那就是曾国藩要尊重幕僚，以礼相待；而幕僚也必须忠于曾国藩，绝不许中间"跳槽"，改投新主。说明这种情况的最为典型的事例，是冯卓怀的拂袖而去和李元度的被劾革职。冯卓怀是曾国藩的老朋友，一向对曾国藩非常崇拜，为了能朝夕受教，曾放弃条件优越的工作去当曾国藩的家庭教师。曾国藩兵困祁门之时，冯卓怀又放弃四川万县县令职位，投其麾下，充任幕僚。后因一事不合，受到曾国藩的当众斥责。冯卓怀不能堪，决心离去，虽经曾国藩几次劝留皆不为所动，最后还是回家闲住，宁可丢掉官职也不能忍受曾国藩对自己的无礼举动。李元度是曾国藩最困难时期的少数幕僚之一，数年间患难与共，情逾家人，致有"六不能忘"之说。不意其后曾国藩两次参劾李元度，冷热之间悬若霄壤。究其原因则主要由私谊而起。曾国藩明知李元度并非领兵之才而令其带兵，屡经败溃而复委重任，皆由私谊太厚，盼其立功太切，即所谓"心欲爱之，实其害之"者。故李元度失守徽州，曾国藩也有责任。他第一次参奏李元度，也只是气忿其故违将令，颇有挥泪斩马谡之意，并无私恨。不料李元度转身投靠浙江巡抚王有龄，并很快开复一切处分，连升两级实授浙江按察使。曾国藩感到受辱太甚，积怒于心，不能忍耐，遂借杭州失陷一事再次参劾李元度，将其革职。曾国藩在与友人通信谈到同李元度的

---

[1] 《玉池老人自叙》第7页。

关系时，曾引春秋时豫让故事，称其"以中行待鄙人，以智伯待浙师"，[①] 说明此次参劾全出私恨，究其缘由则不外"改换门庭"四字。人们由此不难看出，曾国藩同幕僚的关系，归根到底还是主从关系，其维系纽带全在私谊。私谊对他们双方来说，都是神圣的，高于一切的，任何一方如有违背，这种关系即会解除，甚至结成私怨。

在长期合作共事的过程中，曾国藩同幕僚之间都相互产生过一定影响。曾国藩经常通过各种形式向幕僚们征求意见，在遇有大事决断不下时尤为如此。有时幕僚们也常常主动向曾国藩投递条陈，对一些问题提出自己的见解和解决办法，以供其采择。幕僚们的这些意见，无疑会对曾国藩产生这样那样的影响，事例甚多，前已叙及，此处不再赘述。

比较而言，曾国藩对幕僚的影响显然会更大、更深远一些。多年来，曾国藩一直对其幕僚精心培养，视若子弟。除为数不多的几个老朋友和名儒宿学之外，一般幕僚亦对曾国藩尊之为师，极为崇拜，一言一行无不视为楷模。从道德修养、为人处世到学术观点、文学理论，以至政治、军事、经济、外交等方面，无不程度不同地受到曾国藩的影响。尤其经常在曾国藩身边的人员，朝夕相处，耳濡目染，日积月累，潜移默化，于不知不觉之中，已受其熏陶，增长了见识和才干。正如薛福成说的那样，他们虽"专司文事，然独克揽其全。譬之导水，幕府则众流之汇也；譬之力稿，幕府则播种之区也。故其得才尤盛。"[②] 曾国藩的另一幕僚张文虎在谈及幕僚易于成才的原因时也说，盖"其耳目闻见较亲于人。而所至山川地理之形胜，馈饷之难易，军情之离合，寇形之盛衰变幻，与凡大帅所措施，莫不熟察之。而存于心久，及其措之裕如，固不啻取怀而予。故造就人才，莫速于此。"[③] 至于那些才思敏捷、善解人意如李鸿章者，则更是心领神会，独得曾国藩思想政治之真谛，成为其公认的正宗传人。曾国藩对李鸿章的器重和赏识是尽人皆知的，对他寄望之厚、花费心血之大也几乎无人能与之相比。可以说，曾国藩把自己

---

① 江世荣编《曾国藩未刊信稿》，中华书局1959年版，第3页。
② 薛福成：《庸庵文编》第4卷，第21页。

③ 张文虎：《覆瓿集·杂著》乙编上，第7—8页。

的全部政治观点和治国、治军的本领，都传授给了这个得意门生。李鸿章也向人表示，不仅自己前半部功名事业出于老师的提挈，即其办理外交的本领，亦全仗曾国藩"一言指示之力"。①

第四节 ┃ 幕僚出幕后的活动及影响

曾国藩幕府在历史上存在了近二十年，随着曾国藩的去世，他的幕府也就不复存在了。但是，它的作用和意义却并未随之消失，而是通过数目众多的幕僚继续发挥着作用，产生着巨大的历史影响。

曾国藩幕僚出幕之后，有的从军，有的从政，有的从教，有的筹饷，有的继续充当幕僚，工作各式各样，但归根到底不外两途，一是从事科学文化活动，一是做了清政府的实缺官员。科学文化活动又可分为文学、理学、考据、翻译与自然科学研究四类。从事翻译与自然科学研究工作的人员主要有徐寿、华蘅芳、徐建寅、李善兰等人。李善兰于同治七年离幕，奉调京职，充任同文馆算学总教习，总理衙门章京，继续从事翻译和数学研究工作，著有《则古昔斋算学十二种》，译著除《几何原本》（7—16卷）外，还有《代微积拾级》《重学》《植物学》《谈天》等。其所翻译的《几何原本》在不少地方言西人所未言，发西人所未发，甚得英人伟烈亚力的赞许，称"西人他日欲得善本，当反求诸中国也。"②徐寿自翻译馆成立起即一直在馆内从事自然科学的翻译与研究工作，迄未调动。同治十三年上海格致书院成立，徐寿参加了它的创办工作，出任董事，兼任书院的管理工作。他的著作有《化学材料中西名目表》等，译著则有《汽机发轫》《化学鉴原》等。他在翻译《化学鉴原》一书时为一些中国汉字中自古未有的金属元素制定的名称，如钾、钠、

---

① 吴永：《庚子西狩丛谈》第13页。
② 魏鉴勋、袁闾琨：《试论清代的幕僚及其对地方政权的作用》，《史学月刊》，1983年第5期，第41页。

锰、锌等，绝大多数保留下来，至今仍在应用，与同时、同类译著相比，则显得高出一筹。他编著的《化学材料中西名目表》，所列中英文对照的化学名词、术语3600多条，为后来的化学翻译奠定了初步基础。华蘅芳则先在江南制造局翻译馆，后到天津机器局与武备学堂任职，继续从事自然科学的翻译与研究工作。他的著作有《行素轩算稿》等，译著则有《金石识别》《地学浅释》《代数术》《微积溯源》《三角数理》《开方别术》等。徐建寅为徐寿之子，先从其父在江南制造局翻译馆工作，光绪元年赴济南创办山东机器局，直到建成投产。其后又转入汉阳兵工厂任职，最后在一次火药爆炸事故中以身殉职。他的著作和译著主要有《兵学新书》《运规约指》等。其所著《兵学新书》一书，是中国人系统介绍西方兵器的第一部著作。总之，上述数人都是中国近代史上著名的科学家，他们在数学、物理、化学等领域具有较深的造诣，其主要功绩和贡献是同英、美学者伟烈亚力、傅兰雅、玛高温合作，翻译了大量西方科技书籍，首次把西方的物理、化学、矿物学及数学中的代数、几何、三角、概率论、微积分等介绍到中国来，从而为我国近代科学技术的发展奠定了初步基础。

离幕后继续从事学术研究的人员甚多，而其中较具代表性的则主要有方宗诚和刘寿曾二人。方宗诚自幼讲习理学，从未间断，就任直隶枣强县知县后，于从政之余仍不停著述，主要著作有《诸经说都》《柏堂集》等多种。刘寿曾自幼从事考据，其祖父刘文淇、父亲刘毓崧皆为著名学者，治《左氏春秋长编》，事未竟而英年早逝。刘寿曾发愤完成父祖遗业，亦因过于劳累，力瘁病卒，年亦仅四十五岁。祖孙三代均英年早逝，献身于学术研究事业，这在历史上也是少见的。其著作主要有《读书札记》《春秋五十凡例表》等。

离幕后继续从事古文研究与创作的人员为数亦不少，而较有成就和代表性的人员则主要有张裕钊、吴汝纶、薛福成、黎庶昌四人，即通常所说的曾门文学四弟子。其中，张裕钊一边讲学一边创作，故成就最大，地位最为突出；而吴、薛、黎则于从幕从政之余从事古文的研究与写作，故成就稍逊。尤为重要的是，他们四人的作品俱得曾国藩的真传，既继承了桐城文派的艺术风格，又能以汉代古文之长而救其"气衰"之弊，兼具阳刚与阴柔之美，从而形成桐城派文学的一个新的分支，人们称之为湘乡派。他们四人都有著作刊行于世。张裕钊的主要著作有《濂亭文集》《濂亭遗稿》，吴汝纶的著作主要有《桐城吴先生诗文集》《桐城吴先生尺牍》等，薛福成的著作主要有《庸庵全集》《庸庵笔记》等，黎庶昌的著作主要有《拙尊园丛稿》《曾文正公年谱》等。至于以文学见长的人员，则为数众多，凡曾在秘书处任职者，几乎人人如此，其中不少人都有著作刊行于世，有的人，如左宗棠、李鸿章等，亦可称为近代有名之大手笔。因为他们的业绩，主要不表现在文学上，故不再一一详述。

曾国藩幕僚中人数最多、影响最大的是从政人员，他们遍布于政治、经济、军事、外交、科学、文化、教育等各个领域，或者官居要津，或者独任封疆，一时形成"名臣能吏，半出其门"[①]的局面，致使晚清的用人行政、国防、外交无不打上曾国藩的思想政治烙印，影响到整个政局。据统计，出身曾国藩幕僚而后文职官至实缺（含署职）盐运使以上者五十二人，武职官至实缺（含署职）总兵、提督者四人。其中大学士二人：文华殿大学士李鸿章、东阁大学士左宗棠。军机大臣二人：左宗棠、钱应溥。督抚堂官二十三人：丁日昌、刘蓉、刘瑞芬、许振祎、沈葆桢、李兴锐、李明墀、李宗羲、李瀚章、何璟、庞际云、陈士杰、陈兰彬、陈宝箴、恽世临、倪文蔚、涂宗瀛、钱鼎铭、郭柏荫、郭嵩焘、梅启照、黄赞汤、勒方锜。布政使、按察使、盐运使二十六人：万启琛、王德固、厉云官、邓仁堃、江忠浚、汤寿铭、刘于浔、孙长绂、孙衣言、朱孙诒、李元度、李光久、李桓、李鸿裔、李榕、吴坤修、金安清、洪汝奎、胡大任、夏廷樾、桂中行、游智开、裕麟、蒋志章、程桓生、薛福成。提督二人：李云麟、沈宏富。总兵二人：朱品隆、普承尧。从事科研、教育、翻译、文学活动的著名科学家、学者、文学家十三人：刘寿曾、刘毓崧、华蘅芳、徐寿、徐建寅、李善兰、张文虎、张裕钊、吴汝纶、容闳、龚之棠、薛福成、黎庶昌。这在历史上是极为罕见的。这种湘、淮官员，尤其曾国藩幕僚出身的官员到处主持要政的情况，曾国藩在世时已经出现，而到了光绪年间就变得更为明显。仅就掌握地方最大实权的各地总督而言，当时除河、漕二督外，主持军政者只有八个额缺。光绪元至十年全国先后担任是职者共有18人，其中湘、淮系统的官员12人，占总人数的三分之二，曾为曾国藩幕僚者即有6人，占总人数的三分之一。而光绪三、四两年情况尤为突出，不仅8名总督全属湘、淮系统官员，且曾为曾国藩幕僚者就有6人，占了总人数的四分之三。无怪乎清末学者夏震武会说："数十年来朝野上下所施行，无一非湘乡之政术、学术也。"[①]《清史稿》的作者在李瀚章、陈士杰、李兴锐等人的传记之后也评论道："此十人虽治绩不必尽同，其贤者至今尤挂人口，庶几不失曾左遗风欤。"[②]

①　夏震武：《灵峰先生集》第4卷，第57页。
②　赵尔巽等：《清史稿》，中华书局1976年版，第41册，第12511页。

附　录

附录一　幕僚总表

姓名	字号	籍贯	个人出身	在幕时间	所任职事	生卒年代	备　注
丁日昌	雨生	广东丰顺	诸生	1861—1867	办理厘金、盐务	1823—1882	巡抚总理衙门大臣
丁应南	石沴			1857—1859	支应所、递文所		
丁 杰				—1862—	试制炸弹		候补道员
丁铭章	润斋	安徽		1854—1855	军械所委员		
丁蔼士				1858—	文巡捕、内军械所		
卜宗铨	春岩			1858	内银钱所		
万方田	少村	湖北黄州		—1866—1868—	内军械所		
万永熙				—1864—	厘金委员		
万启琛	簏轩			1854—1865	办理劝捐、厘金、饷盐、粮台		布政使

左侧竖排书名：曾国藩幕府

姓名	字号	籍贯	个人出身	在幕时间	所任职事	生卒年代	备注
马丕庆				1854—1856	稽查水卡、粮台委员		知县
文辅卿		湖南湘乡		1860—	厘金委员		
方宗诚	存之	安徽桐城	诸生	—1863—1870	忠义局、秘书处	1817—1887	知县、理学
方骏谟	元征	江苏阳湖		1863—1868	绘制地图、草拟函件	1816—1879	直隶州知州
方翊元	子白	湖北兴国		1854—1863	采编所、秘书处		直隶州知州
计崇	苇村	湖北		—1869—			
计棠				1865—1867	查圩委员		候补训导
王子鉴				1863—1867	盐务督销局		
王凤喈				1859—1860	帮办营务		
王必达	霞仙			1860—1868	粮台提调		知府
王延长	少岩	江苏江宁		1861—1870—	粮台、报销局		知府
王寿其				—1862—	厘卡委员		
王廷鉴				—1863—	厘金委员		
王定安	鼎丞	湖北东湖	举人	1865—1868	秘书处	1836—1884	道员
王治覃		湖南永州	诸生、孝廉	1860—1865	湖南东征局、淮北盐务督销局		
王勋	人树	湖南湘乡		1858—1859	营务处		候选知府
王香倬	子云	湖南衡阳		1860—1872	管理文案		
王柏理					盐卡委员		王柏心弟
王祥储				—1863—			候补知县

姓名	字号	籍贯	个人出身	在幕时间	所任职事	生卒年代	备　注
王荫福	梅村	直隶正定		—1865	工程局委员		
王家璧	孝凤	湖北武昌县		1863—1867	营务处		学政
王积懋	霍生			1859—1867	外军械所、泰州盐务总局		
王鸿训	子蕃			1864—1872	秘书处		知县
王冕				1859—1860	帮办营务		
王福				1858—			
王敬恩	福波	安徽祁门	举人	1860—1861	办理书启		祁门训导
王瑞征	芝圃			1862—1866	文案委员		
王嵩龄				1859—1860	赞画军事		
王德固	子坚	河南鹿邑	进士	1862—	主管赣州厘金局		四川布政使
王澧				1858—	内军械所		
尹沛清				1865—1867	查圩委员		候补直隶州知州
毛印棠				1865—1867	查圩委员		候选训导
仇善培	煦醇			—1866—1868—	管理文案		
冯邦栋				1858—1863	帮办营务、厘金委员		
冯卓怀	树堂	湖南长沙	举人	1854、1861	劝捐、巡察碉堡		知县、候选知府
冯晟				1860—1865	湖南东征筹饷局		

姓名	字号	籍贯	个人出身	在幕时间	所任职事	生卒年代	备注
冯焌光	竹如	广东南海	举人	1859—1871	办理书启、江南制造总局总办	1830—1878	道员
石楷				1868—1870	报销局		
厉云官	伯符	江苏仪征		1853—1861	审案局、粮台、转运局		布政使
左菊农				1854—	粮台		
左宗棠	季高	湖南湘乡	举人	1860	赞画军政大计	1812—1885	总督、大学士、军机大臣、钦差大臣
左楷	樵犀	湖南长沙	副贡生	1855—		—1858	候补同知
甘绍盘	愚亭、玉亭	安徽桐城	诸生	1862—	散赈、厘金		实缺知县
甘晋	子大	江西奉新		1855—1862	粮台、报销局、营务处	—1862	主事
邓仁堃	厚甫	湖南武岗	拔贡	1855—1857	船炮局、支应局	—1866	按察使
邓尔昌	少卿			1858—1860	报销转运局委员		
邓良甫				1869—1870	秘书处		
邓季雨				1863—1867	厘金委员		
邓益亭		江苏无锡		—1862—	厘金局		
邓嘉绩				—1863—	办理厘务		
史念祖	绳之	江苏江都	监生	1869—1870	发审局		巡抚
史致谔	士良	江苏溧阳	翰林	1855—	办理饷盐		道员
叶宝树				1858—1860—	专司水师支应		

姓名	字号	籍贯	个人出身	在幕时间	所任职事	生卒年代	备　注
叶绪东				1871—1872	中国驻美留学生局汉文教习		
江忠浚	达川	湖南新宁		—1863—	购米局		布政使
汤寿铭	小秋	湖南益阳		—1871—	木厘局		布政使
刘于浔	养素	江西南昌	举人	1854—1864	办理船厂、巡查厘务		按察使
刘小粤				—1863—	巡查江面船只		
刘世墀	彤阶	湖北汉阳		1854—1865	内银钱所、盐务督销局		候补直隶州知州、署理知县
刘生瑢				1859—1860	襄办营务		
刘兆彭				—1862—	审理案件		
刘寿曾	恭甫	江苏仪征	副贡生	1867—1872		1838—1882	汉学学者
刘受亭				—1871—	盐务总栈栈员		候补道员
刘廷选					盐卡委员		
刘金范		江苏阳湖		1869—1870			钱粮师爷
刘星炳	晴轩			—1862	总查委员		
刘建德	馨室	广东		1853—1861—	审案局、营务处		知县、候补道员
刘恭冕					编书局		
刘崧				1858—	文案委员		
刘曾撰	咏如			1858—1865	文巡捕、粮台		
刘蓉	孟容、霞仙	湖南湘乡	文童	1853—1855	秘书处谋划军政大计	1816—1873	巡抚

姓名	字号	籍贯	个人出身	在幕时间	所任职事	生卒年代	备注
刘瑞芬	芝田	安徽贵池	诸生	1861—1862	秘书处	—1892	巡抚
刘献葵	日心	江苏阳湖		—1862—	子弹局委员		
刘履祥				1864—	大通招商局		
刘毓崧	伯山	江苏仪征	贡生	1863—1867	编书局	1818—1867	汉学·学者
刘瀚清	开生	江苏武进		1862—1872	草拟函稿、奏稿上海预备学校校长		候补知府
许长怡		安徽歙县			粮台文案		
许振祎	仙屏	江西奉新	进士	1853—1863	草拟函咨、奏稿	—1899	巡抚、河督
成名标		广东		1852—1860—	监造战船		
成果道				1860—1865—	湖南东征局		候补知县
成振堂				—1864—	巡捕		
成蓉镜	芙卿	江苏宝应			编书局		知县
孙文川	登之	江苏江宁					知府
孙方舆	莘畲			—1870—1872	秘书处		
孙长绂	小山	湖北枣阳		1862—1867	总理江西牙厘总局、总粮台		布政使
孙衣言	琴西、劭闻	浙江瑞安	翰林	1863—1870	营务处、秘书处、报销局	1841—1894	布政使
孙尚绂				—1864—	审理案件		郎中
孙芳					幕士		

姓名	字号	籍贯	个人出身	在幕时间	所任职事	生卒年代	备注
孙鸿钧				1855—1863—	厘卡委员		
向师棣	伯常	湖南溆浦	诸生	1862—1865	粮台银钱所、营务处、秘书处	1835—1865	
向绍光				—1862—1864—	江西河口厘务委员		
朱长彪				1858—	襄理营务		
朱名璪				1865—1867	查圩委员		候补知县
朱孙诒	石翘	江西清江	捐纳	1853—1854	劝捐、营务处		盐运使
朱品隆	云岩	湖南		1858—1861	营务处	—1879	总兵
朱唐洲				—1871—	营务处		
朱宽成			文童	—1862—	厘卡委员		
朱蕖	尧阶	湖南湘乡		1853—1864—	办理劝捐等务		
朱紫卿				1863—	巡查厘卡		
任伊	棣香	江苏宜兴	贡生	—1870—1872	秘书处		
华蘅芳	若汀	江苏无锡		1861—1872	内军械所、江南制造局、翻译局	1833—1916	候补直隶州知州、科学家
汪士珍				—1864—1868	采访忠义局		教谕
汪士铎	梅村	江苏江宁	举人	1862—1872	编书局	1802—1889	
汪元慎	少益、少逸			—1856—	秘书处		
汪宗沂	仲伊、咏春、弢庐	安徽歙县		1864—	采访忠义局	1837—1906	

姓名	字号	籍贯	个人出身	在幕时间	所任职事	生卒年代	备注
汪丽金				—1864—	厘卡委员		
汪翰	午珊	江西武宁		1860—	采访忠义局、皖南牙厘局		
沈宏富	仙槎	湖南凤凰厅		1865—1867	营务处		总兵、署理提督
沈梦存		浙江绍兴		1869			刑名师爷
沈葆桢	幼丹	福建侯官	翰林	1855、1856、1858	办理饷盐、营务处、粮台		总督
沈鹤鸣				—1859—	当差		
严良畯				1853—	审案局		
李子真				—1863—	抄写员		
李万青				—1863—	厘卡委员		
李士棻	芋仙	四川忠州	拔贡	1861—1864—		1821—1885	知县
李元度	次青	湖南平江	举人	1854—1860	秘书处、营务处	1821—1887	布政使
李云麟	雨苍	汉军旗	诸生				办事大臣
李光久	健斋	湖南湘乡	举人	—1871—	营务处		男爵、按察使
李光熙				—1867	厘金局提调		
李兴锐	勉林	湖南浏阳	诸生	1858—1872	粮台、报销局、盐务招商局、发审局、营务处、江南制造总局		巡抚、署理总督
李作士	少山			1860——1864	银钱支应所		

姓名	字号	籍贯	个人出身	在幕时间	所任职事	生卒年代	备注
李传黻	佛生、绂生、黻生	湖北汉阳一说为孝感	拔贡生	1868—1870	秘书处		候补知府、卢龙知县
李沛苍	笋生	湖南湘潭	举人	1854—1858	发审委员		
李茂斋				1860—1862	湖南东征局		
李明墀	玉楼玉阶	江西德化		—1865	湖南东征局		河南巡抚
李宗羲	雨亭	四川开县	进士	1858—1869	内军械所、营务处、粮台、购米局、转运局、厘金局、盐务总栈	—1884	总督
李昭庆	子明、眉叔、幼荃	安徽合肥	监生	1865—1866	营务处	1853—1873	记名盐运使
李炳涛				1865—1867	查圩委员		庐州知府
李　桓	黻堂	湖南湘阴	廪生	1860—1863	粮台、厘金局		布政使
李振钦				—1862—	厘卡委员		
李清华		湖南新田		—1856	粮台委员、支应	—1856	候选府经历
李　寅				—1863—	厘金分局委员		
李鸿章	少荃、渐甫、子黻	安徽合肥	翰林	1859—1862	草拟奏稿、参谋军政大计	1823—1901	总督、钦差大臣、大学士、总理衙门大臣
李鸿裔	眉生、香岩、苏邻	四川中江	拔贡生捐纳	1862—1866	草拟奏稿、主总粮台	1831—1885	按察使

姓名	字号	籍贯	个人出身	在幕时间	所任职事	生卒年代	备 注
李善兰	壬叔	浙江海宁	诸生	1862—1868	编书局	1810—1882	郎中、总理衙门章京、同文馆总教习、数学家
李 惺			翰林	1854—	劝捐		翰林院编修
李联琇	秀莹、小湖	江西临川	翰林	1864—	采访忠义局		学政、大理寺聊
李葆斋			进士	1862—	采访忠义局		
李 复			诸生	—1862—	厘卡委员		
李 棫			诸生	1854—1855	采编所		
李 榕	申夫	四川剑州	进士	1859—1866	营务处、善后总局		布政使
李鹤章	季荃	安徽合肥	诸生			1825—1880	道员
李瀚章	筱荃、敏胹、钝叟	安徽合肥	拔贡生	1854—1864	粮台、报销局、厘金局	1821—1895	总督
杜文澜	小舫	浙江秀水	诸生、捐纳	1863—1867	盐务督销局		候补道员
杜光邦				1858—1860	营务处小委员		
杨万锦	芳三			1862—1864	文案委员		
杨文会	仁山	安徽石埭		1862—1865	谷米局、工程局、筹防局	—1911	
杨朴庵		安徽石埭		1860—1863		—1863	
杨仲琛				—1871—	营务处		候补道员

姓名	字号	籍贯	个人出身	在幕时间	所任职事	生卒年代	备 注
杨 欣	晓亭			1855—	饷盐盐卡委员		
杨宗彝	毅生	湖南湘潭			秘书处	—1884	
杨沂孙	子与	江苏常熟		1864—1865	湘淮米盐互市局提调	1813—1881	安徽凤阳知府
杨象济	利叔	浙江秀水	举人	1860		1825—1887	
杨照藜				1862—1864	厘金分局委员		
杨德亨				—1862—1868	采访忠义局		
张文虎	啸山、孟彪	江苏南汇		1863—1872	编书局	1808—1885	治汉学、通算学
张云吉				1865—1867	查圩委员		候补直隶州知州
张仙舫				—1864—1870—	盐卡委员		
张同生				1851—1858	办理粮台支应		候补知县
张丞实				1854—1855	劝捐、审理案件		知府、署道员
张虎文				1865—1866	查圩委员		候补直隶州知州
张秉钧	小山			1854—1864—	粮台、报销局		
张复翮	汉秋			—1862—1864—	文案委员		
张埏昭	晖垣			—1872	秘书处		
张载福				—1863—	厘卡委员		
张 葆				—1862—	押解犯官		候补知直隶州

曾国藩幕府

姓名	字号	籍贯	个人出身	在幕时间	所任职事	生卒年代	备 注
张富年	芑堂			—1863— 1867—	盐务总局、厘金局		
张裕钊	廉卿	湖北武昌	举人	1861—	秘书处	1823—1894	内阁中书、古文学家
张斯桂	鲁生	浙江萧山		1863—	秘书处		驻日副使
张锡嵘	敬堂	安徽灵璧 （今灵璧）	翰林	1865—1866	营务处	—1867	学政
张锦瑞	笛帆	湖南善化	举人	1863—1865	草拟奏稿		知县
张韶南	伴山			1858—1861	粮台	—1861	候补知府
张德坚	石朋	甘泉		1854— 1868—	采编所总纂、盐务总局文案		
张燮昭					幕士		
吴大廷	彤云、桐云、小西腴山馆主人	湖南沅陵	举人	1870—1872	操练轮船	1824—1877	道员
吴中英				—1865	厘卡委员		
吴世熊 （雄）				1865—1866	转运局		道员
吴文泰				—1859—	襄办营事		
吴文澜		江西		1855—1865	江西饷盐总局、湖南东征局		
吴汝纶	执甫	安徽桐城	进士	1864—1872	秘书处	1840—1903	直隶州知州、古文学家

姓名	字号	籍贯	个人出身	在幕时间	所任职事	生卒年代	备注
吴沄				—1863—	厘卡委员		候选知县
吴廷华	干臣	安徽泾县	文童	1856—1859			
吴坤修	竹庄	江西新建	捐纳	1854—1855	专司水师军械	1816—1872	布政使
吴廷球				—1859—	解运军装		
吴峻基				1865—1867	查圩委员		
吴嘉宾	子序	江西南丰	翰林			1803—1864	
吴嘉善	子登	江西南丰	翰林	1862	内军械所		中国驻美留学生局监督、嘉宾弟
吴赞城	春帆			1861—1863	厘金委员		同知
何庆澂				—1864—	发审局委员		
何应祺	镜海	湖南善化		1858—1871	秘书处、营务处、湖南东征局		知县
何铣	致华			—1863—	办理盐务		
何敦五	丹臣	湖南巴陵		1858—1864—	粮台		
何源	镜芝	湖北武昌		1855—			
何璟	小宋	广东香山	翰林	1863—1867	营务处、报销局、审理案件	—1888	总督、署将军
余鋆				1859—	解运军装		
庞际云	省三	直隶宁津	翰林	1864—1867	秘书处、善后局	—1886	布政使、署理巡抚
聂琪				—1862—1864—	文案委员、绘制地图		

姓名	字号	籍贯	个人出身	在幕时间	所任职事	生卒年代	备 注
欧阳兆熊	晓岑	湖南湘潭	举人	1860—1872	秘书处、编书局、谋划军政要务		
欧阳侗				—1864	文案房职员		
林士班				1865—1866	查圩委员		
林长春	晴岚	顺天		—1856	粮台委员、支应		
林源恩	秀三	四川达州	举人	1855—1856	办理粮台支应、营务	—1856	知县
陈士杰	隽丞、俊臣	湖南桂阳州	拔贡	1854—1855	秘书处参谋军事	1824—1892	巡抚
陈方坦	筱浦	浙江海宁		1863—1872	草拟盐务文稿		
陈兰彬	荔秋	广东吴川	翰林	1869—1872	秘书处、发审局、中国驻美留学生局		侍郎、总理衙门大臣
陈 艾	虎臣	安徽石埭	拔贡	1860—1868	采访忠义局	1811—1897	候补直隶州知州
陈长吉				—1864—	管理粮台文案		
陈光亨	秋门	湖北兴国	进士	—1856—	秘书处		
陈学受	艺叔	江西新城	诸生				
陈 茂		安徽石埭	诸生	1860—1864	厘金局委员		陈艾弟
陈鸣凤				1858—	文案委员		
陈济清	云卿	湖南宁乡		1869—1872	秘书处		

姓名	字号	籍贯	个人出身	在幕时间	所任职事	生卒年代	备注
陈容斋				1869—1870	秘书处		
陈斌	惺斋	江西南昌		1855—1867—	典客		候补知府
陈宝箴	右铭	江西义宁	举人	—1862—	厘卡委员		巡抚
陈源豫	季牧	湖南茶陵		—1855—	内银钱所		
陈鼐	作梅	江苏溧阳	进士	1859—1870	秘书处	—1872	道员
陈黉举	序宾	安徽石埭	诸生		办理盐务、厘金	1833—1883	候补直隶州知州
陆伯吹				—1864—	文报局委员		
周子瑜				—1864	帮办科场事务		
周成	志甫	安徽绩溪	贡生	1860—1863	秘书处	—1863	
周汝霖				—1863—	厘卡委员		主簿
周均				—1859—	帮理营务		
周尚桂				—1856	办理粮台支应	—1856	
周学浚	缦云	浙江乌程		1862—1865	家庭教师		
周继芬				—1859—	解运军火		
周悦修				—1864—	审理案件		候补同知
周腾虎	弢甫	江苏阳湖		1855—1862	办理饷盐、购买轮船	1816—1862	
范泰亨	云吉	四川隆昌		1863—1864	厘金局、粮台、审理案件	—1864	知府
易光济				—1859—	解运军装		
罗萱	伯宜	湖南湘潭		1854—1857	秘书处、营务处	1827—1869	候补同知

姓名	字号	籍贯	个人出身	在幕时间	所任职事	生卒年代	备 注
罗麓森	茂堂	湖南长沙		1864—1867	营务处		候补道员
金世醇				—1859—	随营办事		
金安清	眉生	浙江嘉兴		1863—	制定盐务新章		署理盐运使
金吴澜	鹭卿			—1868—1870—	审理案件		
邹汉章	叔明	湖南新化	诸生	1854—1855	营务处、采编所	1821—1860	候选教授
邹寿璋				1855	内银钱所	1818—1863	
邹畇荄				1860—1864	湖南东征局		
邵彦烺		浙江		1854—1855	采编所		
邵懿辰	位西	浙江仁和		1855	办理饷盐	—1862	员外郎、今文经学家
洪汝奎	莲舫、琴西	安徽泾县	举人	1861—1872	粮台、保甲局、军需局、编书局、劝农局	—1887	盐运使
施恩实	少麟			1855—	军械所		
祝垲	爽亭			1866—1867	营务处		候补道员
郑元璧	锡侯	湖南衡山		1860—1865	湖南东征局		候补道员
郑重				—1863	厘卡委员		
郑奠				—1861—	厘金局		
郑德基				1854—1857	粮台委员	—1857	
恽世临	季成、次山	江苏阳湖	翰林	1860—1865	湖南东征局		巡抚
恽光业				1863—	盐卡委员		

姓名	字号	籍贯	个人出身	在幕时间	所任职事	生卒年代	备注
柯钺	小泉	安徽歙县	举人	1861—1864	草拟函、奏稿件	—1864	
胡大任	莲舫	湖北监利	进士	1854—1860	劝捐、转运局、报销局		布政使
胡心庠	蔚之	江西		1855—1859	秘书处、支应局、递文所、报销局		知县
胡升琪	少笛	湖南长沙		—1864—	内军械所		
胡云衢				1858—	粮台军械所		
胡嘉垣	维峰	湖南		1854—1858—	办粮台、船厂		
胡镛	听泉	湖南		1860—1862	湖南东征局		候补知府
赵少魁			举人		厘金委员		
赵烈文	惠甫、能静居士	江苏阳湖	监生	1856—1869	草拟函、咨奏稿	1832—1893	直隶州知州
赵景坡		浙江绍兴		1869—1870			刑名师爷
屈蟠	文珍、见田	江西湖口	诸生				按察使衔候补道员
贺麓樵		湖南浏阳		—1869—1872	家庭教师		
贺霭若	云舫	湖北蒲圻	举人	1854—1864—	盐卡委员		
俞晟	景初				委员		
俞潘				—1863	厘卡委员		
钟文				1865—1867	行营发审所		按察使衔候补道员
须国昶	存甫	江苏阳湖		—1856—	饷盐盐卡委员		

姓名	字号	籍贯	个人出身	在幕时间	所任职事	生卒年代	备 注
姚彤甫				—1862—	盘查委员		
姚体备	秋浦	山东		1860—1862	营务处、厘金		道员
姚岳望	彦嘉			—1856—	饷盐盐卡委员		
姚星浦				—1863—	厘卡委员		
姚 镶				—1863—	粮台		候补县丞
高心夔	伯足	江西湖口	进士			1835—1883	知州
高列三	聚卿			—1866— 1869—	内银钱所		
高慧生				—1862—	厘卡委员		
唐仁寿	端甫	浙江海宁	贡生	1865—1872	编书局	1829—1876	
唐焕章	柏存	四川		—1869— 1872	秘书处	—1872	
唐翰题					绘制地图		候补知县
容云甫				1871—1872	中国驻美留学生局汉文教习		
容 闳	达明、纯甫	广东香山		1863—1872	赴美购买机器、中国驻美留学生局	1828—1912	副公使、留美归国学者
涂宗瀛	朗仙	安徽六安	举人		办理粮饷	1812—1894	总督
凌荫亭				1858—1862	转运局委员兼文书，厘金委员		
凌 焕	晓岚	安徽定远		—1865— 1872	秘书处		
部仲龄	星槎	湖南澧陵		—1865—	运盐委员		

姓名	字号	籍贯	个人出身	在幕时间	所任职事	生卒年代	备注
祥麟				1855—	劝捐		
夏廷樾	憩亭	江西新建		1854	办理劝捐、粮台		湖北布政使
夏銮				1853—1854	参与战船设计		知县
夏燮	谦甫	安徽当塗	举人				知县
秦豫基				1856—1858—	解运军火、办理粮台支应		
桂中行	履真	贵州镇远	诸生	1865—1867	查圩委员	—1897	广西、湖南按察使
桂正华	实之	安徽石埭		—1862—1868—	行营巡捕		
袁文镖				—1863—	厘卡委员		
袁西焘				—1864—	绘制地图		
龚之棠	春海			—1862—	安庆内军械所		铸炮专家
莫友芝	子偲、郘亭、眲叟	贵州独山	举人	1861—1871	编书局	1811—1871	候选知县学者
莫祥芝	善征	贵州独山		1854—1864	秘书处、粮台军械所、粮台银钱所	1827—1889	直隶州知州
翁开甲				1865—1867	查圩委员		候补游击
徐子苓	西叔、叔玮、毅甫、龙泉老牧、南阳子、默道人	安徽合肥	举人	1861—1864		1812—1876	

曾
国
藩
幕
府

姓名	字号	籍贯	个人出身	在幕时间	所任职事	生卒年代	备　注
徐　寿	雪村	江苏无锡		1861—1872	安庆内军械所、江南制造局、翻译馆	1818—1884	县丞、科学家
徐树钊	季恒			—1862	善后局委员		
徐建寅	仲虎	江苏无锡		1861—1872	安庆内军械所、江南制造局	—1900	候补道员、科学家
徐堂赓				—1863	赴四川购米		
钱应溥	子密、葆慎、闻静老人	浙江嘉兴	拔贡生	1862—1872	草拟奏稿	—1902	尚书、军机大臣
钱鼎铭	调甫	江苏太仓	举人	1867—1869	办理粮台、赈务	—1875	巡抚
倪文蔚	豹岑	安徽望江	翰林	1865—1866		—1890	巡抚、学院山长
倪镜帆				—1868—	盐务总栈栈员		
梁葆颐					湖南东征局查盐		县丞
章寿麟	价人	湖南长沙		1854—1858—	秘书处小委员、监印		
郭用中					厘卡委员		
郭占彪				—1863	赴四川购米		
郭国屏				—1861	粮台		
郭征畴				1860—1865	湖南东征局		员外郎
郭笙陔				1858—1861—	办理书启		

姓名	字号	籍贯	个人出身	在幕时间	所任职事	生卒年代	备 注
郭柏荫	弥广、远堂	福建侯官	翰林	1862—1863	秘书处	—1884	巡抚、署总督
郭崑焘	意城、仲毅、樗叟	湖南湘阴	举人	1858—1865	秘书处、湖南东征局	1823—1882	内阁中书
郭嵩焘	伯琛、筠仙、玉池老人	湖南湘阴	翰林	1854—1856	办理劝捐、饷盐、参谋军政大计	1818—1891	侍郎、总理衙门大臣
曹光汉				1853—1866	办理街团		
曹禹门				1858—1864	经管船厂		
曹 炯				1858—1860—	办理粮台支应		
曹耀湘	镜初	湖南长沙	举人	1871	秘书处		员外郎
梅启照	小岩	江西南昌	进士	1861—1870	秘书处、报销局		侍郎
梅煦庵				—1871—	支应委员		知县
黄廷瓒		湖南长沙		1853—1865	办理街团、湖南东征局		候补知县
黄 芳	鹤汀	湖南长沙	举人	1860—1862	湖南东征局	—1865	道员
黄鸣珂		贵州		—1859—1863—	转运军需		署知府
黄炳烈				1854—1855	采编所		
黄家驹	冠北			—1865—	盐务督销局		候补知府
黄 冕	南坡	湖南长沙		1860—1865	参谋军政要务，办理厘金、盐务，湖南东征局	1795—1870	道员
黄锐昌				—1863	厘卡委员		

曾国藩幕府

姓名	字号	籍贯	个人出身	在幕时间	所任职事	生卒年代	备注
黄锡彤	麓西	湖南善化		1861—1862	湖南东征局		翰林院编修
黄赞汤	尹咸、莘农	江西庐陵	翰林	1854—1857	劝捐局、饷盐总局		巡抚、侍郎
勒方锜	少仲	江西新建	贡生	1864—1872	秘书处		巡抚、河督
屠 楷	晋卿	安徽宣城	贡生	1863—1868	草拟奏稿		
陶庆仍				1862—1863	厘金局		
陶寿玉	仲瑜			1853—1864	管理收支账目、报销局		
陶 桃		湖南安化		1860—1865	湖南东征局		候补道员
萧世本	廉甫	四川富顺	翰林	1868—1870	秘书处	—1874	知县、署知府
萧锦臣				—1859—	帮办营务		
童定勋				—1859—	帮理营务		
阎 晖	海晴	湖南长沙		1859—1862—	报销转运局委员、厘卡委员		
阎禹邻				—1862—1864—	文案委员		
阎 泰		湖南长沙		1858—	管理文案	—1864	候补知县
普承尧	钦堂	云南新平	武进士	—1862—1863	护理粮台		总兵
曾广骥				—1862—	办理厘金、粮台支应		候补道员
曾化南				—1863—			知县
曾开骥				—1862—			
曾兰生				1871—1872	中国驻美留学生局翻译		

176

姓名	字号	籍贯	个人出身	在幕时间	所任职事	生卒年代	备 注
游智开	子代	湖南新化	举人	1869—1870			布政使
裕 麟	石卿			1854—1860	办理粮台、湖南东征筹饷局		布政使
禄 廉	鸿轩、瓜尔佳氏	满洲镶黄旗		—1861—1862—	子弹局委员		
彭山屺	九峰	湖南		1856—1861	办理营务、承审案件、护理粮台		
彭先俊				—1859—	帮办营务		
彭汝琮	器之	湖南		1860—1862	湖南东征局		
彭述清				1858—	襄理营务		
彭维蕃				—1859—	料理营务		
彭嘉玉	笛仙	湖南长沙		1854—1868	参议军事、办理报销		候补知府
隋藏珠	龙渊			1860—1862	粮台总办		
蒋志章	恪卿、璞山	江西铅山	翰林	1862—1863	厘金局		四川布政使
蒋嘉棫	纯卿	江苏长洲		1862—1867	秘书处厘金局		
喻吉三				1858—	护理粮台		
喻佐卿				—1859—	襄办营事		
鲁秋航				1860—1865—			
程仲庠				—1861—	粮台		

姓名	字号	籍贯	个人出身	在幕时间	所任职事	生卒年代	备　注
程国熙	敬之	安徽歙县		1867— 1871—	盐务总栈栈员		
程奉璜			诸生	1854—1855	采编所分纂		
程桓生	尚斋	安徽歙县	贡生	1854— 1867	秘书处、盐务督销局、厘金局		两淮盐运使
程鸿诏	伯敷	安徽黟县	举人	1861— 1866	办理书启		候补知府
窦钲				1865—1867	查圩委员		候选直隶州州判
褚汝航				1853—1854	监造战船、办理营务处	—1854	候补道员
褚景锴				1858—	武巡捕		
雷维翰	西垣	江西铅山		1858— 1864—	粮台		道员
靳芝亭	兰友	山东馆陶		—1863—	子弹局委员		知县
廖文凤				1854—1855	采编所		
廖献廷				1856— 1858—	办理粮台支应		
谭光炳				1854—1855	采编所		
谭光藻				1854—1855	采编所		
谭鳌				1853、 1863—1865	保甲局、内军械所		
蔡贞斋				1867—1868			候补道员
蔡应嵩	少彭	广东		1861— 1863—	厘金局		署知府

姓名	字号	籍贯	个人出身	在幕时间	所任职事	生卒年代	备 注
蔡家馨				1863—			候补知县
蔡锦青	芥舟	广东惠州		1855	饷盐盐卡委员		道员
潘文质	彬如			—1868—	内银钱所		
潘文琳				—1863—	厘金分局委员		
潘兆奎				1862—1864	内银钱所		
潘良梓				—1863—	厘卡委员		
潘 敬				—1863—	赴四川购米		
潘鸿焘	伊卿	湖南湘乡	诸生	1860—1868	办理厘金、粮台、河工		罗泽南弟子
潘敬遑				1854—1855	采编所		
潘曾玮	玉泉	江苏		1864—	办理劝捐		
颜培蕭				—1862—1863—	办理厘金		候补知府
樊沛仁				—1863—	厘卡委员		
黎竹林				—1869—1870—			
黎庶昌	莼斋	贵州遵义	廪贡生	1863—1868	善后局、秘书处	1837—1897	道员、驻外公使
黎福畴	寿民	湖南湘潭	进士	1855—1862	办粮台、审案件		知县、署知府
薛元启				1865—1867	查圩委员		署知县
薛世香				—1869—	盐务总栈栈员		
薛书常				—1866—	办理粮台		
薛芳亭	炳炜			—1863—1864—			

曾
国
藩
幕
府

姓名	字号	籍贯	个人出身	在幕时间	所任职事	生卒年代	备 注
薛福成	叔耘	江苏无锡	副贡生	1865—1872	草拟函奏稿件	1838—1894	副都御史、驻外公使
穆其琛	海航	四川	举人	1861—1862	襄理文案		直隶州知州
戴秉钧				—1859	襄办营事		
戴 望	子高	浙江德清	诸生	1867—1872	编书局	1837—1873	
魏 栋				1858—1860—	报销转运局委员		
魏 瀛		湖南衡阳		—1859—	转运粮饷		

注："在幕时间"一项,前面有破折号者表示入幕时间不详,后面有破折号者表示出幕时间不详。中间两个数字用破折号连接者表示确知其最早和最晚的在幕中活动的时间,但并不表示其在幕年数,因有的入幕后一直在幕中,有的则屡出屡入,间隔时间相当长。曾国藩丁忧在籍期间所有幕僚都不在幕中。

附录二　幕僚个人简历

（按姓氏笔画排列）

二　画

丁日昌

丁日昌字雨生，广东丰顺人。诸生。咸丰四年在籍办团练，解潮州围。五年授广东琼州府学训导，十二月授江西万安县令。十年八月署庐陵县令，十一年三月因失城革职。七月入曾国藩幕，在江西充任厘卡委员。同治元年五月调赴广东办理厘金。十月开复原官，以知县在江西补用。二年八月调回安庆行营，旋调赴上海，转入李鸿章幕中。三年五月署苏松太道道员，八月受曾国藩委派督促上海士绅开办沪捐八十万两，解送江宁善后局。四年正月实授松苏太道，五月充江南制造局总办，十月迁两淮盐运使，主办两淮盐务，兼理江北厘金总局。六年二月迁江苏布政使，十二月迁江苏巡抚。同治九年六月赴津协办教案，闰十月忧免。光绪元年九月起复，出任福州船政大臣，十一月授福建巡抚，仍兼船政大臣。三年七月病假，四年四月病免。五年闰三月会办南洋海防、江防事宜，加总督衔，兼充总理各国事务衙门大臣。光绪八年正月病死。

丁应南

丁应南字石沥，咸丰七年初入幕，会同胡心庥为曾国藩办理支应。咸丰八年六月曾国藩再出领兵，丁应南再次入幕，会同胡心庥办江西支应分局。九月该局撤销，复与胡心庥办理南昌递文所。咸丰九年初胡心庥赴吴城报销局任事，丁应南去向不明。

丁　杰

丁杰出入幕时间不详。善制炸弹。同治元年曾在安庆试放炸弹，并赶赴天京城外了解新铸炸弹的实战效果。官至候补道员。

丁铭章

丁铭章字润斋，安徽人。咸丰四五年间入曾国藩幕，任军械所委员。

丁蔼士

丁蔼士咸丰八年七月入曾国藩幕，任行营文巡捕，兼管内军械所。其离幕时间不详。

卜宗铨

卜宗铨字春岩，咸丰八年七月入曾国藩幕，委办内银钱所。其离幕时间不详。

三　画

万方田

万方田字少村，湖北黄州人。出入幕时间不详。同治五年十二月至七年三月曾在曾国藩幕中充任幕僚，委派内军械所任职。

万永熙

万永熙入幕时间不详，曾任江西厘金委员，同治三年二月查参革职。

万启琛

万启琛字簏轩。咸丰四年入曾国藩幕，委办江西劝捐。五年四月委办饷盐，七月补授湖北粮储道，仍留江西办理盐饷。咸丰六年奉命赴浙江办理招商、督运事宜，经浙抚宴端初奏留浙江差委。咸丰十年正月回江西会商饷盐章程，奉旨留江西办理团练。咸丰十一年八月经曾国藩奏调赴皖，委办安徽牙厘总局，兼办善后事宜。同治二年正月补授安徽按察使，三月迁江苏布政使，十二月改江宁布政使，仍留安徽办理厘金、善后诸务。同治三年三月派赴泰州设局劝捐筹饷，九月赴江宁布政使任，委办金陵粮台。同治四年八月去职，其后事迹不详。

马丕庆

马丕庆原为湖南宁乡县知县，因失城革职。咸丰四年八月调入曾国藩幕中，委派稽查水卡。后任粮台委员，在周凤山部办理支应事项，咸丰六年二月在江西樟树镇阵亡。

四　画

文辅卿

文辅卿湖南湘乡人。咸丰十年六月入曾国藩幕，被委派办理江西厘务。其何时出幕不详。

方宗诚

方宗诚字存之，安徽桐城人。诸生。著名古文学家方东树之族弟。咸丰三年太平军占桐城，方宗诚避居山中读书、著文。咸丰八年出游三河李续宾军营，曾建议先收庐江以保后路，未被采纳，旋离去。咸丰九年春入山东布政使吴廷栋幕，教授其两孙读书。是年冬吴廷栋降调直隶按察使，方宗诚又随之赴保定。吴廷栋将其荐之于曾国藩。方宗诚于此年动身赴祁门。咸丰十一年正月因道梗中途变计，入河南巡抚严树森幕，曾为其草拟弹劾胜保疏。同治二年春入曾国藩幕，任职采访忠义局，奉委撰写《两江忠义录》。同治八年十月奉调赴直隶，继续充任曾国藩幕僚，大约办理书启之类。同治九年九月曾国藩南返，方宗诚转入李鸿章幕中，继续充任幕僚。同治十年，经李鸿章奏保补授枣强县县令。在任九年。以卓异引见，约于光绪六年乞病归，买宅安庆，专司著述。光绪十三年病卒，终年七十一岁。其间，曾为彭玉麟草拟奏折数件。著有《诸经说都》三十三卷，《柏堂集》九十二卷，《俟命录》《志学录》《读书笔记》《讲义》《柏堂师友记》合三十九卷。

方骏谟

方骏谟字元征，江苏阳湖人。同治二年正月在安庆入曾国藩幕，受曾国藩委派与刘瀚清等绘制安徽省与长江地图。同治三年七月地图绘制完毕，八月入秘书处，专司草拟函稿。同治七年十一月曾国藩北上赴直隶总督任，方骏谟赴徐州，入徐海道吴世雄幕。

方翊元

方翊元字子白，湖北兴国人。咸丰四年十月在湖北武穴入幕，任采编所副总纂，奉委编纂《贼情汇纂》。咸丰五年初太平军发动反攻，再占武穴。采编所迁往湖南长沙，人员星散，方翊元辗转赶赴南康大营，回到曾国藩幕中。曾国藩再出领军，方翊元复于咸丰十年四月在宿松入曾国藩幕。同治二年五月出署安徽和州直隶州知州。

计 崇

计崇字苇村，湖北人。出入幕时间不详。同治八年七月前后曾在曾国藩幕中充任幕僚。

计 棠

计棠原为候补训导。同治四至六年在曾国藩幕府任查圩委员，委查河南开封、归德、陈州三府圩务。

王子鉴

王子鉴出入幕时间不详。曾在江西盐务督销局任事，时间约在同治二年五月到同治六年初。

王凤喈

王凤喈出入幕时间不详。咸丰九、十年间曾在幕中帮办营务。

王必达

王必达字霞轩，原为江西建昌府知府，曾国藩驻守建昌时相识。咸丰十年六月入幕，任南昌后路粮台提调，直到同治七年六月该台裁撤始离幕。

王延长

王延长字少岩，江苏江宁人。道光十八年进士。原为江西南城县知县，曾国藩同年。咸丰十一年四月入幕，在行营粮台银钱所任职，九月协助隋藏珠经理安庆行营粮台，仍兼理外银钱所。同治四年十一月转入安庆报销总局，办理咸丰七年正月至同治四年五月军费报销事宜。同治七年十月该局事竣撤销，王延长又转入江宁报销总局，办理同治四年闰五月起湘、淮两军剿捻部队的军费报销，直到同治九年二月仍在幕中，其何时离幕不详。

王寿其

王寿其出入幕时间不详。同治元年四月前后曾任安徽荻港厘卡委员。

王廷鉴

王廷鉴出入幕时间不详。大约同治元、二年间曾在江西饶州分局办理厘务，因劣迹太多受到追究。

王定安

王定安字鼎丞，湖北东湖人。初由廪生考取优贡，咸丰九年考取八旗教习，十一年奉旨以知县简用。同治元年中本省乡试举人，指捐江苏试用知县。同治四年九月在徐州经人推荐入曾国藩幕，在秘书处任事。同治七年五月出署江苏崑山知县，暂离曾国藩幕。同治九年十月曾国藩返任江督，王定安返回幕中，仍事旧职，曾国藩死后，王定安赴湖南传忠书局，参加了《曾文正公全集》的校勘工作。光绪十三至十五年撰成《湘军记》二十卷。曾任安徽庐凤道道员。

王治覃

王治覃湖南永州人，诸生、孝廉，约于咸丰十年入幕。先在湖南东征局任职，同治元年七月间曾任江西景德镇厘局委员，后赴安徽主办淮北盐务督销局，其何时离幕不详。

王 勋

王勋字人树，湖南湘乡人。湘军名将王鑫胞兄。咸丰八年六月入幕，办理行营营务处，十二月离幕返湘，在幕半年左右。官至候选知府。

王香倬

王香倬字子云，湖南衡阳人。咸丰十年二月在宿松入幕，负责管理文案。王香倬在幕时间甚久，断断续续常在幕中出现，直到曾国藩去世仍不乏记载。

王柏理

王柏理为曾国藩好友王柏心弟，出入幕时间不详。曾委办江西盐务督销局抚建分局所属许湾盐卡，向过往邻省私盐加征课税。

王祥储

王祥储出入幕时间不详。同治二年五月曾因办理厘务"朴诚详慎"

受到曾国藩的优奖。时为候补知县。

王荫福

王荫福字梅村，直隶正定人。同治四年三月在曾国藩幕府任工程局委员。

王家璧

王家璧字孝凤，湖北武昌县人。道光二十四年进士，授兵部主事。咸丰四年丁母忧回籍，入湖北巡抚胡林翼幕，曾先后在沙市、武昌劝捐、抽厘为其筹饷，九年回兵部任职。同治二年奉旨发安徽曾国藩军营差遣，二年八月赴安庆入曾国藩幕，委办营务处，三年二月丁外艰回籍。五年十一月复入曾国藩幕，仍办营务处。六年十二月底回京引见，离开曾国藩幕。同治七年以五品京堂候补发赴左宗棠军营差委。同治十年回京供职，授太常寺少卿，旋改顺天府府丞。光绪三年二月迁奉天府学政，五年八月降三级调用，旋授鸿胪寺少卿。同治九年病死京师。年七十。著有《狄云行馆偶刊》（已刊刻），《周易集注》《洪范通易说》《老子注》《南华经注》（未刊）等。

王积懋

王积懋字霍生。咸丰九年入曾国藩幕，曾先后在行营粮台军械所和泰州盐务总局任职。同治六年出办安徽江防，离开曾国藩幕府。

王鸿训

王鸿训字子蕃。原为四川昭化县训导，经曾国藩奏调于同治三年六月入幕。同治四年五月曾国藩北上剿捻王鸿训没有随行。同治六年二月曾国藩返任两江总督，王鸿训又返回幕中。其何时离幕不详。

王　冕

王冕出入幕时间不详。咸丰九、十年间曾在幕中帮办营务。

王　福

王福出入幕时间不详。原在曾国荃处做事。咸丰八年六月经曾国藩札调入幕，同年九月曾奉派迎接曾国荃来建昌大营。

王敬恩

王敬恩字福波，道光十七年举人，祁门训导。约于咸丰十年九月入幕，办理书启。十一年十一月十三日病死安庆，在幕将近一年。

王瑞征

王瑞征字芝圃，出入幕时间不详。同治元年五月至同治三年十一月曾在曾国藩幕中任文案委员。

王嵩龄

王嵩龄出入幕时间不详。咸丰九、十年间曾在幕中赞画军事。

王德固

王德固字子坚，河南鹿邑人。道光十八年进士，曾国藩同年。同治元年五月署江西赣州知府，护理赣南吉宁道，受曾国藩委派接管赣州牙厘局。同治六年三月以江西补用道授江西按察使，八年五月迁四川布政使。光绪元年四月休致。

王 澧

王澧咸丰八年七月入曾国藩幕，在内军械所任职。

尹沛清

尹沛清候补直隶州知州。同治四至六年在曾国藩幕府任查圩委员，委查阜阳圩务。后由安徽巡抚英翰委署宿州知州，离开曾国藩幕府。

毛印棠

毛印棠原为候选训导。同治四至六年在曾国藩幕府任查圩委员，委查河南开封、归德、陈州三府圩务。

仇善培

仇善培字煦醇。原为江宁"院房"。同治五年十二月已在幕中。同治七年十一月曾国藩赴直隶总督任，将他带到保定，充任文案。

五 画

冯邦栋

冯邦栋大约咸丰八九年间入曾国藩幕，委派帮办营务。同治二年又在大胜关任厘金委员。

冯卓怀

冯卓怀原名作槐，字树堂，湖南长沙人。道光十九年解元，大挑二等，得教职，迁知县。曾先后任四川彭县、万县知县，以知府候选。道光二十四年充曾国藩家庭教师。咸丰四年八月在衡州入曾国藩幕，九月离去。十一月又在宝庆为曾国藩劝捐筹饷。咸丰十年十一月应曾国藩之邀，由四川万县赶赴祁门再次入幕，委派巡察碉堡。咸丰十一年正月因与曾国藩意见不合离去。从此，不复出仕，在原籍闲住以终。

冯　晟

冯晟咸丰十年七月前后入曾国藩幕，委办湖南东征局某分局。大约同治四年五月撤销东征局时离幕。

冯焌光

冯焌光字竹如，广东南海县人。举人。咸丰九年十一月经人推荐在宿松大营入曾国藩幕，负责办理书启。咸丰十一年底到同治元年初曾奉命赴广东购买洋枪、洋炮和望远镜等件。同治元年九月惊闻其父死于新疆伊犁，庶母亦在戍所，孤苦无依，遂远赴新疆设法迎回其父的棺柩和眷属。同治四年五月调江南制造总局管理局务。十月补授上海道。初时信誓旦旦，以造船制器为己任，甚受曾国藩赏识。其后则懒于厂务，操守亦不洁，致使厂务混乱，效率低下，耗资甚巨，收效不大，受到厂内人员和社会舆论的攻击。曾国藩无奈，只得于同治十年委派李兴锐进驻江南制造总局，清查历年账目，并接替冯焌光主持局务。冯焌光交卸厂务后仍任江苏苏松太道。

石　楷

石楷出入幕时间不详。同治七年十一月至九年二月曾以安徽候补知府奉委在金陵报销总局任事，参与办理同治四年五月后剿捻各军军费报销事务。

厉云官

厉云官字伯符，江苏仪征人。原为湖南清泉县知县，咸丰三年二三月间奉调入幕，在审案局审理案件。咸丰四年七月委办长沙后路粮台。咸丰五年十月为湖北督抚奏留鄂省，总理水陆各军粮台。咸丰八年六月曾国藩再出领军，札派厉云官经管湖北转运局。咸丰十一年授湖北荆宜施道，离开曾国藩幕府。同治元年十一月迁湖北按察使，同治二年四月迁湖北布政使。同治四年三月忧免。

左菊农

左菊农原为湖南商人，咸丰四年二月入幕，奉委经管粮台辎重船只。其离幕时间不详。

左宗棠

左宗棠字季高，湖南湘阴人。道光十二年中湖南乡试举人，三试礼部落第，遂绝意仕进，潜心治经世致用之学，主要靠教馆授徒度日。咸丰二年入湖南巡抚张亮基幕。是年底，张亮基署湖广总督，左宗棠随至武昌。咸丰三年八月张亮基调抚山东，左宗棠返湘。咸丰四年入湖南巡抚骆秉章幕。骆对之言听计从，使其得以大展雄才，很快将湖南治理成湘军四出攻战的基地。咸丰十年初以樊燮案离开骆幕，于闰三月加入曾国藩幕府，为其分析形势，出谋划策，共同制定军政大计。四月离幕返湘，旋奉命以四品卿衔襄办曾国藩军务，并与曾国藩、胡林翼商定添募新勇，独立成军，带赴景德镇一带作战。咸丰十一年四月复奉命以三品京卿候补帮办曾国藩军务，五月授太常寺卿，十一月奉命督办浙江军务，十二月授浙江巡抚。同治二年三月迁闽浙总督，兼署浙江巡抚。同治三年二月攻陷杭州，随之追赶太平军余部至福建、广东作战。十月封一等恪靖伯。同治五年八月改陕甘总督，同治六年正月授命以钦差大臣督办陕甘军务，镇压捻军与西北回民起义。同治十二年十月授协办大学士，次年八月迁东阁大学士，仍留陕甘总督任。光绪元年三月授钦差大臣，督办新疆军务，旋统刘锦棠等军收复新疆。光绪四年晋二等恪靖侯。光绪六年十一月召京，入阁办事。光绪七年正月入值军机处，九月授两江总督，出京赴任。光绪十年正月病免，四月召京，五月入值军机处，七月复授钦差大臣，督办福建军务。光绪十一年七月病死于福州。著有《左文襄公全集》《左文襄公家书》。

左　楷

左楷字樵犀，湖南长沙人。咸丰元年恩科副贡生，就职州判。咸丰三年升直隶州州判，加州同衔。咸丰五年在南康入曾国藩幕。其时，曾国藩兵单，令刘于浔创立江西水师，以左楷佐其事，曾先后在丰城、临江、抚州一带同太平军作战。咸丰八年晋同知直隶州。同年十月在景德镇附近的鲇鱼山战死。

甘绍盘

甘绍盘字愚亭，又字玉亭，安徽桐城人。诸生。曾师事方东树，受古文法，又喜研性命之学。同治元年夏入曾国藩幕，派赴安徽舒城散赈。同治二年复委查江西厘务。其出入幕时间不详。曾任江苏兴化、崇明知县。

甘　晋

甘晋字子大，江西奉新县人。道光二十一年进士，授礼部主事。咸丰初年回籍丁忧，服阕未即回部，经江西巡抚奏留办理劝捐事宜。咸丰五年四月经曾国藩奏调入幕，与李瀚章综理南昌的后路粮台。咸丰六年十二月后路粮台撤销，甘晋、李瀚章离幕。曾国藩再出领兵，复于咸丰九年正月入幕，在吴城报销局办理报销事件。咸丰十年五月报销局事竣裁撤，甘晋暂离幕府，十一年十二月再次入幕，办理营务处。同治元年闰八月病死军营。

邓仁堃

邓仁堃字厚甫，湖南武岗州人。拔贡。原为江西督粮道，咸丰四年十二月奉曾国藩委派办理江西船炮局、支应局。咸丰六年三月迁江西按察使，七年正月被劾革职。同治五年病卒。

邓尔昌

邓尔昌字少卿，咸丰八年七月入幕，任湖口报销转运局委员。咸丰十年五月报销局事竣裁撤始离幕。

邓良甫

邓良甫同治八年正月入幕，约在同治九年九月离幕。

邓季雨

邓季雨出入幕时间不详。同治二年七月至同治六年间曾充任曾国藩幕僚，办理江苏厘务。初任金柱关厘卡委员，后又奉命赴苏州、上海各地查厘金征收情况。

邓益亭

邓益亭江苏无锡人。同治元年九月前后曾在安庆厘金局做事。

邓嘉绩

邓嘉绩出入幕时间不详。同治二年五月前后曾在江西办理厘务，并因其实心办事，任劳任怨受到曾国藩的优奖。时为县丞。

史念祖

史念祖字绳之，江苏江都人。监生。捐资为通判。从乔松年、英翰剿捻，历保至记名道。同治八年正月授山西按察使，三月与直隶按察使张树声对调，曾国藩以其缺乏法律知识与司法实践，留张树声办理直隶积案，令史念祖在幕中学习、历练。史念祖不从，遂于是年十一月解任，留于直隶候补。同治九年八月经曾国藩奏请简放甘肃安肃道道员，仍带记名按察使原官。光绪三年正月迁甘肃按察使，七年正月召京。十年八月授云南按察使。十三年十月迁贵州布政使，十五年十月改云南布政使。二十一年六月迁广西巡抚，二十三年九月被劾革职。著有《俞俞斋文稿初集》《俞俞斋诗稿初集》《骰园随笔》。

史致谔

史致谔字士良，江苏溧阳人。道光十八年进士，选庶吉士，散馆授编修，与曾国藩同年、同事。道光末年出为江西广信府知府，咸丰四年调南昌知府。咸丰五年四月经曾国藩奏准协理浙盐行销江西事务，兼署江西盐法道。寻丁忧免官，留于江西襄办军事。咸丰九年服阕，调赴浙江交巡抚王有龄差委。同治元年经曾国藩推荐，复为新任浙抚左宗棠经办玉山转运粮台。同年署宁绍台道，为英、法洋枪队筹饷。同治二年洋枪队攻占绍兴府。次年，史致谔以筹饷功加按察使衔，赏戴花翎。旋因年老原品休致，后卒于家。

叶宝树

叶宝树咸丰八年七月入曾国藩幕，委办湖口报销转运局，专司水师支应事宜。咸丰十年闰三月尚在幕中，其何时离幕不详。

叶绪东

叶绪东约在同治十年七月入曾国藩幕，委任中国驻美留学生局汉文教习。同治十一年带留学生赴美。

六　画

江忠浚

江忠浚字达川，湖南新宁人，江忠源之弟。同治元年五月以记名道署理安徽布政使。二年正月奉命赴四川万县设局购米，以充军粮。九月授四川布政使。六年十月改广西布政使。八年五月召京，休致。

汤寿铭

汤寿铭字小秋，湖南益阳人。其父汤鹏为曾国藩好友。出入幕时间不详。同治十年曾在江宁城外上新河木厘局任委员。积官至道员。光绪中署苏松太道，授临安开矿道。光绪二十一年闰五月迁云南按察使，二十三年十月迁云南布政使，二十四年五月调安徽布政使，二十八年六月改广西布政使，二十九年闰五月被劾革职。

刘于浔

刘于浔字养素，江西南昌人。举人。曾国藩同年。大挑得知县，分发办河工，补江苏清河令，升扬河厅通判。咸丰元年丁母忧回籍。三年协助赣抚张芾、在籍刑部尚书陈孚恩办团练，以南昌城守功升知府。咸丰四年十二月入曾国藩幕，委办江西船厂。咸丰五年奉命创江西水师，助曾国藩作战。咸丰十一年十二月由甘肃安肃道迁甘肃按察使，经赣抚奏留江西办理防务。同治元年九月受曾国藩委派与李桓、孙长绂共同主持江西牙厘总局，专司探访商情、查寻厘务积弊。同治三年十月因病免去甘肃按察使职。其离幕时间不详。

刘小粤

刘小粤出入幕时间不详。同治元、二年间曾在曾国藩幕中充任幕僚，委赴湖北江面检查过往船只，以防湘军营员勒索米商、抢掳米船及有人假冒湘军，购米接济天京军民。

刘世墀

刘世墀字彤阶，湖北汉阳人，曾国藩好友刘传莹之侄。咸丰四年入曾国藩幕，所任职事不详。曾国藩再出领兵，刘世墀复于咸丰九年十一月在宿松入幕，在内银钱所任职。同治元年五月出署安徽芜湖县令，暂离幕府。同治二年二月丁忧离任。三月再入曾国藩幕，在江西盐务督销总局任职。其间曾奉札主持抚建分局，整顿该局及下属各卡，大约次年返回省局襄办局务。同治四年五月服阕，离开幕府。其后事不详。

刘生瑔

刘生瑔出入幕时间不详。咸丰九、十年间曾在幕中襄办营务。

刘兆彭

刘兆彭出入幕时间不详。同治元年闰八月曾受曾国藩委派，参与审理刘清云一案。

刘寿曾

刘寿曾字恭甫，江苏仪征人，刘毓崧子。同治三年副贡生。同治六年九月刘毓崧去世，曾国藩复聘其子寿曾入幕，接替父职，任编书局校勘。其祖父刘文淇、父刘毓崧治《左氏春秋长编》，皆未竟而卒。刘寿曾发愤完成父祖遗业，亦未竟而卒，年四十五岁。著有《读左札记》《春秋五十凡例表》《昏礼重别论对驳义》《南史校义集评》《传雅堂集》《芝云杂记》等各若干卷。

刘受亭

刘受亭出入幕时间不详。曾在同治十年八月前后在瓜洲盐务总栈充任栈员。时为候补道员。

刘廷选

刘廷选出入幕时间不详。曾受委主持江西盐务督销局抚建分局下属樟村盐卡，向过往邻省私盐加征课税。

刘金范

刘金范江苏阳湖人。原为直隶总督衙门的钱粮师爷，同治八年正月曾国藩抵任后留于幕中，继续充任幕僚。

刘星炳

刘星炳字晴轩。同治元年二月在曾国藩幕府任总查委员。

刘建德

刘建德字馨室，广东人。曾以升用同知署湖南石门县令。咸丰三年二月经曾国藩札调入幕，在审案局审理案件。后以升用知府、凤凰厅同知署湘潭县知县。咸丰四年三月因失城革职，八月经曾国藩奏调再次入幕，委督船工。曾国藩再出领兵，刘建德复于咸丰十年二月在宿松第三次入幕，委办营务处。咸丰十一年九月后离幕，具体时间不详。官至候补道员。

刘 崧

刘崧咸丰八年七月入幕，委任文案委员。其出幕时间不详。

刘曾撰

刘曾撰字咏如。咸丰八年七月入曾国藩幕，任行营文巡捕。咸丰十一年改在行营粮台军械所任职。同治元年初随李作士办理吉字营的粮饷供应。同治四年五月出任湖南辰州府知府，离开曾国藩幕府。

刘 蓉

刘蓉字孟容，号霞仙，湖南湘乡人。童生。初习理学，关心时事，注重经世致用，遂成真才实学之士。咸丰二年随其父刘东屏与罗泽南等办团练堵截太平军，镇压当地民众起事。是年十二月同罗泽南等带湘勇一百零八人赴长沙，入曾国藩幕，参谋机要。咸丰五年八月随罗泽南由江西回援湖北，领左湘营，遂离开曾国藩幕府。不久辞归，复丁父忧。胡林翼数奏调，不出。咸丰十一年骆秉章督师四川，聘刘蓉参军事。是年九月以候补知府出署四川布政使，次年二月实授。同治二年六月奉命督办陕南军事。七月迁陕西巡抚。同治四年因长疏辩诬泄露密折，受降调处分，经陕甘总督杨载福疏留，改署理陕西巡抚。不久，以病奏请开缺，清廷令乔松年任陕西巡抚。仍命刘蓉留陕治军。同治五年因灞桥之败夺职回籍。同治十二年病卒。著有《养晦堂文集》《养晦堂诗集》《刘中丞奏议》。

刘瑞芬

刘瑞芬字芝田，安徽贵池县人。诸生，应试不第，创青山诗社。咸丰十一年春夏，曾国藩移驻东流，刘瑞芬献时务策，遂入幕府。同治元年三月李鸿章率湘、淮军援上海，刘瑞芬随行，办军需，先后主军械转运局、淞沪厘局。积官至候补道员，加布政使衔。光绪二年署两淮盐运使。光绪三年署苏松太道，光绪八年二月迁江西按察使。光绪九年十月擢江西布政使。光绪十一年六月出使英国，十月兼俄国公使。光绪十三年五月停兼俄使，兼驻法、意、比公使。光绪十五年正月召回，授广东巡抚（未赴任，光绪十七年始赴任），光绪十八年三月病死。

刘献葵

刘献葵字日心，江苏阳湖人。同治元年正月在曾国藩幕府任子弹局委员。

刘履祥

刘履祥原在曾国荃手下任事。同治元年奉曾国荃令在大通擅设官盐店售盐牟利，逃避过卡厘金，后被曾国藩强令拆毁。同治三年入曾国藩幕，委办大通招商局，后又因账目不清被曾国藩撤差。

刘毓崧

刘毓崧字伯山，江苏仪征人。刘寿曾之父。道光二十年贡生。治汉学，长于考据，同治二年十一月在安庆入曾国藩幕。同治三年四月编书局成立，任校勘，同治六年九月去世。著有《通义堂文集》。

刘瀚清

刘瀚清字开生，又字开孙，江苏武进人，原为湖北巡抚胡林翼幕僚，专司草拟奏稿，颇受重视。咸丰十年四月太平军席卷苏、常，刘瀚清闻讯辞归。同治元年十月应调赴安庆入曾国藩幕，负责草拟函、奏稿件。同治二年十二月奉曾国藩委派与方骏谟等绘制安徽省与长江地图，同治三年六月事竣，仍司旧职。同治四年曾国藩北上剿捻，刘瀚清应调赴临淮大营，负责草拟章奏。同治七年十一月曾国藩移督直隶，刘瀚清没有随行。同治九年十月曾国藩再返两江总督任，刘瀚清又回到幕中。

同治十年七月前后奉委担任上海预备学校校长①，专门培训赴美留学的学生。容闳带第一批学生出国后，所遣第二、三批学生皆由刘瀚清代为办理。

许长怡

许长怡安徽歙县人。原为某部主事。出入曾国藩幕府时间不详。曾在江西粮台办理文案，后因妄动行文，干预本籍地方公事，被曾国藩革差。

许振祎

许振祎字仙屏，江西奉新县人。咸丰三年入曾国藩幕，司书启、奏咨。咸丰六年出幕，与邓辅纶等领军在江西进贤、东乡等地同太平军作战。咸丰八年入曾国荃幕，随吉字营进攻吉安，同年六月曾国藩再出领军，许振祎重返幕府，仍司书启、咨、奏。咸丰九年中江西乡试举人，仍留幕中任职。同治二年中进士，选庶吉士，散馆授翰林院编修。同治十年六月放陕甘学政，后丁父忧归籍。光绪二年起复原官，光绪八年简放河南河北道。光绪十一年六月迁河南按察使，光绪十二年六月迁江宁布政使，光绪十六年二月擢东河河道总督，光绪二十一年十二月改广东巡抚。光绪二十四年裁广东巡抚缺，解任回籍，光绪二十五年病死。著有《许文敏公督河奏议》《卢沟集古录》《治炜集》。

成名标

成名标原为湖南岳州营水师守备，习水战，懂战船船式与制造技术。咸丰三年十一月经曾国藩札调入幕，在衡州船厂监造战船。咸丰四年二月衡州船厂事竣裁撤，改赴长沙船厂，仍负责监造船只。九月因浮开款项被曾国藩奏参革职，仍留幕任事。咸丰十年六月经曾国藩奏请恢复原官。其离幕时间不详。

成果道

成果道原为湖南常宁县教谕，咸丰十年入幕，在湖南东征局为曾国

---

① 见容闳《西学东渐记》，1987年湖南出版社，第92—93页。文中称预备学校校长为刘开成。据所叙经历、地位当为刘瀚清，"开成"似为"开生"之误，地方语音的差别再经翻译，这是很容易产生的。

藩征厘筹饷。同治二年正月经曾国藩奏准，以知县分发江苏补用。其何时离幕不详。

成振堂

成振堂出入幕时间不详。同治三年六月曾在曾国藩行营充任巡捕。

成蓉镜

成蓉镜字芙卿，江苏宝应人。早年曾在扬州安定书院读书，博通载籍。后入曾国藩幕府，在金陵编书局任职，与唐仁寿等为同事。唯其出入幕时间不详。官至知县。著有《禹贡班义述》。

孙文川

孙文川字登之，江苏江宁人。官至知府。据薛福成所开名录，知其为曾国藩幕僚，唯其在幕时间与所任职事均不详。

孙方舆

孙方舆字莘畬，入幕时间不详。同治十一年正月初二日曾国藩专为幕友举办宴席，孙方舆因有丧服辞不入座。

孙长绂

孙长绂字小山，湖北枣阳人。咸丰六年进士。原为署理江西盐道，同治元年九月受曾国藩札委常驻江西牙厘总局，专司月报，并会同刘于浔、李桓总管局务，同治二年八月迁江西布政使，十二月委派总理江西牙厘总局，兼理江西总粮台。同治四年十一月又奉委会同安徽布政使主持安庆报销总局，办理咸丰七年正月至同治四年五月的军费报销事宜。同治六年三月召京。

孙衣言

孙衣言字琴西，又字劭闻，浙江瑞安人。道光三十年进士，选庶吉士，散馆受京职，历任实录馆协修（曾入值上书房），翰林院侍讲等职，咸丰八年六月简放安徽安庆府知府，因安庆尚在太平军手中，无法赴任，只好暂在安徽巡抚翁同书幕中任事。咸丰九年三月奉命赴浙江劝捐筹饷，行至苏州患病，经翁同书奏准在籍调养。同治元年秋病愈返归，暂居南昌。同治二年二月经曾国藩奏调入幕，委办营务。同治三年转入秘书处。同治八九年间以候补道署江宁布政使，受曾国藩委派会同江苏藩司张兆栋主持江宁报销总局，办理剿捻期间湘、淮各军军费报销。同治十年署江宁盐巡道，次年实授。同治十一年十月迁安徽按察使。光绪元年八月迁湖北布政使。光绪三年二月调江宁布政使。光绪五年七月改太仆寺卿。光绪六年二月病免。著有《逊学斋诗文钞》《瓯海轶闻》。

孙尚绂

孙尚绂原为刑部郎中，曾于同治三年五月参与审讯江西知县石昌猷"祖匪杀良"一案，六月参与审理太平天国忠王李秀成一案，其出入幕时间及前后经历均不详。

孙鸿钧

孙鸿钧大约咸丰五年入幕，任江西新城厘卡委员。同治元、二年间因名声太坏受到参办。

向师棣

向师棣字伯常，湖南溆浦人。诸生。同治元年四月经人推荐入幕，先在行营粮台银钱所协助洪汝奎办理支应事宜，后又襄办营务处，大约在同治四年三月转入秘书处。同年五月随曾国藩北上剿捻，专治文书。十一月在军营病死。

向绍先

向绍先入幕时间不详，曾任江西河口厘务委员，同治元年五月被曾国藩参奏革差。

朱长彪

朱长彪曾在曾国藩幕中襄理营务。咸丰八年九月曾国藩派他与彭述清由江西建昌前往杉关，察看沿途营盘地基，兼问米价，为带兵入闽做准备。其出入幕时间不详。

朱名璪

朱名璪原为候补知县。同治四至六年在曾国藩幕府任查圩委员，委查蒙城圩务。后由安徽巡抚英翰委署蒙城县令，离开曾国藩幕府。

朱孙诒

朱孙诒字石翘，又字石樵，江西清江人。捐资为刑部主事，改知县，发湖南。历署宁乡、长沙知县。道光三十年署湘乡知县。咸丰二年与罗泽南、王鑫、刘蓉等人组织湘乡团练。十二月奉湖南巡抚札，带罗泽南、王鑫等湘勇三营一百零八人赴防省城，成为其后曾国藩创建湘军的组织基础。六月与罗泽南等带勇三千六百人赴援江西。咸丰四年二月曾国藩率湘军一万七千人自衡阳出发举行"东征"，委派朱孙诒充陆路营务处，联络各营。后因与曾国藩意见不合离幕，往依湖南巡抚骆秉章，擢宝庆知府。咸丰六年经骆秉章奏荐以道员记名。咸丰十年加按察使衔。咸丰十一年经骆秉章奏调随赴四川，总理营务。同治元年迁浙江盐运使。仍留川办军务。后因与骆秉章议论不合引疾去，不复出。光绪五年病卒。著有《团练说》。

朱品隆

朱品隆字云岩，湖南人。原为李续宾部下营官。咸丰八年六月曾国藩再出领兵，李续宾以曾国藩无得力亲兵，拨朱品隆、唐义训各带一营充亲兵。曾国藩即委派朱品隆与王勋、李元度同管营务。咸丰十一年三月曾国藩移驻东流，留朱品隆防守皖南，遂离曾国藩幕府。官至浙江衢州镇总兵。

朱唐洲

朱唐洲出入幕时间不详。同治十年七月前后在曾国藩幕中，办理营务处。

朱 蒉

朱蒉字尧阶，湖南湘乡人。曾国藩的同乡好友，儿女姻亲。大约咸丰三年九月前后入幕，在湘潭为曾国藩劝捐筹饷。同治三年十一月仍在幕中，其何时离幕不详。

朱紫卿

朱紫卿（又名子钦）同治二年十月入曾国藩幕，委查江西各地厘卡。其何时离幕不详。

任 伊

任伊字棣香，江苏宜兴人。贡生。入幕时间不详。同治七年十月已在幕中，因曾国藩将赴直隶总督任，不能随行，遂于其启程前转入新督马新贻幕中。同治九年十月曾国藩返任两江总督，任伊又回到曾国藩幕中，继续充任幕僚，直到同治十一年二月曾国藩去世。

华蘅芳

华蘅芳字若汀，江苏无锡人。精于数学、物理。咸丰十一年十月入曾国藩幕。在内军械所任职，参与了木壳小轮船"黄鹄号"的试制工作。同治三年九月随内军械所迁往江宁，四年五月调赴上海，参加江南制造局的筹建工作。六年四月又参与了江南制造局的迁厂扩建与机器安装、调试工作。同治七年新厂建成，转入翻译馆，与西方人士伟烈亚力、傅兰雅等从事翻译与科研工作。后又至天津机器局与天津武备学堂任职。民国五年去世。官至直隶州知州。译著和著作主要有《金石识别》《地学浅释》《代数术》《微积溯源》《三角数理》《开方别术》《行素轩算稿》等。

七　画

汪士珍

汪士珍原为某县教谕，入幕时间不详。同治三年十一月曾国藩续保攻克金陵出力人员，汪士珍列名其中。同治七年陈艾辞差，曾国藩札委汪士珍接替其职，主持两江采访忠义局局务。其入该局时间与离幕时间均不详。

汪士铎

汪士铎字梅村，原名鋆，江苏江宁人。道光二十年举人。胡林翼为此次江南乡试副考官，二人遂有师生之谊。咸丰三年太平军占天京，汪士铎困于城内，年余逃出，避于安徽绩溪山中。咸丰八年入湖北巡抚胡林翼幕，奉委修《读史兵略》一书。胡林翼死后，复于同治元年四月入曾国藩幕。同治三年四月编书局成立，与张文虎等同任校勘，同治三年九月随曾国藩返回江宁，仍在书局供职，直到曾国藩去世。光绪十一年十一月经黄体芳奏保赏国子监教谕衔。光绪十五年七月病卒。著有《乙丙日记》《南北史补注》《梅村先生集》《胡文忠公抚鄂记》等，又续纂《江宁府志》《同治上元、江宁两县志》各若干卷。

汪元慎

汪元慎字少益，又少逸。曾在广西巡抚邹鸣鹤幕中充任幕僚，与曾国藩友善。长于地理之学，熟于开方计里之方。咸丰四五年间入曾国藩幕，其在幕时间与所任职事均不详。

汪宗沂

汪宗沂字仲伊，一字咏春，号弢庐，安徽歙县人。同治三年二月在安庆入幕，任两江采访忠义局编纂。著有《礼乐一贯录》。

汪丽金

汪丽金出入幕时间不详。曾在江西任厘卡委员。同治二年五月因营私舞弊受到革职处分，仍留原差。同治三年十一月在攻克金陵保案中开复原官。

汪　翰

汪翰字午珊，江西武宁人。咸丰十年十月入幕，在采访忠义局任职。同治二年改派皖南牙厘局任事。

沈宏富

沈宏富字仙槎，湖南凤凰厅人。田兴恕旧部，曾充任营官或分统，随其在贵州镇压当地起义军，积官升至云南昭通镇总兵，署理贵州提督。因与贵州官绅、将领不和屡被参劾，免去署理贵州提督职务，在当地无法立足。经云贵总督劳崇光奏请，于同治四年二月奉旨发往曾国藩军营察看委用。到营后委办营务。曾国藩经留心观察，认为才堪造就，无暴戾恣睢之习。同治六年二月曾国藩返任两江总督，经奏准将沈宏富转交李鸿章军营差遣。

沈梦存

沈梦存，浙江绍兴人。原为直隶总督衙门的刑名师爷，同治八年正月曾国藩抵任后留于幕中，继续充任幕僚。十月辞去。时年四十八岁。

沈葆桢

沈葆桢字幼丹，福建侯官人。道光二十七年进士，选庶吉士，散馆授翰林院编修，迁都察院御史。咸丰五年简放江西九江府知府，因一时无法赴任，暂入曾国藩幕府充任幕僚。咸丰六年改任广信府知府，复以守城功迁江西九饶南道道员，后改吉赣道。咸丰十一年十二月经曾国藩奏保超擢江西巡抚。同治四年五月丁母忧免职。同治六年应左宗棠之请出任总理船政大臣，驻福州，经管福州船政局。同治九年丁父忧解任。同治十一年服阕再出莅事。光绪元年四月迁两江总督。光绪五年十一月病卒。著有《沈文肃公政书》。

沈鹤鸣

沈鹤鸣出入幕时间不详。咸丰九十年间曾在幕中当差。

严良畯

严良畯咸丰三年二月入幕，在审案局承审案件。其离幕时间不详。

李子真

李子真出入幕时间不详。同治二年九月前后曾在幕中，专司为曾国藩誊写家书。

李万青

李万青入幕时间不详，曾任江西厘卡委员，同治二年五月因性情卑鄙被曾国藩参劾革职。

李士棻

李士棻字芋仙，四川忠州人。道光二十九年拔贡。以善作诗为曾国藩所赏识，咸丰十一年七月在东流大营入幕，同治元年出署江西彭泽知县，任满仍返回幕中。同治三年十一月以同知直隶州仍在江西候补，曾先后署理临川等县知县，后因钱粮亏空案被劾罢任，遂留寓江西。光绪七年复流落上海，靠教女伶曲以度日。其挽伶联"参不透絮果兰因，结局竟如斯，逝水年华悲断梦；抛得下舞衫歌扇，逢场今已矣，落花时节送春归"最称工整。光绪十一年穷困而死。年六十五岁。在曾国藩的众多幕僚中，李士棻是结局最惨的一个。著有《天瘦阁诗半集》。

李元度

李元度字次青，湖南平江人。道光十九、二十两年曾在岳麓书院读书，道光二十三年中湖南乡试举人，道光二十五年大挑取誊录国史馆长编，改就教谕。咸丰三年大挑二等，委署郴州州学训导，咸丰四年三月入曾国藩幕，负责草拟文件。咸丰五年出幕带平江勇作战。咸丰八年八月再次入曾国藩幕，办理营务处，咸丰十年五月奉命回籍募勇，离开曾国藩幕府。八月李元度自湖南募勇归，补授按察使衔皖南兵备道，奉命驻防徽州。未及二十日徽州府城被太平军攻占，平江勇溃散，李元度逃走。曾国藩遂于当年九月将其弹劾革职。李元度转而投靠浙江巡抚王有龄，于咸丰十一年二月率新募平江勇安越军赴援浙江，并很快撤销处分，开复原官。同治元年正月迁浙江盐运使，二月迁浙江按察使，三月再次被曾国藩弹劾革职，遣戍，旋免罪回籍。同治五年春，经贵州巡抚张亮基奏请，起复原官，募新勇赴援贵州。同治七年三月授云南按察使。光绪十一年六月授贵州按察使，七月乞养归。光绪十三年二月迁贵州布政使，旋病卒，时间约在当年十月。著有《先正事略》《天岳山馆文钞》。

李云麟

李云麟字雨苍，汉军旗人。诸生。初习宋学，经吴廷栋推荐入曾国藩幕，师事曾国藩，渐学古文与经世致用之学。经历次奏保官至郎中，后经骆秉章、左宗棠保荐，擢四品京堂，督办陕南军务。同治五年五月以副都统署伊犁将军。六年十一月改调布伦托海办事大臣，七年六月革职，遣戍黑龙江。

李光久

李光久字健斋，湖南湘乡人。李续宾子，以举人授工部员外郎，袭三等男爵。同治十年七月前后曾在幕中办理营务处，唯出入幕时间不详。积功授江南候补道。中日甲午战争期间曾率老湘营五营，随帮办军务、湖南巡抚吴大澂北上援辽，在牛庄、海城一带与日军展开激战。光绪二十五年补授江苏苏松太道，同年四月迁浙江按察使，九月解任专办海防，统浙江马步三十六营驻防宁波，以防御意大利海军侵扰。后卒于军。著有《誓师要言》。

李光熙

李光熙入幕时间不详。曾在江北厘金局任提调委员多年，甚受主持局务的两淮盐运使丁日昌赏识。同治六年七月因病禀请卸差，大约即于此时离开曾国藩幕府。

李兴锐

李兴锐字勉林，湖南浏阳人。诸生，以授徒谋生。咸丰三年在籍办团练，授浏阳教谕。咸丰八年七月入曾国藩幕，所任职事不详。咸丰十一年四月起主持祁门粮台。同治四年十一月委派安庆报销总局，办理咸丰七年正月至同治三年六月报销事宜。同治六年二月事竣离局，奉委办理大通招商局。同治八年正月奉调赴直隶，办理赈济等务。同治九年四月补直隶大名府知府，六月随曾国藩赴天津办理教案，在发审局审讯天津府县与反洋教民众。十月随曾国藩返回江南，委办营务处。同治十年十月奉曾国藩命进驻江南制造局，取代冯焌光主持局务。光绪九年丁母忧回籍。十一年奉命随勘中越边界，历时两年病归。十三年应李鸿章之招赴天津办北洋海防支应局。光绪十七年署津海关道。二十一年补授天津道。二十二年迁长芦盐运使。二十三年二月迁福建按察使，二十四年十二月迁福建布政使。二十五年七月调广西布政使，二十六年九月迁江西巡抚。二十八年七月署广东巡抚，旋实授。二十九年二月署闽浙总督。三十年七月调署两江总督，九月卒于任所。著有《李兴锐日记》。

李作士

李作士字少山。咸丰十年正月在宿松入曾国藩幕，五月札委安庆银钱支应所，专门负责进攻安庆的曾国荃一军的粮饷供应。咸丰十一年八月曾国荃部湘军攻陷安庆，沿长江向太平天国据守的天京进攻，李作士奉命率银钱所随军移动，曾先后在大通、无为等地驻扎。同治元年五月曾国荃军进扎雨花台，李作士则将银钱所安置在两条船上，停泊于大胜关附近江面，专门负责供应围攻天京的吉字等营的军需粮饷。同治三年七月初一日病死舟中，官至候补知州。

李传黻

李传黻字佛生，又绂生、黻生，湖北汉阳人，一说为孝感人[①]。道光二十九年拔贡，官至江苏候补知府。曾国藩道光三十年朝考门生。曾师

[①] 赵烈文称其为汉阳人（《能静居日记》，同治八年五月二十九日），刘声木则称其为孝感人（《桐城文学渊源撰述考》撰述，黄山书社1989年12月出版，第296页），莫知孰是。

事张裕钊，受古文法，喜为诗，工书法。约同治七年入曾国藩幕。同年十一月随曾国藩至直隶。同治九年十月曾国藩返任两江总督，将李传黻荐入李鸿章幕府，继续充任幕僚。曾任直隶卢龙县知县。著有《读有用书山馆诗文集》。

李沛苍

李沛苍字笏生，原名李清瑞，湖南湘潭人。道光十四年举人，曾国藩乡试同年，原为署安徽贵池县知县，因故革职。咸丰四年经曾国藩奏调在九江行营入幕，任发审委员。咸丰六年八月经曾国藩奏准撤销处分，仍留曾国藩军营差遣。曾国藩再出领军，李沛苍复于咸丰八年七月入曾国藩幕，委办行营发审所，承审军中案件。后告归，九、十年间死于原籍。

李茂斋

李茂斋咸丰十年七月前后入曾国藩幕，在湖南东征局任事，大约同治元年六月因名声太坏撤差。

李明墀

李明墀字玉楼、玉阶，江西德化人。入幕时间不详。曾主持湖南东征局务。同治四年五月曾国藩在奏请裁撤东征局的同时，札饬委员李明墀将东征局卡概行停止。光绪二年十一月由山东盐运使迁福建按察使，四年二月迁福建布政使，十月署福建巡抚。五年四月调授湖南巡抚。七年八月召京。

李宗羲

李宗羲字雨亭，四川开县人。道光二十七年进士，授即用知县，分发安徽，历任英山、婺源、太平等县知县。咸丰三年奉札赴庐州督办粮械，保升候补知府。咸丰八年七月经曾国藩奏调入幕，先后办理行营军械所和营务处。咸丰九年署安庆知府，旋因病去职。同治元年正月经湖北巡抚严树森疏调办理汉口转运局。同治二年受曾国藩委派赴四川万县设局购米，二月调回湖北主持沙市米局。后又委办汉口转运局，同治三年十一月委办江北厘金局，兼理盐务。同治四年正月署两淮盐运使，三月迁安徽按察使，八月迁江宁布政使，仍留扬州办理盐、厘各务，直到同治四年十月始赴江宁藩司任，委办北征粮台。同治八年四月召京陛见，离开曾国藩幕府。五月迁山西巡抚。同治九年七月忧免。同治十二年正月补授两江总督，十三年七月兼署江苏巡抚，十二月病免。

李昭庆

李昭庆本名章钊、章昭，字子明、眉叔，号幼荃，安徽合肥人，李鸿章幼弟。国子监生。初从曾国藩。湘军既立，奉曾国藩令招统五营驻防无为、庐江。同治元年随李鸿章赴上海，曾先后在常熟、常州、嘉兴等地同太平军作战。同治四年八月应调入曾国藩幕，委办营务处，并着手编练新军。同治五年正月新军练成，离开曾国藩幕府，统马步九千人充游击之师，对捻军作战。纳鸿章密计，追捻不即不离，终未战死，也无战功。

李炳焘

李炳焘原为候补县丞。同治四至六年在曾国藩幕府任查圩委员，委查亳州圩务。

李桓

李桓字黼堂，湖南湘阴人。李星沅子。廪生。原为江西督粮道，咸丰十年五月受曾国藩札委办理江西牙厘总局，兼理江西粮台。咸丰十一年十二月经曾国藩奏保迁江西布政使。同治元年九月因江西厘金收入日减，而被曾国藩弹劾，并夺去掌管江西牙厘总局和总粮台的实权。同治二年正月奉命赴陕办理陕南军务，称病不肯启行，遂于八月免职。著有《宝韦斋类稿》《国朝耆献类征初稿》。

李振钦

李振钦出入幕时间不详。约在同治元、二年间任江西抚建分局所属温家圳厘卡委员，后因故撤差。

李清华

李清华湖南新田人，入幕时间不详。曾为粮台委员，在周凤山营办理支应，咸丰六年二月在江西樟树镇阵亡。官至湖南候选府经历。

李寅

李寅出入幕时间不详。大约同治元、二年间，曾在江西饶州分局办理厘务，因劣迹太多受到追究。

李鸿章

李鸿章本名章铜，字渐甫、子黻，号少荃，晚号仪叟。安徽合肥县人。道光二十五年以年家子随曾国藩习应试诗文。道光二十七年进士，选庶吉士，散馆授翰林院编修。咸丰二年奉命随工部侍郎吕贤基回原籍办团练，积功升候补道员。咸丰八年十二月入曾国藩幕，初奉命编练马队未成，继随曾国荃进攻景德镇，后在秘书处任职，负责草拟咨、札、函奏之类，甚受器重，致有"青出于蓝"之语。咸丰十年秋因与曾国藩意见不合离幕，咸丰十一年六月重返幕府，仍司旧职，较前更受重视。十月奉曾国藩令召集旧部，创建淮军。同治元年三月率湘淮军六千五百人乘轮船赴援上海，旋以按察使衔福建延建邵道署江苏巡抚。十月实授。同治四年四月署两江总督，同治五年十一月授钦差大臣，接替曾国藩督办山东等省军务，镇压捻军。同治六年正月迁湖广总督。同治七年七月以剿捻"功"授协办大学士，晋一等侯爵。同治九年八月调直隶总督。同治十一年六月迁武英殿大学士，同治十三年十二月改文华殿大学士。光绪八年三月丁忧免。光绪九年正月署北洋大臣，六月署直隶总督。光绪十年八月服阕，授直隶总督。光绪二十一年以全权大臣与日本签订《马关条约》。光绪二十二年九月在总理衙门行走。光绪二十四年七月罢值。二十五年署两广总督。二十六年五月召京，六月改直隶总督，奉命以全权大臣同八国联军谈判。二十七年同十一国签订《辛丑条约》。九月病死，谥文忠。著有《李文忠公全集》。

李鸿裔

李鸿裔字眉生，别号香岩，晚号苏邻，四川中江县人。道光二十九年拔贡生，咸丰元年顺天府乡试举人，捐资为兵部主事，并与曾国藩相识，受其器重。咸丰十年经湖北巡抚胡林翼奏调赴英山大营，充任幕僚。咸丰十一年八月胡林翼死，李鸿裔送其棺枢回湖南原籍。次年秋冬，在安庆入曾国藩幕，负责草拟奏稿，甚受曾国藩赏识。同治三年六月下旬曾参与对太平天国忠王李秀成的审讯。此后不久转入金陵善后局，专办工程。同治四年闰五月署江安粮道道员，同治五年补授江苏徐海道道员，奉札总办剿捻各军营务，兼管徐州粮台。同治六年二月迁江苏按察使，同治七年七月病免，留居苏州，距苏子美沧浪亭甚近。光绪十一年八月病死，年五十五岁。著有《苏邻遗诗》《犀仙诗舫遗稿》。

李善兰

李善兰字壬叔，浙江海宁人。诸生。咸丰二年移居上海，与英国人伟烈亚力合作续译欧几里得《几何原本》后九卷。同治元年四月在安庆入曾国藩幕。同治三年四月设编书局，李善兰为主要成员之一。同治七年七月经郭嵩焘推荐调京，充任同文馆算学总教习、总理衙门章京，授户部郎中，加三品卿衔。著有《则古昔斋算学十二种》。译著有《几何原本》（7—16卷）《代微积拾级》《重学》《谈天》《植物学》等科学书籍多种。

李惺

李惺原为翰林院编修，因故在籍。咸丰四年二月入曾国藩幕，委办四川劝捐。

李联琇

李联琇字秀莹、小湖，江西临川人。道光二十五年进士，选庶吉士，散馆授翰林院编修，咸丰二年超擢翰林院侍读学士。咸丰三年七月放福建学政差，四年二月迁大理寺卿，五年十一月放江苏学政差，八年八月销差，九年病免。同治三年前后入曾国藩幕，在两江采访忠义局任职。同治四年正月应曾国藩礼聘任江宁钟山书院山长。著有《好云楼初集二集》。

李葆斋

李葆斋系曾国藩的同年。因生活困难于同治元年投靠曾国藩，曾国藩无法安排，只好委任为两江采访忠义局名义上的"领袖"，月送薪资三十两，借以自存。

李枞

李枞，诸生，咸丰四年十月在武穴入幕，任采编所分纂，随同张德坚编《贼情汇纂》一书。咸丰五年正月采编所迁长沙，人员星散，李枞离幕，不知所往。

李　榕

李榕字申夫，原名李甲先，四川剑州人。曾国藩乡试所取士。咸丰二年进士，选庶吉士，散馆授礼部主事。咸丰九年六月由曾国藩奏调入幕，先后办理营务处、安庆善后总局等务。咸丰十一年十一月署江宁盐巡道，任事如故。同治元年秋奉命募督标兵钧字五营，援助江、皖各路。同治二年三月成军，先后转战于江西、安徽各地。是年十月，补授浙江盐运使，经曾国藩奏留督军防皖南，同治四年四月全军遣散。五月，曾国藩北上剿捻，令李榕招募马队，随同出征。李榕以久战疲病辞，遂返回幕中，负责草拟文件。同治五年七月迁湖北按察使，不久又奉命赴京陛见，直至次年春始赴新任。同治六年十月迁湖南布政使，八年正月因劝捐助饷得罪湖南士绅，被劾革职。最终在原籍病故。著有《十三峰书屋全集》。

李瀚章

李瀚章字敏旃，号筱荃、小泉，晚号钝叟，安徽合肥人。原名章锐。以拔贡生选知县，分发湖南，历署永定、益阳、善化知县。咸丰四年四月札调入幕，任粮台提调，总理水陆各营收支事宜。咸丰五年初改任南昌后路粮台总提调，咸丰六年十二月后路粮台裁撤，李瀚章离幕回籍，随后将全家迁往江西南昌。咸丰八年八月再次应调入幕，总理湖口报销兼转运局，咸丰十年五月湖口报销局事竣裁撤，委派与江西粮道李桓经理江西牙厘总局。十二月授江西吉赣南道，主持赣州牙厘局。同治元年五月调赴广东主办韶关厘金总局。七月改任广东督粮道。同治二年六月迁广东按察使，三年四月迁广东布政使，仍为曾国藩主办广东厘金，直到当年八月广东厘金全部停解金陵粮台。同治四年二月迁湖南巡抚，六年正月调江苏巡抚、署湖广总督。同治六年十二月改浙江巡抚，同治九年八月迁湖广总督。光绪元年十二月改任四川总督，二年九月复改为湖广总督，八年三月丁忧免。光绪十四年九月授漕运总督，十五年七月改任两广总督，二十一年三月解任，病死。

杜文澜

杜文澜字小舫，浙江秀水人。诸生，以捐纳入仕，累官至候补知府。同治二年四月入曾国藩幕，委办湖北盐务督销局。同治六年末，江宁布政使李宗羲因病请假，曾由候补道员杜文澜署理是职。其离幕时间不详。著有《平定粤寇纪略》。

杜光邦

杜光邦咸丰八年七月入幕，在行营营务处任"小委员"。在幕首尾三年以上，咸丰十年闰三月后出幕。

杨万锦

杨万锦字芳三。出入幕时间不详。同治元年正月至同治三年十一月在曾国藩幕中任文案委员。

杨文会

杨文会字仁山，安徽石埭人。其父杨朴庵是曾国藩的同年，家贫。同治元年入曾国藩幕，委办谷米局。同治三年回家葬父。同治四年重返幕府，先后在工程局、筹防局任差。宣统三年秋病卒，年七十五岁。著有《杨仁山居士遗集》《等不等观杂录》。

杨文会酷爱佛学，曾为中国佛学在现代的延续作出过很大贡献。刘梦溪著文（《中国现代学术要略——〈中国现代学术经典〉总序》，《中华读书报》，1996年12月25日）称，"杨文会是现代佛学的开辟者"。晚清以来，既为"佛学名家"而又"结合己身信仰的现代佛学学者，首推杨文会、欧阳渐、太虚诸大师"。鉴于有清一代佛法不兴，群经散轶，他于1897年创金陵刻经处，1908年又在该处内之祇垣精舍招收僧俗学子讲授佛学经典。其为学"教宗贤首，首在弥陀"，理究"华严"、"法相"，而以净土"传宗"。学行超拔，世人推重。经过杨文会、欧阳渐、太虚多年的努力，使新佛学大大增加了现代性的成分。

杨朴庵

杨朴庵系曾国藩同年。咸丰十年六月入幕，同治二年七月病死安庆军营。其间经常在曾国藩身边活动，唯所任职事不详。

杨仲琛

杨仲琛出入幕时间不详。同治十年五月前后在幕，办理营务处，曾参与处理陈国瑞、李昭寿寻仇互斗案。官至候补道员。

杨 欣

杨欣字晓亭，江苏阳湖人。出入幕时间不详。咸丰五年十二月曾在江西办理饷盐，驻扎吴城盐卡，向过往私盐加征盐厘。

杨宗彝

杨宗彝字毅生、懿生，湖南湘潭人。曾在曾国藩幕中充任幕僚。光绪十年病卒。

杨象济

杨象济字利叔，浙江秀水人。咸丰九年举人，议叙知县。曾在署理湖广总督张亮基幕府充任幕僚，与左宗棠同事，共商军务。咸丰十年在祁门入曾国藩幕，在幕半年离去。后出游湖北，曾创议抽收出口税法，并协助湖北道员张曜孙至上海主持其事。湖北由此每年可分得洋关税数百万两。著有《汲庵文存》。

杨沂孙

杨沂孙，字子与，号咏春，江苏常熟人。又号濠叟、濠观。道光二十三年举人。咸丰元年从季芝昌于福州，为掌奏记。九年在季芝昌家识金安清。同治元年在安庆拜见曾国藩，四月得候选道员。同治三年奉委提调湘淮米盐互市局。同治四年奉吏部令赴京引见，离曾国藩幕。五月，得安徽凤阳知府实缺。八月，抵凤阳府任。十一月其父病死京师，回籍安葬、守制。有《说文解字问讹》四卷、《在昔篇》一卷、《濠叟日记》、《观濠居士遗著》二十一卷等著述传世。

杨照藜

杨照藜出入幕时间不详。同治元年至三年期间曾主持江西抚建分局，曾国藩令其亲历所属各卡，访求厘务利弊，察看卡员优劣，随时密禀。时为候补知县。

杨德亨

杨德亨入幕时间不详，同治元年已在幕中，任两江采访忠义局委员，曾与张锡嵘在安庆"论学订交"。同治七年禀请销差，经曾国藩批准后离幕。

张云吉

张云吉本系候补直隶州知州。同治四至六年在曾国藩幕府任查圩委员，委查宿州圩务。同治六年三月随曾国藩返回江宁，委办北征粮台。其离幕时间不详。

张文虎

张文虎字孟彪，又字啸山，别号天目山樵，江苏南汇人。贡生。精于算法，兼通经学、小学，为阮元所器赏。经李善兰推荐，同治二年五月在安庆入曾国藩幕。同治三年四月设编书局，张文虎任校勘。九月随曾国藩移往江宁，仍在编书局任职。直到曾国藩去世，一直在书局充任幕僚。著有《覆瓿集》《校刊史记集解索隐正义札记》。

张仙舫

张仙舫出入幕时间不详。同治三年三月至十年十月间曾在江宁附近的中关、下关和大胜关等处主持盐卡，查禁私盐。又熟悉捐务，同治三年曾国藩本拟派他赴上海办捐，后因盐卡无人接替始打消此议。

张同生

张同生咸丰八年八月随其父张韶南一起入幕，委办行营粮台支应。咸丰十一年十一月病故。官至候补知县。

张丞实

张丞实原为小京官。咸丰二年，因召对时自请以"杀贼自效"而很快外放湖南，以知府候补。三年十月奉曾国藩札委，随王鑫带勇援鄂未果，后补授湖南永州府知府，署理衡永道道员。咸丰四年二月入曾国藩幕，委办衡州捐局，向富户劝捐，为留驻湘南的罗泽南、李续宾一军筹饷。十一月奏调九江军营，拟令管带新募之湘左营。十二月曾奉曾国藩札派审理水师哨官万瑞书抢劫粮台案。旋带勇随罗泽南、李续宾作战，离开曾国藩幕府。

张虎文

张虎文本系候补直隶州知州。同治四至六年在曾国藩幕府任查圩委员，委查蒙城圩务。

张秉钧

张秉钧字小山。咸丰四年二月入曾国藩幕，任粮台委员，协助李瀚章管理军饷。曾国藩再出领军，张秉钧复于咸丰八年七月入幕，委派湖口报销转运局，办理历年报销事宜。咸丰十年五月报销局事竣裁撤，张秉钧转入行营粮台任职，曾长期驻扎东流，办理军用物资的转运。直到同治四年仍在幕中，其最后离幕时间不详。官至候补知府。

张复翱

张复翱字汉秋。出入幕时间不详。同治元年正月至同治三年十一月在曾国藩幕中任文案委员。

张埏昭

张埏昭字晖垣，入幕时间不详。同治十一年正月初二日曾国藩专为幕友十一人举办宴席，张埏昭因有服辞不入座。

张载福

张载福出入幕时间不详。同治二年曾在大胜关厘卡任厘金委员。

张　葆

张葆出入幕时间不详。咸丰十一年十二月曾国藩奉命将早已奉旨革职拿问的前两江总督何桂清迅速押解赴京，即札委张葆担负此任。时为安徽候补直隶州知州。

张富年

张富年字苣堂，出入幕时间不详。同治二年八月受曾国藩委派主持泰州盐务总局，总理招商承运及征厘、销售诸务。同治六年七月又受曾国藩札派赴芜湖主办皖南厘金局。光绪十二年正月由两淮盐运使迁江苏按察使，十四年八月免职。

张裕钊

张裕钊字廉卿，湖北武昌人。道光二十六年举人，考授内阁中书。早在咸丰五年即与曾国藩相识，曾专门拜访而未留幕中。后入湖北巡抚胡林翼幕，但经常送文章请曾国藩批阅，甚受曾国藩的赏识，胡林翼死，张裕钊于咸丰十一年十一月赴安庆入曾国藩幕。曾国藩令其专攻古文，不司他务。张裕钊恪遵师命，一面讲学培养学生，一面刻苦钻研，虚心求教，相从数十年独以治文为事。在曾国藩的指导下，张裕钊古文方面进步很快，甚得曾国藩的真传，成为诸弟子中成就最大的一个。张裕钊历主江宁、湖北、直隶、陕西各书院，成就后学甚众。其门下最知名者有范当世、朱铭盘。著有《濂亭文集》《濂亭遗稿》。

张斯桂

张斯桂号鲁生，浙江萧山人。同治二年五月经李善兰推荐入曾国藩幕，并奉曾国藩之命致函容闳，邀其入幕。曾国藩称其工于制造洋器之法。其具体职事与离幕时间不详。光绪二年十二月以知府出任驻日本副使，光绪六年十月召回。

张锡嵘

张锡嵘字敬堂。安徽灵壁（今灵璧）人。咸丰三年进士，选庶吉士，散馆授翰林院编修。咸丰九年秋简授云南学政，后丁父忧回籍，同治三年途经安庆拜访曾国藩，深受器赏。同治四年闰五月经曾国藩奏调入幕，办理营务处。旋募灵壁勇为敬字三营随湘军作战。同治五年十二月随刘松山部湘军赴援陕西，六年正月在西安附近战死。

张锦瑞

张锦瑞字笛帆，湖南善化人。咸丰元年举人，候选训导。咸丰十年入幕，在湖南东征局任职。同治元年正月经曾国藩奏准，以知县分发江苏补用。同年三月丁父忧回籍守制，复应调入曾国藩幕，负责草拟奏稿。同治四年五月离幕，回籍办理起复手续。

张韶南

张韶南字伴山。道光二十七年进士。咸丰八年八月经曾国藩札调入幕，委办行营粮台。咸丰十一年九月病故。官至候补知府。

张德坚

张德坚字石朋，江苏甘泉县人。原为湖北巡抚衙门的巡捕，自咸丰三年正月起即开始通过难民、逃人等搜集太平军的战略情报，编成《贼情集要》一册。咸丰四年八月湘军攻占武昌，张德坚通过刘蓉将书转交曾国藩批阅，甚受赏识。十月曾国藩在武穴行营设采编所，调张德坚入幕担任总纂，令其编辑《贼情汇纂》一书。咸丰五年正月太平军再占湖北，张德坚与采编所逃到长沙，当年七月将该书编成，寄给曾国藩审阅。张德坚亦在此之后不久赶赴江西南康，返回曾国藩幕府。其所任职事与离幕时间不详。同治五年正月曾国藩接受丁日昌的建议，再次邀请张德坚入幕，委办盐务总局文案，直到同治七年四月仍任是职。其最后何时离幕不详。

吴大廷

吴大廷字彤云，又字桐云，晚号小酉腴山馆主人。湖南沅陵人。道光二十八年三月考取府学拔贡生。咸丰三年正月赴沈阳入奉天府丞张镖幕。咸丰五年六月选授内阁中书。八月考取顺天府乡试举人。咸丰七年三月派充方略馆分校，六月入顺天府尹梁同新幕。咸丰八年二月派充国史馆分校。咸丰十一年二月经安徽巡抚李续宜奏调，奉命赴安徽军营差委。十一月奉旨以员外郎在安徽补用。同治元年五月辞归安庆新寓，十月复应聘赴临淮关大营，入继任安徽巡抚唐训方幕，主办军需、章奏、文案，兼理营务。同治二年四月保升候补道员，八月辞归原籍。同治四年正月奉调入闽浙总督左宗棠幕，会办福建通省军需厘税局务。四月补授福建盐法道。同治五年九月补授台湾兵备道，旋赏二品顶戴。同治七年十月病免，回籍调养。同治八年四月应聘入陕甘总督左宗棠幕，委办驻陕军军需，任事仅一月，复奉船政大臣沈葆桢奏调回闽襄理船政。同治九年九月经曾国藩奏调入幕，委派江南制造局，专司轮船操练事宜。光绪二年七月奉委兼办松沪厘捐总局。光绪三年十二月在上海病卒，年四十五岁。著有《吴彤云诗文集》《小酉腴山馆集》。

吴中英

吴中英出入幕时间不详。曾在安徽荻港厘卡任事，后被蒋嘉械禀请曾国藩撤委。

吴世熊（雄）

吴世熊（雄）原为江苏淮海道道员，同治四年闰五月受曾国藩札委办理清江转运局，为剿捻各军转运粮饷军需。同治六年初调为徐海道道员。

吴文泰

吴文泰出入幕时间不详。咸丰九、十年间曾在幕中襄办营事。

吴文澜

吴文澜江西人，原为江西在籍候选知府。咸丰三年在南昌办理团练，助守危城。咸丰五年入曾国藩幕，在江西饷盐总局任职，咸丰六年五月仍在幕中。咸丰十年入湖南东征局任事。离幕时间不详。

吴汝纶

吴汝纶字执甫，安徽桐城人。同治四年进士。同治三年五月经方宗诚推荐入幕，在秘书处任事。同治四年会试中第后，经曾国藩劝说仍在幕中充任幕僚，紧紧追随，不离左右，直到曾国藩去世。其后转入直隶总督李鸿章幕继续充任幕僚。出幕后曾任直隶深州知州，并赴日本考察教育制度等。吴汝纶文学优长，著叙亦较多，计有《吴汝纶日记》二册，《桐城吴先生尺牍》《桐城吴先生诗文集》《东游丛录》《深州风土记》各一部。

吴 沄

吴沄出入幕时间不详，曾在江西充任厘金委员。同治二年五月曾国藩整顿江西厘务，因其成效显著受到优奖。时为知州衔候选知县。

吴廷华

吴廷华字干臣，安徽泾县人。文童。咸丰六年六月经洪汝奎推荐在南昌大营入幕。曾国藩再出领军，吴廷华复于咸丰九年再次入幕。不久外出领军，任依仁营营官。同治二年冬因对保举心怀怨望（时官仅从九品），禀请辞差不许，遂长假不归，脱离军营。

吴坤修

吴坤修字竹庄，江西新建人。捐纳从九，分发湖南。道光二十九年参与镇压李沅发起义，以县丞补用。咸丰二年以长沙城守功擢候补知县。咸丰三年冬入曾国藩幕，司水师军械。咸丰四年二月随曾国藩东征。咸丰五年丁忧归，离开曾国藩幕府。咸丰六年奉湖北巡抚胡林翼札派，统带湖北新募彪字营随刘腾鸿赴援江西。咸丰七年春授广东南韶连道，留办军务。是年冬以师溃革职。同治四年署徽宁池太广道。八月授安徽按察使。七年四月授安徽布政使。在此期间曾奉委与江西布政使共同主持安庆报销总局，为曾国藩办理咸丰七年正月至同治四年五月军费报销事宜，兼为安徽巡抚英翰转运军饷。同治十一年十月卒于任。

吴廷球

吴廷球出入幕时间不详。咸丰九年前后在幕，负责解运军装，时间长达数年。

吴峻基

吴峻基原为安徽武职人员，同治四至六年奉曾国藩差委充任查圩委员。同治六年离幕。

吴嘉善

吴嘉善字子登，江西南丰人，翰林出身，曾国藩同年吴嘉宾弟。入幕时间不详，曾参与安庆内军械所制"黄鹄号"小火轮的工作。同治三年五月任广东同文馆总教习。光绪二年随驻美公使陈兰彬赴美，出任中国驻美留学生局（又称留学事务所）监督，与容闳意见不合，光绪四年与留学生一起回国。

吴赞城

吴赞城字春帆，原为广东虎门同知。曾国藩门生。同治元年五月经曾国藩奏派协同李瀚章等人开办广东厘金。二年八月脱离曾国藩幕府，仍事旧职。

何庆澂

何庆澂出入幕时间不详，同治三年曾任两江总督衙门刑科发审局委员。

何应祺

何应祺字镜海，湖南善化人。咸丰八年十二月在江西建昌府入曾国藩幕，初在秘书处负责草拟函、札、批件，后转到营务处任职。咸丰十年至同治四年在湖南东征局征厘筹饷。同治元年曾国藩奏保东征局官绅，曾列名其中。其后时出时入，断断续续，直到同治十年仍在幕中活动。著有《守默斋遗集》，其中不少篇章反映幕中生活。

何　铣

何铣字致华。出入幕时间不详，曾长期办理盐务。同治二年九月因账目不清受到罚款，而差委如故，直到同治三年十一月仍在幕中办理盐务。

何敦五

何敦五字丹臣，湖南巴陵人，原为湘军营官。咸丰八年七月入幕，主办内银钱所，兼理外银钱所。后改办粮台军械所。同治三年十一月仍在幕中，其最后离幕时间不详。

何　源

何源字镜芝，湖北武昌人。咸丰四五年间入曾国藩幕。其何时出幕不详。

何　璟

何璟字小宋，广东香山人。道光二十七年进士，改庶吉士，散馆授编修。咸丰七年授江南监察御史，八年迁给事中。咸丰十年外放安徽庐凤道。同治二年七月调赴安庆行营总办营务处。同治三年署理安徽按察使，曾奉曾国藩委派与藩司马新贻等会同审理江西知县石昌猷"祖匪杀良"一案。同治三年九月实授安徽按察使，十月兼署布政使，奉曾国藩委派会同江西藩司孙长绂主持安庆报销总局，办理咸丰七年正月至同治四年五月军费报销事宜。同治四年三月迁湖北布政使。同治八年八月改任山西布政使。同治九年七月迁福建巡抚，旋改山西巡抚。同治十年九月改江苏巡抚。同治十一年二月署两江总督，十月忧免。光绪二年九月服阕，授闽浙总督，十二月兼署福州将军。光绪十年七月以在中法战争中"临事昏庸"召京，旋革职。光绪十四年死。

余　鋆

余鋆出入幕时间不详，咸丰九、十年间在幕，负责解运军饷。

八　画

庞际云

庞际云字省三，直隶宁津人。咸丰二年进士，选庶吉士，散馆改刑部主事。早在道光年间即与曾国藩有师生之谊。道光二十六年庞际云考觉罗官学教习，三十年考国子监学正皆曾国藩阅取其卷。又曾在曾国藩家中充任家庭教师数年。同治三年三月在安庆入曾国藩幕，负责草拟奏稿。六月主持江宁善后局。七月奉命与李鸿裔等审理太平天国忠王李秀成案，并充监斩官。八月经曾国藩奏准署江宁盐巡道，仍饬办江宁善后局。同治四年十二月实授江宁盐巡道，署两淮盐运使。后改淮扬海道。光绪六年迁湖北按察使。光绪七年八月迁湖南布政使。光绪十年二月署湖南巡抚。光绪十一年二月卸署湘抚任。三月改广东布政使，四月改云南布政使。光绪十二年九月病卒。著有《十五芝山房文集》《淮南盐法纪略》。

聂 琪

聂琪字云山，出入幕时间不详。同治元年五月至同治三年十一月在曾国藩幕中任文案委员，管绘地图。

欧阳兆熊

欧阳兆熊字晓岑，湖南湘潭县人。道光十七年举人，曾任湖南新宁县教谕。道光十九年曾随邓显鹤刊刻《王船山遗书》未成，咸丰四年版毁于火。咸丰十年曾国藩困守祁门，人手缺乏，遂致函欧阳兆熊，邀其赶赴军营商榷要政。咸丰十一年二月欧阳兆熊行抵祁门入幕，为曾国藩草拟文件，出谋划策。九月偕赵烈文赴武昌为胡林翼诊病，胡林翼已死，遂由武昌返回湖南原籍。同治二年四月重返曾国藩幕府，次年主持编书局事务。欧阳兆熊是曾国藩青年时代的朋友，他接受冯卓怀的教训，为全交计，只以朋友的身份在幕中为曾国藩做事，不受任何差委，曾国藩委其屯溪厘局、霆营监饷、湖口製验等差，皆交札不肯承担。曾国藩觉得实在过意不去，在一次分别时，曾送给他几张盐票。这大概是他多年来从曾国藩那里得到的唯一一点实惠。

欧阳侗

欧阳侗入幕时间不详，曾在曾国藩幕中充任文案房职员。同治三年三月因与同事诸人具禀讦告内银钱所，被曾国藩亲写长批，痛斥革差。

林士班

林士班原为候补知府。同治四至六年在曾国藩幕府任查圩委员，委查安徽怀远圩务。

林长春

林长春字晴岚，顺天府人，入幕时间不详。曾任粮台委员，在周凤山部办理支应。咸丰六年二月在江西樟树镇阵亡。官至云南候选训导。

林源恩

林源恩字秀三，四川达州人。道光十七年拔贡，道光二十三年顺天府乡试举人，选取知县，分发湖南。咸丰元年授平江县知县。咸丰三年办理团练，镇压当地民众起义。咸丰四年二月任营官，带平江勇随曾国藩作战。咸丰五年春入曾国藩幕，奉委办粮台，先后在罗泽南、塔齐布军办理支应。后又在鄱阳湖水师办理营务。咸丰五年十一月经江西巡抚调赴南昌统带新募之平江营。咸丰六年在抚州城外战死。

陈士杰

陈士杰字隽丞，又字俊臣，湖南桂阳州人，以拔贡考取小京官，铨户部。不久，丁父忧回籍。咸丰二年太平军入湖南，当地发生农民起义，陈士杰集团勇百余人进行镇压。咸丰四年二月应曾国藩招聘入幕，参谋军事。湘军攻占湘潭，陈士杰以建策功迁主事。咸丰五年回籍专治团练，镇压当地农民起义。咸丰九年因功擢知府，晋道员。同治元年正月曾国藩委派陈士杰与李鸿章、曾国荃率湘、淮军赴援上海，已荐授江苏按察使。陈士杰则以防石达开再返湖南为己任，不肯赴沪，三月乞养归。同治四年加布政使衔。同治十年丁母忧。同治十三年十二月服阕起用，授山东按察使。光绪六年二月迁福建布政使，光绪七年八月迁浙江巡抚。光绪八年十二月调任山东巡抚，光绪十二年五月召京，以病乞休。光绪十八年卒于家。

陈方坦

陈方坦字筱浦，浙江海宁人。同治二年十月入幕，专司草拟与盐务有关的咨、札、函、奏。此后长期追随曾国藩左右，除曾国藩调任直隶总督期间分离两年外，直到曾国藩去世，一直在曾国藩幕中充任幕僚。

陈兰彬

陈兰彬字荔秋，广东吴川人。咸丰三年进士，选庶吉士，散馆授刑部主事。咸丰八年经两广总督黄宗汉奏调回广东管理洋务。不久，丁母忧回籍，主讲高州书院。咸丰十年在当地举办团练，镇压陈金刚起义，赏加四品衔。同治二年三月随刘长佑北上，入京补授原官。同治八年二月经许振祎推荐，由曾国藩奏调入幕，先后办理审理积案、赈济灾民等务。同治九年六月随曾国藩赴天津办理教案，十月随曾国藩返回江南。同治十年七月在上海设驻美中国留学生局，委派陈兰彬为正监督。同治十一年三四月间带留学生赴美。同治十三年冬应召回国，协助总理衙门议订古巴招工章程。光绪元年十一月任驻美、西、秘三国首任公使。光绪二年七月使美，授太常寺卿。光绪四年二月改宗人府府丞。光绪五年八月迁都察院左副都御使。皆未赴任，充任驻外公使如故。光绪七年五月带留美学生回国，十二月授礼部右侍郎。光绪八年三月充总理衙门大臣，八月署兵部右侍郎。光绪九年十月署礼部左侍郎。光绪十年七月罢值，八月病免。光绪二十年十二月卒于原籍，年七十九岁。著有《诗经札记》一卷，《治河刍言》八卷，《使美纪略》一卷，《泛槎诗草》一卷。

陈　艾

陈艾字虎臣，安徽石埭人。贡生。咸丰十年十月在祁门入曾国藩幕，主持两江采访忠义局局务。同治七年以母老禀请辞差归养，得到曾国藩批准。从此在籍闲居，常从理学家吴廷栋问业。官至候补直隶州知州。

陈长吉

陈长吉出入幕时间不详。同治三年六月已在幕中。四年十一月奉曾国藩委派将存于湖口的有关档案送交新设立的安庆报销总局，以办理咸丰七年正月至同治四年五月的军费报销事宜。

陈光亨

陈光亨字秋门，湖北兴国州人，道光六年进士。咸丰四五年间在南康入曾国藩幕。著有《养和堂遗集》。

陈宝箴

陈宝箴字右铭，江西义宁人，举人。初协助其父陈伟琳办乡团，同太平军作战，后赴湖南入湘军将领易佩绅幕，以募粮功叙知府。复因丁忧返籍入曾国藩幕，充任义宁州厘卡委员。同治三年为席宝田军划策击败太平军，俘幼天王洪天贵福，并以此超擢河南河北道。光绪八年八月迁浙江按察使，九年六月因事降调。十六年十月经湖南巡抚王文韶推荐授湖北按察使。二十年十月迁直隶布政使，二十一年七月经荣禄推荐迁湖南巡抚。赴任之后，大倡新政，一改湖南保守风气，先后设电讯局、购置小轮船，建枪弹厂，立保卫局、南学会、时务学堂，聘梁启超主湘学，疏荐杨锐、刘光第、谭嗣同、林旭佐新政。光绪二十四年慈禧太后发动戊戌政变，六君子被害，陈宝箴亦于是年八月牵连革职。年七十卒于籍。

陈　茂

陈茂约在咸丰十年五月至同治元年九月间入幕，在江西牙厘总局任职，直到同治三年十月江西半厘停解为止。

陈鸣凤

陈鸣凤咸丰八年七月入幕，委任文案委员。其出幕时间不详。

陈济清

陈济清字云卿。湖南宁乡人。同治八年正月入幕。同治九年十月曾国藩返任江督，陈济清没有随行。曾国藩去世后，陈济清入湖南传忠书局，参与了曾国藩《全集》的校勘工作。

陈容斋

陈容斋出入幕时间不详。同治八年五月曾与赵烈文等人相聚，同为幕中同事。

陈　斌

陈斌字惺斋，江西南昌人。咸丰五年在南康入曾国藩幕，任典客。同治六年十月仍在幕中。其所任职事与离幕时间不详。时为候补知县。

陈源豫

陈源豫字季牧，湖南茶陵人。曾国藩姻亲。出入幕时间不详。曾在行营管理内银钱所，时间约在咸丰四至六年间。

陈鼐

陈鼐字作梅，亦字竹梅，江苏溧阳人。道光二十七年进士。早年曾在山西巡抚幕府充任幕僚。咸丰九年十二月在宿松入曾国藩幕，在秘书处任职，甚受曾国藩赏识。同治二年转入李鸿章幕，总办后路粮台。同治十年正月经李鸿章奏保补授直隶清河道。同治十一年九月病死于保定。著有《求志集》。

陈黉举

陈黉举字序宾，安徽石埭人。诸生。曾师事陈艾，经陈艾推荐入曾国藩幕，先后委办江西建昌盐厘局和萍乡厘务。约于同治四年转入李鸿章幕，调赴江宁委办北征粮台支应事宜。后在李鸿章淮军大营办理行营粮台支应事项，曾先后随军转徙山东、安徽、河南、湖北、直隶、陕西等地。累官至候补直隶州知州。光绪九年闰五月病卒于直隶，年五十一岁。

陆伯吹

陆伯吹同治三年九月在曾国藩幕府任文报局委员。

周子瑜

周子瑜出入幕时间不详。同治三年九月曾国藩在江宁补行江南乡试，札委周子瑜帮办科场事务。

周成

周成字志甫，安徽绩溪县人，岁贡生。咸丰十年十一月经洪汝奎推荐在祁门入幕，同治元年十二月在安庆去世。

周汝霖

周汝霖出入幕时间不详。同治二年五月因在江西办理厘务"洁己奉公，始终不懈"受到曾国藩的嘉奖。时为吴城主簿。

周均

周均出入幕时间不详。咸丰九、十年间曾在曾国藩幕中帮理营务。

周尚桂

周尚桂入幕时间不详。曾任粮台委员，在李元度军办理支应，咸丰六年九月战死在江西抚州城外。

周学浚

周学浚字缦云，浙江乌程人。同治元年四月入曾国藩幕。同治二年十月做曾国藩的家庭教师，教曾国藩次子纪鸿、外甥王兴韵、女婿罗兆升读书。同治四年三月应聘出任江宁尊经书院山长。曾主编《苏州府志》。

周继芬

周继芬出入幕时间不详。咸丰九、十年间曾在曾国藩幕中，负责解运军火。

周悦修

周悦修出入幕时间不详。同治三年六月曾参与审理太平天国忠王李秀成一案。时为候补同知。

周腾虎

周腾虎字弢甫，江苏阳湖人。候选主事。咸丰三年曾入雷以諴幕，参与清军江北大营征厘筹饷的创议。咸丰五年夏入曾国藩幕。十二月随郭嵩焘赴浙商办浙盐运销江西以抵军饷事。咸丰六年正月离幕回籍。咸丰十年九月再次入幕，十一月派赴上海购买轮船。同治元年七月病死上海。系赵烈文的姊丈。著有《餐苎华馆遗文》。

范泰亨

范泰亨字云吉，四川隆昌县人。原为刑部员外部，咸丰十一年四月丁忧回籍。同治二年正月曾协助李宗羲等在四川万县设局购米，运回安徽军营。旋经严树森奏调赴鄂差委，是年七月复经曾国藩咨调入幕，先在安庆行营审理案件，旋派赴江西整顿厘务。十一月受命总理江西牙厘总局，兼理江西总粮台。十二月简授江西吉安府知府，先于奉命之日病死。

易光济

易光济出入幕时间不详。咸丰九年前后在幕，负责解运军装，时间长达数年之久。

罗萱

罗萱字伯宜，湖南湘潭人，罗汝怀之子。咸丰四年七月在岳州入曾国藩幕，掌书记。咸丰六年三月奉曾国藩令募勇三千人自成一军，兼理营务处，同李元度、邓辅纶等一起，在江西建昌、抚州、瑞州等地作战。咸丰七年二月曾国藩回籍守制，罗萱亦离营返回湖南。初假馆课童度日，后赴浙入刘培元营充任幕僚，旋又离浙西返长沙。同治二年赴广东入郭嵩焘幕，旋归，助某人治威信军，自领一队，名曰威震军，防太平军。同治八年正月随记名按察使黄润昌赴贵州镇压苗民起义。三月在施秉至黄平间战死。从军累年，积功至同知直隶州，加知府衔。死后赠太常寺卿衔，世袭云骑尉、恩骑尉罔替。

罗麓森

罗麓森字茂堂，湖南长沙人。同治三年秋入曾国藩幕，料理撤营等事。不久回籍，续丁父忧。同治四年五月曾国藩北上剿捻，复将其札调入幕，办理营务处，兼统带亲兵六营，紧随曾国藩左右。其离幕时间不详。官至江苏候补道员。

金世醇

金世醇出入幕时间不详。曾在曾国藩幕中多年，随营办事，不避艰险，在攻克景德镇保案中得到保奖。

金安清

金安清字眉生，浙江嘉兴人。原为署理两淮盐运使，在江苏之通州、泰州设局，征厘劝捐以筹军饷。咸丰十一年因账目不清等由被袁甲三参劾，复经曾国藩查核奏请革职。同治二年辗转入曾国藩幕，在泰州盐务总局任事，为曾国藩制定新章，整顿两淮盐政，多方出谋划策，终因名声太坏，曾国藩只采其策，不用其人，使之郁郁不得其志。同治三年正月仍在幕中，其何时离幕不详。

金吴澜

金吴澜字鹭卿。大约同治七年在江宁入幕，同治八年正月调赴直隶，委派发审局帮同审理历年积案。同治九年十月随曾国藩返回江宁。其离幕时间不详。

邹汉章

邹汉章字叔明,湖南新化人。诸生。咸丰三年冬入湘军水师,任营官。咸丰四年二月随曾国藩东征,岳州败后离水师,留曾国藩幕中专司侦探事。十月调入采编所任副总纂,编辑《贼情汇纂》一书,咸丰五年正月太平军返回湖北,采编所移至长沙,人员多星散。邹汉章入胡林翼军营,先司侦探,后回水师任营官,积功选长沙府学教授,加同知衔。咸丰九年率水师驰援宝庆。咸丰十年随刘长佑赴广西作战,卒于军,年四十岁。赠道员衔。

邹寿璋

邹寿璋字岳屏,湖南善化人。监生。咸丰二年从朱孙诒等办团练,十二月奉札调赴长沙,是曾国藩最初精心训练的三营湘军的营官之一。咸丰四年二月随曾国藩"东征",三月兵败岳州,只身逃遁,所统全营被歼。六月改领水师,充亲兵营营官,随曾国藩再次东下。十二月所部在湖口江面溃散,邹寿璋入曾国藩幕府充任幕僚,管理大营内银钱所。后受湖南巡抚骆秉章委派统带湘潭水师,兼办厘局。咸丰九年改领陆师,保州同,加同知衔。同治元年经左宗棠疏调赴浙,随营办事,保同知,加知府衔,留浙江补用。同治二年八月死于绍兴厘金局,年四十六岁。

邹昀荄

邹昀荄咸丰十年七月前后入曾国藩幕,在湖南东征局任事,同治三年七月撤差。

邵彦烺

邵彦烺浙江人。原为湖北巡抚衙门的幕僚,久历行阵。咸丰四年十月在武穴入曾国藩幕,任采编所副总纂,与张德坚等同编《贼情汇纂》一书。咸丰五年正月太平军反攻湖北,采编所迁往长沙,人员星散。邵彦烺逃往金口,辗转赶赴长沙。大约当年七月该书编成后离幕。

邵懿辰

邵懿辰字位西,浙江仁和人。著名学者。道光年间举人,选授刑部员外郎,后辞官回籍。在京为官时与曾国藩友善,常在一起切磋学问。咸丰五年四月受曾国藩之请,联络浙、赣两省士绅,协同办理浙盐行销江西事宜。七月亲赴江西会商饷盐事务，对此事的办成起了一定促进作用。咸丰十一年十二月太平军攻占杭州，自杀身亡。著有《礼经通论》《半岩庐遗集》《半岩庐所著书》等。

九 画

洪汝奎

洪汝奎字莲舫，号琴西，原籍安徽泾县，寄籍湖北汉阳。道光二十四年湖北乡试举人。道光二十七年考取觉罗官学汉教习，曾国藩为阅卷大臣，遂有师生之谊。咸丰十年五月奉旨以知县用，出都南返，于当年十月抵英山大营，经曾国藩推荐，入胡林翼幕。咸丰十一年八月胡林翼死，十月洪汝奎奔赴安庆入曾国藩幕。同治元年五月奉札综理行营银钱所支应事宜。同治二年十一月经理皖南劝农局。同治三年九月随曾国藩赴江宁。同治四年五月奉札委办江宁东南保甲局局务，旋调西南保甲局。同治五年三月奉署江督李鸿章委派办理金陵北征粮台，经理收支报销事宜。同治八年正月北征粮台改为军需总局，仍由洪汝奎主持，并兼理江宁编书局，同治十年正月奉曾国藩命参与张汶祥案的审理。光绪元年正月奉新任江督李宗羲札委会办金陵报销总局。光绪六年十月授广东盐运使，旋改两淮盐运使。光绪七年十一月以江宁狱案解任。光绪八年正月以失察罪削职，发往军台赎罪。十二月奉旨释回。光绪十二年十一月经两广总督张之洞调赴广东，委办广东善后局。十二月病卒。著有《洪忠宣公年谱》。

施恩实

施恩实字少麟。咸丰四五年间入曾国藩幕，在军械所任职。

祝 垲

祝垲字爽亭。道光二十七年进士，积官升为直隶大顺广道道员。同治五年初经曾国藩咨调入幕，办理营务处。同治六年正月转入李鸿章幕府。官至盐运使衔直隶候补道。

郑元璧

郑元璧字锡侯，湖南衡山人。曾任建溪书院山长。咸丰十年六月入曾国藩幕，委任湖南东征局委员。同治四年五月东征局裁撤，郑元璧约于此时离幕。时为候补道员。

郑　重

郑重入幕时间不详。曾在江西任厘卡委员，同治二年五月因性耽安逸，被曾国藩参劾革职。

郑　奠

郑奠出入幕时间不详。咸丰十一年七月前后曾充任曾国藩幕僚，在大通厘金局任职。

郑德基

郑德基咸丰四年七月入幕，任行营粮台委员，协助粮台提调李瀚章管理水陆各营收支事务。咸丰七年十二月已病故，其具体时间不详。

恽世临

恽世临字季成，又字次山，江苏阳湖人。道光二十五年进士，选庶吉士，散馆授吏部主事，简放外任，累官至湖南岳常澧道道员。咸丰十年六月受曾国藩委派与黄冕等创办湖南东征筹饷局。同治元年十二月迁湖南布政使，二年五月迁湖南巡抚，为曾国藩主办东征局如故。同治四年二月被人控告，受到降四级调用的处分。

恽光业

恽光业出入幕时间不详。曾受曾国藩札委主办正阳盐卡，向淮北票盐征收厘金，后因账目不清撤差。

柯钺

柯钺字小泉，安徽歙县人。咸丰元年举人，选授刑部主事，丁忧在籍，于咸丰十一年十月经曾国藩奏调入幕，负责办理书启，有时亦草拟奏稿，甚受曾国藩重视。同治三年四月其父病死军营，柯钺亦因操劳、哀伤过度于七月病死幕中。

胡大任

胡大任字莲舫，湖北监利人。道光十八年进士，授礼部主事。是曾国藩的同年和好友。咸丰三年奉旨回籍帮办团练。咸丰四年闰七月入曾国藩幕府，随军办理团练，并在新堤设局劝捐筹饷。八月经办汉口劝捐分局，九月兼理汉口转运局。咸丰五年二月太平军再占武汉，胡大任转入胡林翼幕，在新堤、金口等地劝捐，在荆州、沙市设局征收厘金，以济军饷。咸丰九年正月再入曾国藩幕府，在吴城（后迁湖口）报销局办理报销。咸丰十年五月报销局事竣裁撤，胡大任回京供职，旋病假回籍。同治二年七月调赴广东，接替曾国藩原派往广东的人员（已调回）总理广东厘务，所收厘金三成留省，七成解皖。同治三年十二月复回京供职，经曾国藩奏准以四品京堂遇缺简用。同治六年十一月由内阁侍读学士迁河南按察使，七年七月迁山西布政使，八年八月以废弛因循被劾，勒令休致。

胡心庠

胡心庠字蔚之，江西省人。约在咸丰五六年间入幕，为曾国藩办理书启。咸丰七年初为曾国藩办理支应。咸丰八年六月曾国藩再出领兵，胡心庠再次入幕，为曾国藩办江西支应局。不久，支应局撤销，胡心庠留幕，为曾国藩办南昌递文所，专司文报传递。此后又在吴城—湖口报销局任事。咸丰九年七月前后出任江西星子县令，离开曾国藩幕府。

胡升琪

胡升琪字少笛，湖南长沙人。出入幕时间不详。同治三年七月曾在曾国藩幕中充任幕僚，委派内军械所任职。

胡云衢

胡云衢咸丰八年七月入幕，在行营粮台军械所任职。

胡嘉垣

胡嘉垣字维峰，原为湖南商人，咸丰四年二月入曾国藩幕，委派管理粮台辎重船只，六月撤委。咸丰八年七月再次入幕，委办湖口船厂。其离幕时间不详。

胡　镛

胡镛字听泉，湖南人。咸丰十年七月前后入曾国藩幕，大约同治元年六月因名声太劣撤差。时为候补知府。

赵少魁

赵少魁，举人。出入幕时间不详。曾在江西办理厘务，任湘东卡委员，其所禀添设厘卡，得到曾国藩批准。

赵烈文

赵烈文字惠甫，号能静居士，江苏阳湖人。监生。自幼喜读书，颇有才名。三应乡试而不中，遂绝意仕进，一心钻研学问，博览群书，留心时事。咸丰五年十二月应聘入曾国藩幕，旋因意见不合，借家中母病之由请假回籍。咸丰十年家乡被太平军占领，赵烈文辗转逃出，复于咸丰十一年七月入曾国藩幕，负责办理涉外咨、札、函、奏。同治二年五月受曾国藩委派赴雨花台大营为曾国荃草拟奏折。同治三年九月曾国藩移驻江宁，赵烈文重新回到曾国藩身边，仍司旧职。同治四年五月曾国藩北上剿捻，令其赴浙江候补（此时已保至候补直隶州知州，分发浙江）。赵烈文誓不离旧主，拜曾国藩为师，在乡闲居，直到曾国藩重返两江总督任，始于同治六年四月返回幕府。同治七年十一月曾国藩赴直隶总督任，次年五月赵烈文应调赴保定入幕。十月署磁州直隶州知州，而后实授。同治十年五月卸磁州直隶州知州任，十一月返回保定，任《直隶通志》分纂。同治十一年正月署易州知州，五月实授。光绪元年三月卸易州知州任，九月南归。光绪十九年六月病死，年六十二岁。著有《能静居日记》（又名《能静居士日记》）、《落花春雨巢日记》。

赵景坡

赵景坡浙江绍兴人。原为直隶总督衙门的刑名师爷。同治八年正月曾国藩抵任后留于幕中，继续充任幕僚。

贺麓樵

贺麓樵，湖南浏阳人。同治八年初入幕，充任家庭教师，直到同治十一年二月曾国藩去世。

贺霭若

贺霭若字云舫，湖北蒲圻人。举人。咸丰四年入曾国藩幕，次年离去。同治三年四月再次入幕，委办五河盐卡，办理淮北票盐过卡抽厘事务。其何时离幕不详。

俞　晟

俞晟字景初，出入幕时间不详。曾在曾国藩幕中充任委员，同治三年四月已官至湖北知府。

俞　潘

俞潘入幕时间不详。曾在江西任厘卡委员，同治二年五月因年老昏聩，难期振作，被曾国藩参劾，勒令休致。

钟　文

钟文原为山东候补道员，经御史张观钧奏请，于同治四年闰五月奉旨发往曾国藩军营差遣委用。到营后委办行营发审事件。同治五年十二月经曾国藩奏请加按察使衔。同治六年二月曾国藩返任两江总督，钟文奉旨返回山东，离开曾国藩幕府。

须国昶

须国昶字存甫，江苏阳湖人。出入幕时间不详。咸丰五年十二月曾在江西办理饷盐，驻扎吴城盐卡，向过往私盐加征盐厘。

姚彤甫

姚彤甫出入幕时间不详。同治元年二月在曾国藩幕府任安庆北城门盘查委员。

姚体备

姚体备字秋浦，山东人。道光二十七年进士。以知县分发江西，曾任庐陵令。咸丰八年七月为曾国藩所知。咸丰十年十月奏调入幕，委办营务处。咸丰十一年五月经曾国藩奏请署安徽徽宁池太广道道员，旋兼理屯溪厘卡。同治元年八月在住所病故。

姚岳望

姚岳望字彦嘉，江苏阳湖人。出入幕时间不详。咸丰五年十二月曾在江西办理饷盐，驻扎吴城盐卡，向过往私盐加征盐厘。

姚星浦

姚星浦入幕时间不详。曾任江西抚建分局所属李家渡厘卡委员。同治二年因其未交待账目擅自回省，受到查究。

姚镶

姚镶入曾国藩幕府时间不详。曾在江西粮台办理军装、器械多年。同治二年冬因冒领款项受到革差追赔处分。官至候补县丞。

十　画

高列三

高列三字聚卿,出入幕时间不详。同治六年十一月至八年五月曾在曾国藩幕府充任幕僚,在内银钱所任职。

高慧生

高慧生出入幕府时间不详。同治元年九月前后在华阳镇厘卡主持厘务。

唐仁寿

唐仁寿字端甫,浙江海宁州人。贡生。同治四年应聘入幕,直到光绪二年病死,一直在金陵书局任职。因江督屡次更换,其中在曾国藩幕府的时间前后有四年左右。

唐焕章

唐焕章字柏存,四川人。同治某年入曾国藩幕府,与薛福成、萧世本为幕中同事,往来较为密切。累保至知县。同治十一年五月奉命护送曾国藩棺枢乘船返回湖南,行至安徽大通镇,落水溺死江中。

唐翰题

唐翰题出入幕时间不详。曾在曾国藩幕中充任幕僚,委派绘制江宁府全境地图。官至候补知县。

容云甫

容云甫约在同治十年七月入曾国藩幕,委任中国驻美留学生局汉文教习。同治十一年带留学生出国。

容闳

容闳字达明,号纯甫。原名光照,又名容文。广东香山人。自幼在澳门、香港的洋人学校读书。道光二十七年随美国传教士勃朗赴美,先后毕业于孟森中学与耶鲁大学，咸丰四年离美回国，次年抵达香港，咸丰六年到达上海，先后在海关、洋行等处任职。咸丰十年曾去天京拜访太平天国军师洪仁玕，并提出七条建议，后因意见不合离去。同治元年五月曾去安庆一次，并通过他人介绍认识了曾国藩的亲近幕僚赵烈文，但没见到曾国藩就悄然离去。曾国藩令张斯桂、李善兰去信邀请，容闳始于同治二年秋间抵安庆行营，正式入幕，并向曾国藩提出欲建机器制造厂，必先购制器之器的建议。是年十月奉曾国藩之命赴美购买机器，四年十月回国，保江苏候补同知。五年任江苏巡抚衙门译员，常驻上海，待遇极为优厚。九年随江苏巡抚丁日昌赴天津办理教案，仍充译员，乘机通过丁向曾国藩提出派幼童赴美留学的建议。十年任中国驻美留学生局副监督，十一年带留学生赴美，光绪元年改驻美副公使，留学生事改由他人主持。光绪五年去旧金山领事馆充译员，光绪七年任满回国。光绪八年返回美国，二十一年回到上海，次年赴北京，欲设银行、修铁路均不遂，后结识了戊戌变法领导人康有为、梁启超等人，常在一起讨论问题。二十五年春变法失败，容闳逃至上海租界。二十六年参加唐才常发起的"张园国会"，并出任第一任会长。唐才常起义失败，容闳受到清政府通缉，遂经香港逃往美国。民国元年中华民国临时大总统孙中山邀其回国工作，因年龄过高未能如愿，不久即在美国去世。著有《西学东渐记》。

涂宗瀛

涂宗瀛字朗轩，安徽六安州人。道光二十四年举人。咸丰四年在籍带团勇，六年正月以随同攻占舒城出力，保奏赏戴蓝翎。同治元年大挑一等，以知县分发江苏候补。十一月道经安庆，被曾国藩奏留幕中，委办谷米局。同治三年五月保升江苏候补直隶州知州，九月委办金陵保甲巡防总局，十二月委署江宁知府。同治四年七月补授江宁知府。同治八年六月迁苏松太道，同治十年七月迁湖南按察使，旋赏布政使衔。同治十二年十二月迁湖南布政使。光绪二年三月迁广西巡抚，光绪三年十一月改调河南巡抚。光绪七年二月召京陛见，八月改湖南巡抚。光绪八年三月迁湖广总督。光绪九年五月病免。光绪二十年七月病死。著有

《（六安）涂朗轩尚书年谱》。

凌荫亭

凌荫亭咸丰八年七月入幕，任湖口报销转运局委员兼文书。咸丰九年初离幕，奉曾国藩委派接统吴国佐部湘军。约于咸丰十年夏秋任江西厘金局吉安分局委员，十一年冬假归，迁延未返。

凌　焕

凌焕字晓岚，安徽定远人。约在同治三四年间入幕，在秘书处任职。同治四年五月曾国藩北上剿捻，凌焕没有随行，六月中旬尚在江宁。同治六年二月已在曾国藩幕中，其到达行营时间不详。同治七年十一月曾国藩赴直督任，凌焕亦未随往。同治九年闰十月曾国藩返任江督，凌焕再入曾国藩幕，直到曾国藩去世，一直居于幕中，充任幕僚。

部仲龄

部仲龄字星槎，湖南澧州人。出入幕时间不详。同治三年十二月前后任运盐委员。

祥　麟

祥麟原为湖南常宁县知县。咸丰五年四月入曾国藩幕，札派专程赴四川守催劝捐筹集的饷银。

夏廷樾

夏廷樾字憩亭，江西新建人。咸丰三年六月与朱孙诒统湘乡、新宁等勇赴援南昌。八月返回长沙。咸丰四年二月入曾国藩幕，委办湖南劝捐。四月由四川盐茶道迁四川按察使，未赴任。六月迁湖北布政使，亦不能赴任。七月奉委主办岳州转运局。咸丰五年正月罢职。其离幕时间不详。

夏　銮

夏銮原为广西候补知县，习水战，懂战船船式和制造技术。咸丰三年十一月入幕，曾参与水师战船的设计。咸丰四年二月出任水师营官，七月在岳州附近的城陵矶战死。

秦豫基

秦豫基咸丰六年入曾国藩幕，负责运送子弹、火药。咸丰八年七月重返幕府，委办湖口报销转运局，专司内湖水师支应事宜。其出幕时间不详。

桂中行

桂中行字履真，贵州镇远县人，祖籍江西临川。诸生。咸同间以知县分发安徽，历署合肥、蒙城、阜阳知县。同治四年四月入幕，五月随曾国藩北上剿捻，七月任查圩委员，委查蒙城圩务。两年间杀数十人，保升候补知府，署阜阳县令。后调江苏，管扬州、正阳厘榷。光绪元年署徐州府知府，后丁祖母忧去官。后曾办理宣城教案、皖南垦务等。光绪九年授徐州知府，二十年调苏江知府，旋升湖南岳常澧道。二十一年十一月迁广西按察使，二十二年六月调湖南按察使。二十三年春病死。

桂正华

桂正华字实之，安徽石埭人。入幕时间不详。同治元年闰八月在幕中闻讣回籍丁父忧，同治三年六月奉调回幕，充任曾国藩行营及衙署巡捕，直至同治七年六月。大约即于是时离幕。

袁文镖

袁文镖入幕时间不详。曾在江西任厘卡委员，同治二年五月因品行卑污被曾国藩参劾革职。

袁西焘

袁西焘出入幕时间不详。同治二年十二月曾奉命与刘瀚清、方骏谟一起绘制安徽省与长江地图。

龚之棠

龚之棠字春海，浙江人。铸炮专家。其父龚振麟为浙江候补知县。父子精于造炮，自制铁模与洋炮无异。大约同治元年入幕，曾参加安庆内军械所研制"黄鹄号"小火轮的工作。何时离幕不详。

莫友芝

莫友芝字子偲，号郘亭，晚号眣叟，贵州独山州人。道光十一年举人，屡试礼部而不中。道光二十七年赴京会试，在书肆与曾国藩相识，志趣相投，遂成好友。咸丰十年截取知县，不欲就县官，出都，入湖北巡抚胡林翼幕，为其校刻《读史兵略》。咸丰十一年七月在东流入曾国藩幕。同治三年四月编书局初立，与刘毓崧等分任校勘。九月随曾国藩移驻江宁，仍任书局校勘。同治十年九月因事外出，行至江苏兴化县病卒，年六十一岁。著有《遵义府志》《邵亭遗集》等各若干卷。

莫祥芝

莫祥芝字善征，晚号拙髯。贵州独山州人，莫友芝胞弟。咸丰初年从韩超镇压当地民众起义，以功保至县丞，分发湖南候补。咸丰四年正月入曾国藩幕，曾国藩尝令其登山瞭望，绘图以定战守之策。咸丰十年署怀宁令，驻石牌，因与曾国荃不和被劾革职，返回曾国藩幕府，先后在行营粮台军械所、祁门粮台银钱所任职。约于同治二三年间出幕，先后任六合、江宁、上海等县县令，太仓直隶州知州。光绪十五年三月病卒，年六十三岁。

翁开甲

翁开甲原为候补游击。同治四至六年在曾国藩幕府任查圩委员，委查阜阳圩务。

倪文蔚

倪文蔚字豹岑，安徽望江人。咸丰二年进士，选庶吉士，散馆改官刑部。同治四年四月欲赴京供职，曾国藩劝留幕府。五月曾国藩北上剿捻，以祖母年老不能随行。同治五年主持江宁凤池书院，曾国藩每年致白银四百两以为薪资。同治六年调入李鸿章幕府襄办营务。同治十一年二月任刑部郎中。光绪六年八月由河南开归陈许道迁广东按察使。光绪七年闰七月迁广西布政使。光绪八年正月迁广西巡抚。光绪九年九月改广东巡抚。光绪十二年四月召京陛见，五月病免。光绪十六年病死。

倪镜帆

倪镜帆安徽桐城人。同治七年四月前后曾在瓜洲盐务总栈充任栈员。

徐子苓

徐子苓字西叔、叔玮，号毅甫，晚自署龙泉老牧、南阳子、默道人。安徽合肥人。举人。早年即与曾国藩、陈源兖等人交往友善。陈源兖出任江西吉安与安徽池州知府，徐子苓即客于其治所。咸丰三年冬与江忠源、陈源兖同被太平军围困于安徽庐州，徐子苓坐筐中放出城外得以逃生，江、陈等均死于城中。咸丰十一年九月曾国藩进驻安庆，遗使迎徐子苓入幕。徐子苓在幕中充任幕僚三年，同治三年九月辞去。光绪二年病卒，年六十五岁。

徐　寿

徐寿字生元，号雪村，江苏无锡人。诸生，精于数学、物理、化学等西方近代科学。大约咸丰十一年十月入曾国藩幕，在安庆内军械所任职，并主持了中国第一只小轮船的试制工作。同治二年十月木壳小轮船制成，取名"黄鹄号"。同治三年九月随内军械所迁江宁。四年五月调上海，参加江南制造局的筹建工作。六年又参加制造局的迁厂扩建与机器的安装、调试工作。七年新厂建成，转入翻译馆，与西方传教士伟烈亚力、傅兰雅等合作，从事翻译与研究工作。同治十三年参与上海格致书院的创办工作，出任董事，并负责书院的管理工作。光绪十年去世。译著与著作主要有《汽机发轫》《化学鉴原》《化学材料中西名目表》等。

徐树钊

徐树钊字季恒。同治元年二月在曾国藩幕府任善后局委员。

徐建寅

徐建寅字仲虎，江苏无锡人，徐寿次子，大约咸丰十一年十月与其父同时入曾国藩幕。在内军械所任职。同治元年亦参与了"黄鹄号"的试制工作。同治三年九月随内军械所移驻江宁。同治四年调赴上海，参加江南制造局的创建工作。同治十三年参与上海格致书院的创办工作，并出任董事。光绪元年调赴济南，协助山东巡抚丁宝桢筹办山东机器局，三年机器局建成投产。后赴汉阳兵工厂任职，甚受湖广总督张之洞信赖。光绪二十六年二月在一次试制炸药时发生事故，以身殉职。官至候补道员。著有《兵学新书》一部，是国人系统介绍西方兵学的第一部著作。译著主要有《运规约指》《德国合盟记事》等。

徐堂赓

徐堂赓出入幕时间不详。同治二年正月曾奉札赴四川万县设局购米，办妥后运回安徽，以充军食。

钱应溥

钱应溥字子密，又字葆慎，晚号闻静老人。浙江嘉兴人，拔贡生，朝考一等，授吏部主事，值军机处，充军机章京。咸丰十年闻太平军进军浙江，急忙返回，将其正在海宁州主讲书院的父亲钱泰吉接出，转徙经年，于同治元年四月行抵安庆，应聘入曾国藩幕府，负责草拟奏稿。自此紧随曾国藩左右，除几次短暂假归外，一直在曾国藩幕中充任幕僚，直到曾国藩去世。应溥工为文檄，词虽简洁而无不尽之怀，且成文甚速。尝拟奏二、咨二、檄五，仅一时许。国藩比之为枚皋。同治三年赏五品卿衔。同治五年十二月赏加四品卿衔。光绪十五年四月由太仆寺少卿迁太常寺卿，七月改宗人府府丞。十六年十一月迁礼部右侍郎，改左侍郎。二十一年六月入值军机处。二十二年十月迁都察院左都御史。二十三年七月改工部尚书。二十五年五月病免。光绪二十八年病死。与他人合作著《文端公（钱陈群）年谱》。

钱鼎铭

钱鼎铭字调甫，江苏太仓人，举人。咸丰十一年十月受上海官绅委派，赴安庆请求援兵，同治元年又带轮船七艘赴安庆迎接湘、淮军赴沪。经李鸿章奏调入幕，委办营务。同治三年三月受曾国藩委派在上海办理劝捐。同治四年春受李鸿章委派主办清江转运局。同治八年五月应曾国藩奏调再次入幕，在冀南一带办赈。九月补授大顺广道道员，十一月迁直隶按察使。同治九年八月迁直隶布政使，十年十一月迁河南巡抚。光绪元年五月卒于任所。

十一画

梁葆颐

梁葆颐出入幕时间不详。曾受曾国藩委派在东征局任职，专事查禁粤盐侵灌淮盐引地，加抽厘金以增盐价。时为县丞。

章寿麟

章寿麟字价人，湖南长沙人。少孤贫，从舅氏彭嘉玉学。咸丰四年初随其舅彭嘉玉入曾国藩幕，充任小委员。四月初曾国藩在靖港战败欲投水自杀，被章寿麟救起。咸丰八年曾国藩再出领兵，章寿麟重返幕中，曾国藩令他监印。曾国藩死后，章寿麟绘《铜官感旧图》，并作《自记》广泛征题，以是显名。

郭用中

郭用中湖北蕲水人。咸丰四年在籍办团练，次年初与同事官绅率团攻克英山县，并在蕲州、蕲水一带防堵太平军。出入幕时间不详。曾奉命主持金柱关厘卡，其所拟厘金章程颇得曾国藩称许。官至安徽候补知州。同治二年十一月积劳病故。

郭占彪

郭占彪出入幕时间不详。同治三年正月曾奉札赴四川万县设局购米，办妥后运回安徽以充军食。

郭国屏

郭国屏为张韶南婿，曾在祁门粮台任职，其出入幕时间不详。

郭征畴

郭征畴原为员外郎。咸丰十年七月前后入曾国藩幕，委派主持东征局之某一分局。大约在同治四年五月东征局裁撤时离幕。

郭笙陔

郭笙陔湖南湘阴人，郭嵩焘族叔。咸丰八年六月入曾国藩幕，办理书启。咸丰八年底以后出幕，具体时间及其后事迹不详。

郭柏荫

郭柏荫字弥广、远堂，福建侯官人。道光十二年进士，选庶吉士，授编修，迁御史、给事中，出为甘肃甘凉道。道光二十三年户部银库亏帑事发。因郭柏荫曾为御史稽察此案，未能纠劾举发，遂将其革职，命同当事诸官摊赔亏空银两。不久，复补授主事。咸丰三年奉命会办本省团练，以克厦门、防延平功擢郎中。同治元年送京引见，交钦差大臣曾国藩差委，遂入曾国藩幕，充任幕僚。同治二年授苏松粮道，奉李鸿章委派，襄办江苏牙厘。十二月迁江苏按察使。同治五年四月迁江苏布政使，护理巡抚。同治六年正月署江苏巡抚。二月迁广西巡抚，仍留署江苏巡抚，十月改湖北巡抚，十二月兼署湖广总督，同治八年正月卸兼署湖督任。同治十二年十二月病免，光绪十年病死。

郭崑焘

郭崑焘字仲毅，号意城，晚号樗叟，湖南湘阴人，郭嵩焘胞弟。道光二十四年举人，曾任国子监助教。咸丰二年五月入湖南巡抚张亮基幕府，充任幕僚。咸丰三年三月骆秉章返湖南巡抚任，郭崑焘复入骆秉章幕，充任幕僚。咸丰八年六月曾国藩再出领军，强拉郭崑焘入幕，代拟折稿、函稿，十一月底离幕，由江西建昌返湘。其后郭崑焘长期在湖南巡抚衙门充任幕僚，人事屡有更易，郭崑焘亦时出时入。咸丰十年五月曾国藩在长沙设湖南东征局，郭崑焘又兼理厘金事务，白天在巡抚衙门办理公牍，夜常就宿厘局。同治四年五月湖南东征局撤销，郭崑焘亦离开曾国藩幕。同治三年六月湘军攻陷天京。江南战事渐息，郭崑焘引疾辞去。同治五年十月湘抚刘崑镇压贵州苗民起义，力起郭崑焘充任幕僚，赞画军事，战事将平，又辞去。郭崑焘久任幕僚，历保至内阁中书，四品卿衔，加三品衔，赏戴花翎，辞不就任。光绪八年卒，终年六十岁。著有《云卧山庄集》《云卧山庄尺牍》《云卧山庄家训》。

郭嵩焘

郭嵩焘字伯琛，号筠仙，别号玉池老人。湖南湘阴人。道光二十七年进士，选庶吉士，请假回籍。咸丰二年十二月携湖南巡抚张亮基专函赴湘乡劝促曾国藩出办团练，与曾国藩同赴长沙，遂入幕。咸丰三年以援南昌功授翰林院编修。咸丰六年八月离开曾国藩幕府返回湖南原籍。咸丰七年十一月离开原籍北上赴京，咸丰八年正月供职翰林院。十二月入值南书房。咸丰九年正月奉命随僧格林沁赴天津办海防，驻大沽口。九月奉命赴烟台海口查办厘金事，十二月回京复命，复入值南书房。咸丰十年三月以心情忧郁，奏请回籍就医，四月离京南返。此后，郭嵩焘屡接胡林翼、左宗棠、曾国藩等人的信函，邀其入幕，皆婉辞。同治元年三月致函李鸿章，欲为上海道。四月清政府准李鸿章奏请，授郭嵩焘为苏松粮道。闰八月抵上海就职。九月李鸿章奏请郭嵩焘以苏松粮道襄办军务，并委办松沪厘捐总局。同治二年三月迁两淮盐运使。六月赴泰州履任，旋奉命赏三品顶戴，署广东巡抚。及履任，与两广总督毛鸿宾、督办两广军务左宗棠皆不和。同治三年十一月以勒捐过甚被劾，受革职留任处分。同治四年七月奏请开缺，同治五年二月奉命返京。同治六年正月复授两淮盐运使，七月开缺。同治七年十二月应邀撰《湖南通志》。同治九年正月掌教湖南城南书院。光绪元年二月授福建按察使。七月开缺，奉命以候补侍郎充出使英国正使。十一月署兵部侍郎，在总理衙门行走。光绪二年七月开兵部侍郎署缺。八月署礼部侍郎，十月启程赴任。光绪三年二月授兵部左侍郎。光绪四年正月奉命兼出使法国钦差大臣，七月召回。光绪五年七月病免。光绪十七年六月病卒。著有《养知书屋诗文集》《玉池老人自叙》《郭嵩焘日记》等。

曹光汉

曹光汉湖南长沙人。咸丰三年正月入曾国藩幕，委办长沙街团。同治五年十二月曹光汉仍在幕中，其何时离幕不详。

曹禹门

曹禹门咸丰八年七月入幕，委派经管湖口船厂。同治三年十一月仍在幕中，其离幕时间不详。

曹 炯

曹炯咸丰八年七月入曾国藩幕，委办湖口报销转运局，专司水师支应事宜。咸丰十年闰三月尚在幕中，何时离幕不详。

曹耀湘

曹耀湘字镜初，湖南长沙人。咸丰元年举人。早在咸丰七年即与曾国藩相识，曾经欧阳兆熊推荐，为曾国藩医不寐之疾。同治十年五月入幕，十月辞归。曾国藩去世后，曾参与曾国藩《全集》的校勘工作。官至刑部福建司郎中，加四品衔，著有《公羊笺注》《墨子笺注》《阴符经注》《冰渊诗集》等。

梅启照

梅启照字小岩，江西南昌人。咸丰二年进士。早年与曾国藩相识，时间大约在咸丰元、二年间。咸丰九年曾以吏部主事随刑部郎中庆铭由北京出发送《中美天津条约》至北塘。咸丰十一年十月在安庆入曾国藩幕，甚受器重。曾与李鸿章、曾国荃同登停泊安庆江面办理交涉的英国军舰，代表两江总督曾国藩对该舰舰长进行礼仪性回拜。同治六年十一月由长芦盐运使迁广东按察使。同治八年五月迁江宁布政使，曾受曾国藩委派接办江宁报销总局。光绪三年二月迁浙江巡抚。光绪五年八月召京。光绪六年九月授内阁学士。光绪七年四月迁兵部右侍郎，八月改东河河道总督。光绪九年二月革职。

梅煦庵

梅煦庵出入幕时间不详。同治十年七月前后在幕，任支应委员。曾任湖南湘潭县知县。

黄廷瓒

黄廷瓒湖南长沙人。原为江苏候补知州，因故在籍。咸丰三年正月入曾国藩幕，委办长沙街团，八月兼理劝捐事项。咸丰五年四月委派办理浙盐行销湖南事务。咸丰十年五月委办湖南东征局某分局，抽厘筹饷。其何时离幕不详。时为候补知府。

黄　芳

黄芳号鹤汀，原名晃，黄冕之弟。湖南长沙人。道光十五年举人。咸丰元年调赴江苏，四年署宝山知县，五年补上海知县，八年补授海防同知，办海运，保升知府，丁忧归籍。咸丰十年六月入曾国藩幕，委办东征局某分局。同治元年八月随郭嵩焘赴上海，入李鸿章幕。旋授苏松太道，设会防局，招募洋枪队，借洋人之力攻打太平军。不久以疾归。同治四年正月卒于家。

黄鸣珂

黄鸣珂贵州人，举人。入幕时间不详。咸丰九年已在幕中，办理粮饷及军需物资的转运事项。同治二年十月出署江西吉安府知府，离开曾国藩幕府。

黄炳烈

黄炳烈咸丰四年十月在湖北武穴入曾国藩幕，在采编所任缮写、校对诸务，随同编辑《贼情汇纂》一书。咸丰五年正月离幕。

黄家驹

黄家驹字冠北，出入幕时间不详。同治四年五月委办湖北盐务督销局。时为候补知府。

黄冕

黄冕字服周，号南坡，湖南长沙人。咸丰二年由两淮盐运使降调江苏省江都知县。历任上元、元和、上海等县知县。后升知府，曾先后署理常州、镇江知府，对盐政、漕运极为熟悉，有丰富的实践经验。道光二十二年调浙江，曾坚决抗击英军侵略，后因镇海失守被议，遣戍新疆。道光二十四年获赦召还，后经护甘督林则徐奏留凉州，道光二十六年回到江南。寻因整顿漕务为御史劾归。咸丰三年入曾国藩幕，多所赞划，是曾国藩的重要谋士之一。咸丰四年初为曾国藩献多造炮艇之策，卒成湘军水师制胜之本。咸丰六年授江西吉安知府，建吉字军进攻吉安，曾国荃主军事，黄冕主饷事。不久，又被劾免职回籍。咸丰十年六月受曾国藩委任同郭嵩焘、恽世临等主办湖南东征局，为曾国藩攻占安庆、天京助一臂之力。同治元年十二月经曾国藩奏保授云南迤东道道员，因年高道远不欲赴任，同治二年九月曾国藩将其奏留两江差委，调赴安庆行营，助曾国藩整顿两淮盐务，所定新章，多采纳黄冕意见。同治三年盐务事竣，仍回湖南办理东征局务，直到次年五月东征局裁撤。黄冕好以财利动人，富有才略而名声不佳，稍露头角，即有连章弹劾。故离幕后称病辞官，再未出仕，遂于同治九年病死原籍，年七十六岁。

黄锐昌

黄锐昌入幕时间不详。曾在江西任厘卡委员。同治二年五月因串通行户、私收盐厘受到革职处分，永不叙用，属于最劣之员。

黄锡彤

黄锡彤字麓西，原名兆白，字晓岱，号子受。湖南善化人。咸丰九年进士，选庶吉士，散馆授翰林院编修。三年授广西乡试正考官。奉曾国藩委派主办东征局湘潭分局，后因账目不清辞差，时间约在咸丰十一年底或同治元年初。

黄赞汤

黄赞汤字尹咸、莘农，江西庐陵人。道光十三年进士，选庶吉士，散馆授京职。道光二十六年十二月由通政使司副使迁光禄寺卿，二十七年正月改宗人府府丞，二十八年十月改都察院左副都御史，二十九年七月改兵部右侍郎，十二月改刑部右侍郎。咸丰三年丁忧回籍，咸丰四年正月受曾国藩之请主持樟树镇劝捐总局，在江西劝捐筹饷。咸丰五年四月曾国藩改劝捐总局为饷盐总局，仍由黄赞汤主持。咸丰七年十月授通政使司通政使。咸丰八年八月迁刑部右侍郎。咸丰九年三月改东河河道总督，十年十月兼署河南巡抚。同治元年七月改广东巡抚，为曾国藩开办广东厘金以筹军饷。后因广东厘金收入不旺受到曾国藩的参劾，同治二年六月召京。

勒方锜

勒方锜字少仲，江西新建人。贡生。原名人璧，选贡时更今名。曾在刑部秋审处任职。同治三年三月在安庆入幕。五月受曾国藩委派，会同安徽藩司马新贻等审理江西知县石昌猷"祖匪杀良"一案。六月参与会审太平天国忠王李秀成案。十月转入秘书处任职。十一月禀辞离去。同治九年十月曾国藩返任两江总督，勒方锜返回幕府，直到曾国藩去世，一直充任幕僚。累保至即补道。光绪元年迁江苏按察使。光绪三年十一月迁广西布政使。光绪五年四月迁福建巡抚。光绪七年四月调贵州巡抚。八月调东河河道总督，未赴任病免。

屠　楷

屠楷字晋卿，安徽宣城人。贡生。同治二年正月入幕，负责草拟奏稿。此后一直在曾国藩身边充任幕僚。同治七年十一月曾国藩北上就任直隶总督，屠楷未随行，约在此时离幕。

陶庆仍

陶庆仍原为署理江西余干县知县。同治元年五月受曾国藩奏派赴广东开办厘金，二年八月调回安庆行营当差。其何时离幕不详。

陶寿玉

陶寿玉字仲瑜。咸丰三年九月入幕，任粮饷委员，为曾国藩管理粮饷收支账目。咸丰九年正月再次入幕，任吴城报销局委员，参与办理咸丰三年九月至咸丰六年十二月的军费报销事宜。七月报销局移湖口，陶寿玉随往。咸丰十年五月湖口报销局事竣裁撤，陶寿玉改任他事，直到同治三年十一月仍在幕中，但所任职事不详。

陶　桄

陶桄湖南安化人。陶澍之子。左宗棠之婿。咸丰十年七月前后入曾国藩幕，委派主办东征局的某一分局，大约同治四年五月东征局裁撤时出幕。时为候补道员。

萧世本

萧世本字廉甫，四川富顺人。同治二年进士，选庶吉士，散馆授刑部主事。后改捐知县，分发江南候补。同治七年十一月曾国藩北上赴直隶总督任，萧世本随行，充任幕僚。同治九年六月随曾国藩赴天津办理教案，经曾国藩奏准署理天津知县，寻实授。同治十年丁父忧回籍守制，光绪元年服阕再授天津知县。光绪三年署蔚州知州，五年调补清苑知县，旋迁遵化直隶州知州，复以母忧去职。八年服阕，仍以知府在直隶候补。九年以海运功迁候补道员。十年署广平知府，十二年署天津知府，旋署正定知府。光绪十三年病卒。

萧锦臣

萧锦臣出入幕时间不详。咸丰九、十年间曾在幕中帮理营务。

十二画

童定勋

童定勋出入幕时间不详。咸丰九、十年间曾在幕中帮理营务。

阎　昕

阎昕字海晴，湖南长沙人。咸丰八年七月入幕，任湖口报销转运局委员。咸丰十年五月报销局事竣裁撤后，改任江西厘卡委员，旋赴安徽华阳镇为彭玉麟开办厘金。咸丰十一年八月沿江厘卡收归曾国藩统一管理，阎昕又回到曾国藩幕中。直到同治元年九月仍在幕中担任是职，其最后离幕时间不详。

阎禹邻

阎禹邻出入幕时间不详。同治元年五月至三年十一月在曾国藩幕中任文案委员。

阎　泰

阎泰湖南长沙人。咸丰八年七月入幕，管理文案。由军功累保至安徽候补知县，加知州衔。以病归，同治三年六月卒于家，赠知府衔。

普承尧

普承尧字钦堂，云南新平人。武进士，绿营都司。咸丰三年随塔齐布加入湘军，统宝庆勇，转战湖南、湖北、江西、安徽等地，积功授江西九江镇总兵。咸丰十年十二月因在建德、彭泽、湖口一带一再溃败而被曾国藩参劾革职。其后辗转入曾国藩幕，负责护理安庆总粮台。同治元年五月已在幕中，其具体入幕时间不详。同治二年离幕，统临淮军攻打怀远。

曾广骥

曾广骥出入幕时间不详。同治元年任安徽厘金总办。同治二年春任粮台委员，在六安州办理支应，曾因守城功受到曾国藩的保奏。大约是行营粮台派赴六安驻军的监饷人员。时为盐运使衔江西候补道。

曾化南

曾化南原为四川梁山县知县，被曾国藩奏留幕中充任幕僚。同治二年三月复经曾国藩奏请留于安徽"酌量补用"。

曾开骥

曾开骥同治元年大挑知县，分发江苏补用。十月道经安庆，经曾国藩奏请留于安庆军营差委。其所任职事与离幕时间不详。

曾兰生

曾兰生约在同治十年七月入曾国藩幕，委任中国驻美留学生局翻译。同治十一年三四月间带留学生赴美。

游智开

游智开字子代，湖南新化人。咸丰元年举人，选知县。同治元年经安徽巡抚李续宜调赴安徽，先后在三河尖及河南固始等处协理厘金。同治四至八年历任和州、无为、泗州知州，曾国藩称其"治行江南第一"，同治八年五月应调赴直隶入曾国藩幕。同治九年十月曾国藩调回江南，游智开留于直隶，转入新督李鸿章幕，继续充任幕僚。不久，经李鸿章奏准出署直隶深州知州，补滦州知州。同治十一年迁永平府知府。光绪六年经李鸿章奏荐迁永定河道。十一年三月擢四川按察使。十四年十月迁广东布政使，十六年四月病免，二十一年八月起授广西布政使，二十五年正月病免。卒于原籍。

裕　麟

裕麟字石卿，湖南即用道。咸丰四年七月入曾国藩幕，委办长沙后路粮台。后署湖南盐法道。咸丰五年又委办浙盐行销湖南事务。咸丰十年七月委办湖南东征局。调广东盐法道。十月迁湖北按察使。咸丰十一年九月召京。同治二年五月授贵州按察使，三年四月迁贵州布政使。四年十月病免。

禄　廉

禄廉字鸿轩，瓜尔佳氏，满洲镶黄旗人。出入幕时间不详。咸丰十一年八月至同治元年五月在曾国藩幕府任子弹局委员。

彭山屺

彭山屺字九峰，湖南人。咸丰六年入幕，在幕六年以上，曾先后办理营务、审办案件、护理粮台。咸丰十一年八月后出幕，其具体时间不详。

彭先俊

彭先俊出入幕时间不详。咸丰九、十年间曾任幕中帮办营务。

彭汝琮

彭汝琮字器之，湖南人。原为盐运使衔候补知府，咸丰十年七月前后入曾国藩幕，委办东征局的某一分局，同治二年正月经曾国藩奏准以本班从优议叙。后因名声太劣撤差，其具体时间不详。

彭述清

彭述清出入幕时间不详。咸丰八年九月曾在曾国藩幕中。曾国藩派他与朱长彪由建昌前往杉关，察看沿途营盘地基，兼问米价，为带兵入闽做准备。

彭维蕃

彭维蕃出入幕时间不详。咸丰九、十年间曾在幕中料理营务。

彭嘉玉

彭嘉玉字笛仙，湖南长沙人。章寿麟之舅。咸丰四年初入曾国藩幕，参议军事，曾积极主张进攻靖港，靖港败后离幕。同治四年闰五月奉曾国藩札委办理江宁粮台，专司剿捻各军供应。十一月曾国藩在安庆设报销总局，令彭嘉玉帮同李兴锐、王延长等办理咸丰七年正月至同治四年五月间军费报销事宜，直至同治七年十一月该局事竣裁撤。官至候补知府。

隋藏珠

隋藏珠字龙渊。原为江西候补道、建昌府知府。咸丰十年十月经曾国藩札调入幕，委办祁门行营粮台。咸丰十一年九月升任安庆行营粮台总办。同治元年闰八月丁父忧回籍，十二月经曾国藩奏调返回幕府。其何时离幕不详。

蒋志章

蒋志章字恪卿，又字璞山，榜名蒋志淳。江西铅山人。道光二十五年进士，选庶吉士。累官至广东粮储道。同治元年五月受曾国藩奏派协同李瀚章等办理广东厘金，二年八月脱离曾国藩幕府。同治三年正月由广东盐运使迁四川按察使，九月免职。六年七月授浙江按察使，十月迁四川布政使。八年十二月迁陕西巡抚。十年十一月卒于任。谥文格，赠太子少保。沃丘仲子论曰，蒋志章为官清正廉洁，惟执法太过宽厚，贪酷者往往幸脱法网，人亦以是訾之。然其清则非人所能及。

蒋嘉棫

蒋嘉棫字莼卿，江苏长洲人。同治元年二月在安庆入幕，专司草拟奏稿。同治三年九月接办安徽牙厘总局，曾根据曾国藩的要求，对安徽厘务进行整顿。直到同治六年十月蒋嘉棫仍任是职，其后则事迹不详。

喻吉三

喻吉三原为湘军营官，咸丰八年七月入曾国藩幕，委派护理行营粮台。其何时离幕不详。

喻佐卿

喻佐卿出入幕时间不详。咸丰九、十年间曾在幕中襄办营事。

曾秋航

曾秋航出入幕时间不详。自咸丰十年十二月至同治四年在曾国藩幕府充任幕僚，经常陪曾国藩下棋，几乎形影不离，连短时期的临时外出曾国藩也将其带在身边。唯其所任职事不详。

程仲庠

程仲庠出入幕时间不详，曾与李兴锐同在祁门粮台任职。

程国熙

程国熙字敬之，安徽歙县人。大约同治六年入幕，先后主管瓜洲盐务总栈、办理河工、委办五河厘务等，直到同治十二年仍充任幕僚。时为候补道员。

程奉璜

程奉璜，诸生。咸丰三年以来曾数次潜入太平军占领区内搜集情报。咸丰四年十月在武穴入曾国藩幕，任采编所分纂，随同张德坚编《贼情汇纂》一书。咸丰五年正月太平军反攻湖北，随采编所迁往长沙。大约书成后离幕。

程桓生

程桓生字尚斋，安徽歙县人。道光二十九年贡生，以知县分发广西试用。咸丰三年署广西桂平县知县，加同知衔。后因疏防革职。咸丰四年五六月间随广西候补道李孟群调赴湖南长沙，充任曾国藩幕僚，负责草拟咨、札、函、奏等件。曾国藩再出领军，程桓生复于咸丰九年十一月由安徽原籍赶赴湖北黄梅大营入幕，仍任旧职。咸丰十一年五月曾参与李金旸、张光照案的审理。同治二年八月受曾国藩委派，总管江西盐务督销局。同治四年八月补授江西盐法兼分巡南瑞临道道员。同治六年二月迁两淮盐运使，驻扎扬州，主持两淮盐务，兼理江北厘金局。

程鸿诏

程鸿诏字伯夑，安徽黟县人。道光二十九年举人。咸丰十一年十二月在安庆入幕，负责办理书启，程鸿诏在幕中时间较久，直到同治五年正月曾国藩日记中仍有他在幕中活动的记载。其何时出幕不详。历保至江苏候补知府。著有《有恒心斋全集》等。

十三画

窦　钲

窦钲候选直隶州州判。同治四至六年在曾国藩幕府任查圩委员，委查河南开封、归德、陈州三府圩务。

褚汝航

褚汝航原为广西候补同知，咸丰三年十一月奉调衡州，入曾国藩幕。曾国藩欲造水师战船，湖南匠人不懂船式，询知褚汝航等，始知拖罟、长龙、快蟹等船式样。十二月委褚汝航为监督，赴湘潭设立船厂，监造战船。咸丰四年二月曾国藩率军"东征"，以褚汝航习水战，委其充任水路营务处。七月湘军水师在湖南岳州附近的城陵矶大败，褚汝航等落水而死。官至候补道员。

褚景锟

褚景锟出入幕时间不详。咸丰八年曾在曾国藩大营充任武巡捕。

雷维翰

雷维翰字西垣，江西铅山人。原为湖北荆宜施道道员，丁忧回籍。咸丰八年八月经曾国藩奏调入幕，委办广信、铅山转运粮台。九月该台裁撤，改办行营粮台。同治三年三月仍在幕中，其离幕时间不详。

靳芝亭

靳芝亭字兰友，山东馆陶人。曾任安徽泾县知县。同治二年五月在曾国藩幕府任子弹局委员。其出入幕时间均不详。

十四画

廖文凤

廖文凤咸丰四年十月在湖北武穴入曾国藩幕，在采编所任缮写、校对诸务，随同编辑《贼情汇纂》一书。咸丰五年正月离幕。

廖献廷

廖献廷咸丰六年入幕，所任职事不详。咸丰八年七月重返幕府，委办湖口报销转运局，专司水师支应事宜。其离幕时间不详。

谭光炳

谭光炳咸丰四年十月在湖北武穴入曾国藩幕，在采编所任缮写、校对诸务，随同编辑《贼情汇纂》一书。咸丰五年正月离幕。

谭光藻

谭光藻咸丰四年十月在湖北武穴入曾国藩幕，在采编所任缮写、校对诸务，随同编辑《贼情汇纂》一书。咸丰五年正月离幕。

谭 鳌

谭鳌咸丰三年入幕，随曾国藩在衡州襄办水师事务，不久离幕。同治二年再次于安庆入幕。同治三年九月随曾国藩至江宁，办理保甲局。四年五月随曾国藩北上剿捻，管理行营军械支应、制造诸务。七月十五日在安徽临淮附近途中遇风，舟覆溺水而亡。

蔡贞斋

蔡贞斋，湖南湘乡人，同治六年六月入曾国藩幕，约于同治七年六月离去。累保至候补道员。

蔡应嵩

蔡应嵩字少彭，广东人。道光二十七年进士。署理赣州府知府。咸丰十一年七月入曾国藩幕，委办赣州厘务。同治元年五月派赴广东开办厘金。同治二年八月调回江西，仍署赣州知府，兼理赣州牙厘局。离幕时间不详。

蔡家馨

蔡家馨原为分发江西试用知县，被曾国藩留于幕中充任幕僚。同治二年三月复经曾国藩奏留安徽补用。

蔡锦青

蔡锦青号芥舟，广东惠州人。咸丰五年入曾国藩幕，在江西吴城办理饷盐，向过往私盐加征盐厘。咸丰六年随沈葆桢赴广信。在江西铅山县河口镇开办厘金局。积功晋记名道，同治二年三月补授江西广饶九南道道员。

十五画

潘文质

潘文质字彬如。出入幕时间不详。同治七年三月曾在曾国藩幕府充任幕僚，在内银钱所任职。

潘文琳

潘文琳出入幕时间不详。同治二年曾在江西袁州主办厘务，因擅设厘卡受到曾国藩的批驳。

潘兆奎

潘兆奎出入幕时间不详。同治元年五月至三年十一月在内银钱所办理支应。

潘良梓

潘良梓入幕时间不详。曾在江西任厘卡委员。同治二年五月因声名狼藉被曾国藩参劾革职。

潘　敬

潘敬出入幕时间不详。同治二年正月曾奉札在湖北宜昌设局购米，以充军食。

潘鸿焘

潘鸿焘字伊卿，湖南湘乡县人，诸生，罗泽南弟子。入幕时间不详。咸丰十年曾在安徽大通镇办理厘金。同治三年十一月赴江宁任职。

四年五月在北征粮台任职。七年初赴扬州办理里下河河工，五月因病送回江宁，未及上岸而气绝。

潘敬暹

潘敬暹咸丰四年十月在湖北武穴入曾国藩幕，在采编所任缮写、校对诸务，随同编辑《贼情汇纂》一书。咸丰五年正月离幕。

潘曾玮

潘曾玮号玉泉，江苏吴县人。同治三年八月受曾国藩委派在上海设局办捐八十万两，解送江宁善后局。

颜培瀟

颜培瀟原为湖南补用知府。出入幕时间不详。同治元年五月受曾国藩委派赴广东开办厘金。二年八月调回湖南。

樊沛仁

樊沛仁入幕时间不详。曾在江苏长江沿岸厘卡任职，同治二年五月因名声太坏受到严行查办。

黎竹林

黎竹林同治八年十月前入幕。同治九年十月随曾国藩返回江南，继续在曾国藩幕中充任幕僚。

黎庶昌

黎庶昌字莼斋，贵州遵义人。廪贡生。同治元年上书条陈时政，清政府嘉其言，赏给知县，发交曾国藩差遣委用。同治二年二月在安庆入曾国藩幕，委派善后局，专司稽查保甲。同治三年六月复委办江宁善后事宜。同治四年曾国藩北上剿捻，调黎庶昌随行，负责草拟奏折、批札。此后除同治五年九月至六年九月回籍丁忧一年外，一直追随曾国藩左右，是少数亲近幕僚之一。同治七年九月经曾国藩奏准，留于江苏以直隶州知州补用，不必随赴直隶。黎庶昌离幕后，曾历署吴江、青浦诸县，后又在江苏通州花布厘金局任职。光绪二年随郭嵩焘出使西欧，历任驻英、法、德、西诸国参赞。晋记名道。光绪七年三月充出使日本大臣。光绪十年八月忧免回国。光绪十三年七月服阕仍出使日本。十六年七月回国。光绪十七年追前功补授四川川东兵备道，兼重庆新关监督。

著有《拙尊园丛稿》《曾文正公年谱》《西洋杂志》等，并主持刊刻《古逸丛书》、编辑《续古文辞类纂》。

黎福畴

黎福畴字寿民，湖南湘潭人。咸丰二年进士，授吏部主事，改授直隶藁城县知县。咸丰五年在籍丁忧期经曾国藩奏请调赴南康入幕，委办粮台。咸丰七年服阕，分发安徽候补。咸丰九年末或十年初复于宿松入曾国藩幕，承审案件。咸丰十一年秋奉札捐资修复无为州大堤，署无为州知州，因病返回安庆。同治元年七月署宁国知府，兼署泾县知县，九月病死任所。

十六画

薛元启

薛元启原为署理安徽桐城县知县。同治四至六年在曾国藩幕府任查圩委员，委查亳州圩务。后由安徽巡抚英翰委署涡阳县令，离开曾国藩幕府。

薛世香

薛世香出入幕时间不详。曾一度接替程国熙主管瓜洲盐务总栈栈务。

薛芳亭

薛芳亭字炳炜，出入幕时间不详。自同治二年二月至同治三年九月在曾国藩幕中充任幕僚，经常陪曾国藩下棋，几乎形影不离，即使临时外出曾国藩也将他带在身边。唯其所任职事不详。

薛福成

薛福成字叔耘，号庸庵，江苏无锡人。副贡生。同治四年闰五月在江苏宝应附近登舟上万言书，遂入曾国藩幕，负责办理咨、奏、书启。从此一直追随曾国藩左右充任幕僚，直到曾国藩去世。积劳保至直隶州知州。曾国藩去世后，薛福成转入直隶总督李鸿章幕府，继续充任幕僚。光绪十年授浙江宁绍台道。光绪十四年九月授湖南按察使。光绪十五年四月以三品京堂充出使英、法、意、比四国大臣。其后屡次迁官而留使如故。光绪十六年九月授光禄寺卿，十七年六月改太常寺卿，八月改大理寺卿，十八年八月迁都察院左副都御史。光绪十九年二月任满回国。光绪二十年病死，年五十七岁。著有《庸庵全集》《庸庵笔记》。

穆其琛

穆其琛字海航，四川人。举人，选授巴县教谕，后入胡林翼幕充任幕僚，胡林翼死后，经札调于咸丰十一年十月入曾国藩幕，襄理文案。同治元年闰八月出署安徽无为州知州，同治二年三四月间实授。

十七画

戴秉钧

戴秉钧出入幕时间不详。咸丰九、十年间曾在幕中襄办营事。

戴　望

戴望字子高，浙江德清人。诸生。经俞樾举荐，应聘入幕，在金陵编书局任职。时间约在同治六年八月或更早一点。此后江督屡有更换，戴望一直在书局充任幕僚，直到同治十三年病故。著有《论语注》《管子校注》《颜学记》《谪麟堂遗集》。

十八画

魏　栋

魏栋咸丰八年七月入幕，任湖口报销转运局委员，直到咸丰十年三月仍在幕中，其离幕时间不详。

魏　瀛

魏瀛湖南衡阳人，出入幕时间不详。咸丰九、十年间在幕，负责转运粮饷。

附录三　参考书目

薛福成：《庸庵全集》，光绪十三年刊。

薛福成：《庸庵笔记》，扫叶山房。

李鼎芳：《曾国藩及其幕府人物》，岳麓书社。

罗尔纲：《湘军新志》，商务印书馆。

曾国藩：《曾文正公全集》，传忠书局。

曾国藩：《曾国藩全集》（未出齐），岳麓书社。

曾国藩：《曾文正公手书日记》，中国图书公司。

曾国藩等：《曾国藩未刊信稿》，中华书局

曾国藩等：《曾国藩未刊往来函稿》，岳麓书社。

曾国藩等：《湘乡曾氏文献》，学生书局。

曾国藩等：《湘乡曾氏文献补》，学生书局。

赵烈文：《能静居日记》，学生书局。

司马迁：《史记》，中华书局。

盛康辑：《皇朝经世文续编》，盛氏思补楼刊。

赵尔巽等：《清史稿》，中华书局。

朱孔彰：《中兴将帅别传》，扫叶山房。

俞蛟：《梦厂杂著》，上海古籍出版社。

徐一士：《一士类稿》、《一士谈荟》，书目文献出版社。

徐珂：《清稗类钞》，中华书局。

徐宗亮：《归庐谈往录》，光绪十二年刊。

吴永：《庚子西狩丛谈》，道德书局。

夏震武：《灵峰先生集》，浙江印刷公司。

苑书义：《李鸿章传》，人民出版社。

郭嵩焘、罗汝怀等：《湖南褒忠录初稿》，同治十二年刊。

湖南省志委员会编：《湖南通志》，商务印书馆。

金鹤望：《皖志列传稿》，苏州利苏印书社。

胡林翼辑：《北援集议》，台北影印。

刘声木：《桐城文学渊源撰述考》，黄山书社。

姚永朴：《素园丛稿》，商务印书局。

刘体智：《辟园四种》。

朱克敬：《瞑庵杂识》，进步书局。

沃丘仲子：《近代名人小传》，中国书店影印。

张静庐：《中国近代出版史料初稿》，群联出版社。

洪怀孙：《泾舟老人年谱》，民国廿四年刊。

陆宝千：《刘蓉年谱》，台北近代史研究所专刊。

钱实甫：《清代职官年表》，中华书局。

朱保炯、谢沛霖：《明清进士题名碑录索引》，上海古籍出版社。

太平天国历史博物馆编：《太平天国史料丛编简辑》，中华书局。

中国史学会主编：《中国近代史资料丛刊》Ⅱ，《太平天国》，神州国光社。

皮明麻等编：《出自敌对营垒的太平天国资料——曾国藩幕僚鄂城王家璧文稿辑录》，湖北人民出版社。

方宗诚：《柏堂集》，光绪二年刊。

孙衣言：《逊学斋诗文钞》，同治三年重刊。

刘蓉：《养晦堂文集》，思贤讲舍校刊。

刘蓉：《养晦堂诗集》，台北影印。

沈葆桢：《沈文肃公政书》，扫叶山房。

汪士铎：《汪梅村先生集》，味古斋刊。

李元度：《天岳山馆文钞》，爽溪精舍。

李兴锐：《李兴锐日记》，中华书局。

李桓：《宝韦斋类稿》，赵宝墨斋。

李鸿裔：《苏邻遗诗》，光绪十四年刊。

李榕：《十三峰书屋全集》，成都文伦书局。

何应祺：《守默斋遗集》，同治五年刊。

张文虎：《覆瓿集》，金陵冶城宾馆刊。

张裕钊：《濂亭文集》，查氏木渐斋刊。

吴大廷：《小酉腴山馆集》，光绪五年刊。

吴汝纶：《桐城吴先生诗文集》，吴氏家刊。

吴汝纶：《桐城吴先生尺牍》，吴氏家刊。

欧阳兆熊、金安清：《水窗春呓》，中华书局。

陈鼐：《求志集》，同治十一年刊。

周腾虎：《餐苄华馆遗文》，光绪三十一年刊。

容闳：《西学东渐记》，湖南人民出版社。

郭嵩焘：《养知书屋诗文集》，养知书屋。

郭嵩焘：《玉池老人自叙》，养知书屋。

郭嵩焘：《郭嵩焘日记》，湖南人民出版社。

涂宗瀛：《（六安）涂朗轩尚书年谱》，芜湖江东印书馆。

黎庶昌：《拙尊园丛稿》，光绪十六年刊。

黎庶昌：《曾国藩年谱》，岳麓书社。

曾
国
藩
幕
府

后 记

　　《曾国藩幕府研究》自1994年初版以来，陆续发现不少差错和新资料，并及时作出相应的修改、补充，只是迁延多年未有再版机会，致成断档之书。感谢辽宁人民出版社，以"曾国藩幕府"之名推出新版，既满足了读者的要求，也使作者于垂暮之年了却了沉积已久的愿望。

作　者

2017年12月8日于北京